学習院中等科

〈収録内容〉

便利なDLコンテンツは右のQRコードから

解答用紙　過去年度　国語の問題は紙面に掲載 ⇒

※データのダウンロードは2025年3月末日まで。
※データへのアクセスには、右記のパスワードの入力が必要となります。 ⇒ 122528

〈合格最低点〉

2024年度	242点
2023年度	249点
2022年度	241点
2021年度	248点
2020年度	233点
2019年度	218点
2018年度	222点

※全試験とも360点満点

本書の特長

実戦力がつく入試過去問題集

- 問題 ……………… 実際の入試問題を見やすく再編集。
- 解答用紙 …… 実戦対応仕様で収録。
- 解答解説 …… 詳しくわかりやすい解説には、難易度の目安がわかる「基本・重要・やや難」の分類マークつき（下記参照）。各科末尾には合格へと導く「ワンポイントアドバイス」を配置。採点に便利な配点つき。

入試に役立つ分類マーク

基本 確実な得点源！
受験生の 90%以上が正解できるような基礎的、かつ平易な問題。
何度もくり返して学習し、ケアレスミスも防げるようにしておこう。

重要 受験生なら何としても正解したい！
入試では典型的な問題で、長年にわたり、多くの学校でよく出題される問題。
各単元の内容理解を深めるのにも役立てよう。

やや難 これが解ければ合格に近づく！
受験生にとっては、かなり手ごたえのある問題。
合格者の正解率が低い場合もあるので、あきらめずにじっくりと取り組んでみよう。

合格への対策、実力錬成のための内容が充実

- 各科目の出題傾向の分析、合否を分けた問題の確認で、入試対策を強化！
- その他、学校紹介、過去問の効果的な使い方など、学習意欲を高める要素が満載！

解答用紙ダウンロード 解答用紙はプリントアウトしてご利用いただけます。弊社ＨＰの商品詳細ページよりダウンロードしてください。トビラのＱＲコードからアクセス可。

UD FONT 見やすく読みまちがえにくいユニバーサルデザインフォントを採用しています。

学習院 中等科

生徒数　586名
〒171-0031
東京都豊島区目白1-5-1
☎ 03-5992-1032
山手線目白駅　徒歩５分
副都心線雑司が谷駅　徒歩５分

緑豊かな環境でのびのびと、一貫教育の魅力、系列大推薦や進学実績で人気の男子校

URL	https://www.gakushuin.ac.jp/

プロフィール　広大なキャンパスで一貫教育

都心に広がる約６万坪のキャンパスで、幼稚園から大学院までの一貫教育を実践している。のびやかな校風など、ある意味で男子私立校のリーダー格といえる。「ひろい視野、たくましい創造力、ゆたかな感受性」を備えた青少年の育成を基本方針としている。

1877（明治10）年に官立の学校として、学習院は発足した。戦後は宮内省から離れ、新たな教育理念のもと、1947（昭和22）年に新制中等科を、翌年に新制高等科を設立。1949年には学習院大学が創設された。

校風や一貫教育の魅力、他校進学実績の高さから人気も上昇しており、難関校のひとつとなっている。

環境　充実した設備 伝統の校外施設

緑豊かな中に、各施設が点在する。地下１階・地上５階の校舎、人工芝の第一グラウンド、土の第二グラウンドをはじめ、体育館２棟、温水プール、武道場、２つのコンピュータ教室、マルチメディア教室、理科実験室・講義室（各４室）、カウンセリングルームなどがある。校外施設は、沼津游泳場、日光光徳小屋などがある。また、哲学者西田幾多郎博士ゆかりの山荘でもある鎌倉・稲村ヶ崎の学習院寸心荘など、格式と伝統を感じさせる施設を多く備えている。

マルチメディア教室を活用した英語の授業

カリキュラム　自立を求める学習 選択科目も多い

中等科は、義務教育の完成と、10年間の学習院教育のスタートと考え、基本的生活習慣の徹底と学力の基礎固めを目指す。英語・数学では１クラス２分割の少人数制を導入し、特に英語では、外国人教師による授業やマルチメディア教室の利用により、「聞く・話す」能力も高める。また、社会・理科では、内容によって必ず専門の教師が担当して成果を挙げている。

高等科では、勉学・生活面での自立の姿勢を求める。単なる大学進学の準備期間ではなく、それ自身に価値を持つ貴重な時期だからである。２年次から数学の選択により２コースに分かれる。２・３年次は各教科にわたり幅広い選択科目を持つカリキュラムとなる。外国語では英語だけでなく、フランス語、ドイツ語、中国語を、芸術科目では書道、音楽、日本画、西洋画、工芸を選択できる。また、情報、総合的学習も他校にない充実度を誇る。

学校生活　心身を鍛える 数々の学校行事

中等科では、クラスマッチ、赤城林間学校、沼津游泳、運動会、修学旅行、鳳櫻祭、スキー学校など、高等科では、沖縄研修旅行、スキー教室、附属戦（筑波大附属高との定期戦）、鳳櫻祭、院内大会（球技会）、マラソン大会、柔道納会、ボート大会などの学校行事がある。クラブは、「輔仁会」という校友会に所属し、運動部、文化部、同好会それぞれ多数が活動している。

伝統の斑尾高原スキー学校

また、中等科で希望者を対象としたニュージーランド短期研修を実施しているほか、高等科ではアメリカのセントポール校と交換留学を行っている。

進路　大半が学習院大へ 他大学進学も増加

卒業生の約60％が学習院大学へ推薦入学を果たす。推薦条件は、高校３年間の成績と、推薦実力テストで一定の水準の成績を収めることなど。また、近年は他大学への進学実績も高く、2023年３月卒業生は、横浜国立大（3）、防衛医科大学校（1）、一橋大（1）、東京医科歯科大（1）、筑波大（1）などの国公立大や、早稲田大（17）、慶應義塾大（17）、上智大（10）などの上位私立大に合格。例年、私立大医・歯学部に進学する生徒も多く、海外大学への進学者も増えている。

2024年度入試要項

試験日　12/4（帰国生）
2/2（一般生第１回）
2/3（一般生第２回）

試験科目　国・算・理・社（一般生）
国〈作文含〉・算＋面接（帰国生）

2024年度	募集定員	受験者数	合格者数	競争率
第１回	約75	358	134	2.7
第２回	約50	260	57	4.6
帰国生	約15	63	41	1.5

過去問の効果的な使い方

① **はじめに**　ここでは，受験生のみなさんが，ご家庭で過去問を利用される場合の，一般的な活用法を説明していきます。もし，塾に通われていたり，家庭教師の指導のもとで学習されていたりする場合は，その先生方の指示にしたがって，過去問を活用してください。その理由は，通常，塾のカリキュラムや家庭教師の指導計画の中に過去問学習が含まれており，どの時期から，どのように過去問を活用するのか，という具体的な方法がそれぞれの場合で異なるからです。

② **目的**　言うまでもなく，志望校の入学試験に合格することが，過去問学習の第一の目的です。そのためには，それぞれの志望校の入試問題について，どのようなレベルのどのような分野の問題が何問，出題されているのかを確認し，近年の出題傾向を探り，合格点を得るための試行錯誤をして，各校の入学試験について自分なりの感触を得ることが必要になります。過去問学習は，このための重要な過程であり，合格に向けて，新たに実力を養成していく機会なのです。

③ **開始時期**　過去問との取り組みは，通常，全分野の学習が一通り終了した時期，すなわち6年生の7月から8月にかけて始まります。しかし，各分野の基本が身についていない場合や，反対に短期間で過去問学習をこなせるだけの実力がある場合は，9月以降が過去問学習の開始時期になります。

④ **活用法**　各年度の入試問題を全問マスターしよう，と思う必要はありません。完璧を目標にすると挫折しやすいものです。できるかぎり多くの問題を解けるにこしたことはありませんが，それよりも重要なのは，現実に各志望校に合格するために，どの問題が解けなければいけないか，どの問題は解けなくてもよいか，という眼力を養うことです。

算数

どの問題を解き，どの問題は解けなくてもよいのかを見極めるには相当の実力が必要になりますし，この段階にいきなり到達するのは容易ではないので，この前段階の一般的な過去問学習法，活用法を2つの場合に分けて説明します。

☆偏差値がほぼ55以上ある場合

掲載順の通り，新しい年度から順に年度ごとに3年度分以上，解いていきます。

ポイント1…問題集に直接書き込んで解くのではなく，各問題の計算法や解き方を，明快にわかるように意識してノートに書き記す。

ポイント2…答えの正誤を点検し，解けなかった問題に印をつける。特に，解説の 基本 重要 がついている問題で解けなかった問題をよく復習する。

ポイント3…1回目にできなかった問題を解き直す。同様に，2回目，3回目，…と解けなければいけない問題を解き直す。

ポイント4…難問を解く必要はなく，基本をおろそかにしないこと。

☆偏差値が50前後かそれ以下の場合

ポイント1～4以外に，志望校の出題内容で「計算問題・一行問題」の比重が大きい場合，これらの問題をまず優先してマスターするとか，例えば，大問2までをマスターしてしまうとよいでしょう。

理科

理科は[1]から順番に解くことにほとんど意味はありません。理科は，性格の違う4つの分野が合わさった科目です。また，同じ分野でも単なる知識問題なのか，あるいは実験や観察の考察問題なのかによってもかかる時間がずいぶんちがいます。記述，計算，描図など，出題形式もさまざまです。ですから，解く順番の上手，下手で，10点以上の差がつくこともあります。

過去問を解き始める時も，はじめに1回分の試験問題の全体を見通して，解く順番を決めましょう。得意分野から解くのもよいでしょう。短時間で解けそうな問題を見つけて手をつけるのも効果的です。くれぐれも，難問に時間を取られすぎないように，わからない問題はスキップして，早めに全体を解き終えることを意識しましょう。

社会

社会は[1]から順番に解いていってかまいません。ただし，時間のかかりそうな，「地形図の読み取り」，「統計の読み取り」，「計算が必要な問題」，「字数の多い論述問題」などは後回しにするのが賢明です。また，3分野（地理・歴史・政治）の中で極端に得意，不得意がある受験生は，得意分野から手をつけるべきです。

過去問を解くときは，試験時間を有効に活用できるよう，時間は常に意識しなければなりません。ただし，時間に追われて雑にならないようにする注意が必要です。“誤っているもの”を選ぶ設問なのに“正しいもの”を選んでしまった，“すべて選びなさい”という設問なのに一つしか選ばなかったなどが致命的なミスになってしまいます。問題文の“正しいもの”，“誤っているもの”，“一つ選び”，“すべて選び”などに下線を引いて，一つ一つ確認しながら問題を解くとよいでしょう。

過去問を解き終わったら，自己採点し，受験生自身でふり返りをしましょう。できなかった問題については，なぜできなかったのかについての分析が必要です。例えば，「知識が必要な問題」ができなかったのか，「問題文や資料から判断する問題」ができなかったのかで，これから取り組むべきことも大きく異なってくるはずです。また，正解できた問題も，「勘で解いた」，「確信が持てない」といったときはふり返りが必要です。問題集の解説を読んでも納得がいかないときは，塾の先生などに質問をして，理解するようにしましょう。

国語

過去問に取り組む一番の目的は，志望校の傾向をつかみ，本番でどのように入試問題と向かい合うべきか考えることです。素材文の傾向，設問の傾向，問題数の傾向など，十分に研究していきましょう。

取り組む際は，まず解答用紙を確認しましょう。漢字や語句問題の量，記述問題の種類や量などが，解答用紙を見て，わかります。次に，ページをめくり，問題用紙全体を確認しましょう。どのような問題配列になっているのか，問題の難度はどの程度か，などを確認して，どの問題から取り組むべきかを判断するとよいでしょう。

一般的に「漢字」→「語句問題」→「読解問題」という形で取り組むと，効率よく時間を使うことができます。

また，解答用紙は，必ず，実際の大きさのものを使用しましょう。字数指定のない記述問題などは，解答欄の大きさから，書く量を考えていきましょう。

算数

出題傾向の分析と **合格への対策**

●出題傾向と内容

近年の出題数は大問が6題，小問にして20題ほどの出題となっている。〔1〕は計算問題，〔2〕は各分野の基本を問う一行問題で，ここまではそれほど難度が高くない。〔3〕～〔6〕では「数の性質」「図形」「速さ」「グラフ」「割合と比」「和と差」の出題率が高く，一見すると難しそうに思われるかもしれないが難問はない。問題によっては，いわゆる単なる解法の暗記だけでは対応できない問題もあり，注意力が試されると同時に，的確な作業が必要である。

また，〔3〕・〔4〕・〔5〕は，すべて式を書く解答形式なので，考え方を整理し，まとめる力が要求されている。

学習のポイント

まず基本を固めよう。一つの解き方だけにこだわらず，発想を転換し，いろいろな方向から考えられるように試行錯誤すること。

●2025年度の予想と対策

文章題，特殊算などは，公式の暗記に頼っていると融合問題などに対応できないので，基本となる考え方をきちんと理解することが大切である。また応用問題では，前半の小問の内容が，後半の小問を解くヒントとなることが多いので，問題の流れを読み取りながら解き方を工夫するとよい。図形分野は，面積や体積の問題に十分慣れておこう。出題率が高いのは「速さ」「割合」「表とグラフ」「平面図形」「数の性質」「規則性」「和と差」である。

本校の問題は後半が充実しているので，前半の基本問題を正確に速く解き，後半はじっくりと取り組んでいきたい。過去問を利用しよう。

▼年度別出題内容分類表

※　よく出ている順に☆，◎，○の３段階で示してあります。

出題内容			2020年	2021年	2022年	2023年	2024年
数と計算		四則計算	○	○	○	○	○
		概数・単位の換算		○		◎	○
		数の性質	☆	◎	☆	○	◎
		演算記号					☆
図形		平面図形	☆	☆	☆	☆	☆
		立体図形					
		面積	○	◎	○	○	◎
		体積と容積					
		縮図と拡大図					
		図形や点の移動			☆	☆	
速さ		三公式と比	☆	☆	☆	○	☆
	文章題	旅人算	○				
		流水算	☆			○	
		通過算・時計算	○		○		
割合		割合と比	☆	☆	☆	☆	☆
	文章題	相当算・還元算				○	
		倍数算		○		○	
		分配算					
		仕事算・ニュートン算		○			○
文字と式							
2量の関係(比例・反比例)							
統計・表とグラフ			☆	☆	☆	☆	☆
場合の数・確からしさ							
数列・規則性			☆		☆	○	☆
論理・推理・集合				◎	◎	◎	◎
その他の文章題		和差・平均算	○	○			
		つるかめ・過不足・差集め算		○			○
		消去・年令算		○	○		○
		植木・方陣算			○		

学習院中等科

算数 ——グラフで見る最近5ヶ年の傾向——

最近5ヶ年に出題されたすべての問題を内容別に分類・集計し，全体に対して何パーセントくらいの割合になっているかを示しました。

□……50校の平均　■……学習院中等科

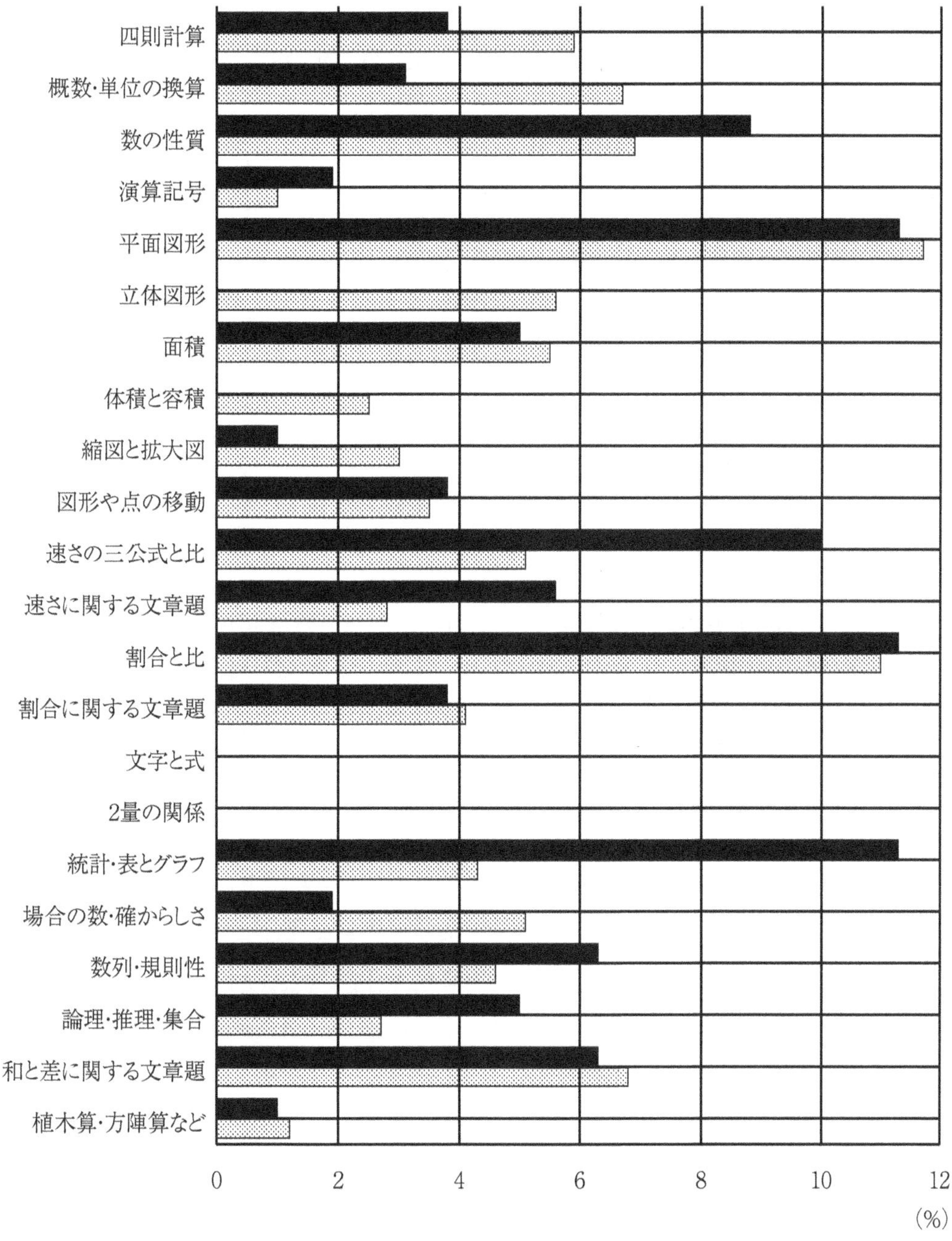

理科　出題傾向の分析と合格への対策

●出題傾向と内容

大問5題のうち1題が，時事問題を含む小問集合である。4題は理科の4分野からの出題である。

時事問題では，前年度の特徴ある出来事を中心にして，2，3年前からの重要な出来事について出題される。また，環境問題・自然災害に関連した出来事が出題されることが多いのも，本校の特長である。

さらに，実験や観察に基づいて推論する問題が主流である。問題文中のヒントになる考えを読み取る力と，推論する思考力が求められる。

学習のポイント

テレビや新聞の自然科学に関するニュースには，普段から注意しておきたい。

●2025年度の予想と対策

基本的な問題から応用問題まで幅広く出題されている。したがって，まずは基本的な内容を確実に理解し，その後問題集等で応用問題を演習すること。特に実験や観察に基づいた問題には慣れておくようにしたい。

ユニークで一見目新しい問題も，決して難問や奇問ではなく，問題文で与えられた条件を下線を引きながら整理するなどして理解すれば，自分の持っている知識の範囲内で解答できるものが多い。読解力と思考力が大いに求められる。加えて，論述式の問題が出題される。自分の考えを短くまとめる力が必要である。

さらに，問題の内容からして，時間に余裕はない。できる問題から確実に得点するようにしたい。

▼年度別出題内容分類表

※　よく出ている順に☆，◎，○の３段階で示してあります。

出題内容		2020年	2021年	2022年	2023年	2024年
生物	植物				☆	
	動物	☆	☆	☆		
	人体			☆		
	生物総合					☆
天体・気象・地形	星と星座		☆			
	地球と太陽・月					
	気象				☆	○
	流水・地層・岩石	☆		☆		☆
	天体・気象・地形の総合					
物質と変化	水溶液の性質・物質との反応					
	気体の発生・性質	○				
	ものの溶け方		☆			☆
	燃焼					
	金属の性質	○				
	物質の状態変化				☆	
	物質と変化の総合					
熱・光・音	熱の伝わり方				☆	
	光の性質					
	音の性質					
	熱・光・音の総合					
力のはたらき	ばね					
	てこ・てんびん・滑車・輪軸			☆		
	物体の運動	☆				
	浮力と密度・圧力					
	力のはたらきの総合		☆			
電流	回路と電流					
	電流のはたらき・電磁石					☆
	電流の総合					
実験・観察		◎	◎	◎	◎	◎
環境と時事／その他		☆	☆	☆	☆	☆

学習院中等科

理科 ――グラフで見る最近5ヶ年の傾向――

最近5ヶ年に出題されたすべての問題を内容別に分類・集計し，全体に対して何パーセントくらいの割合になっているかを示しました。

□……50校の平均　■……学習院中等科

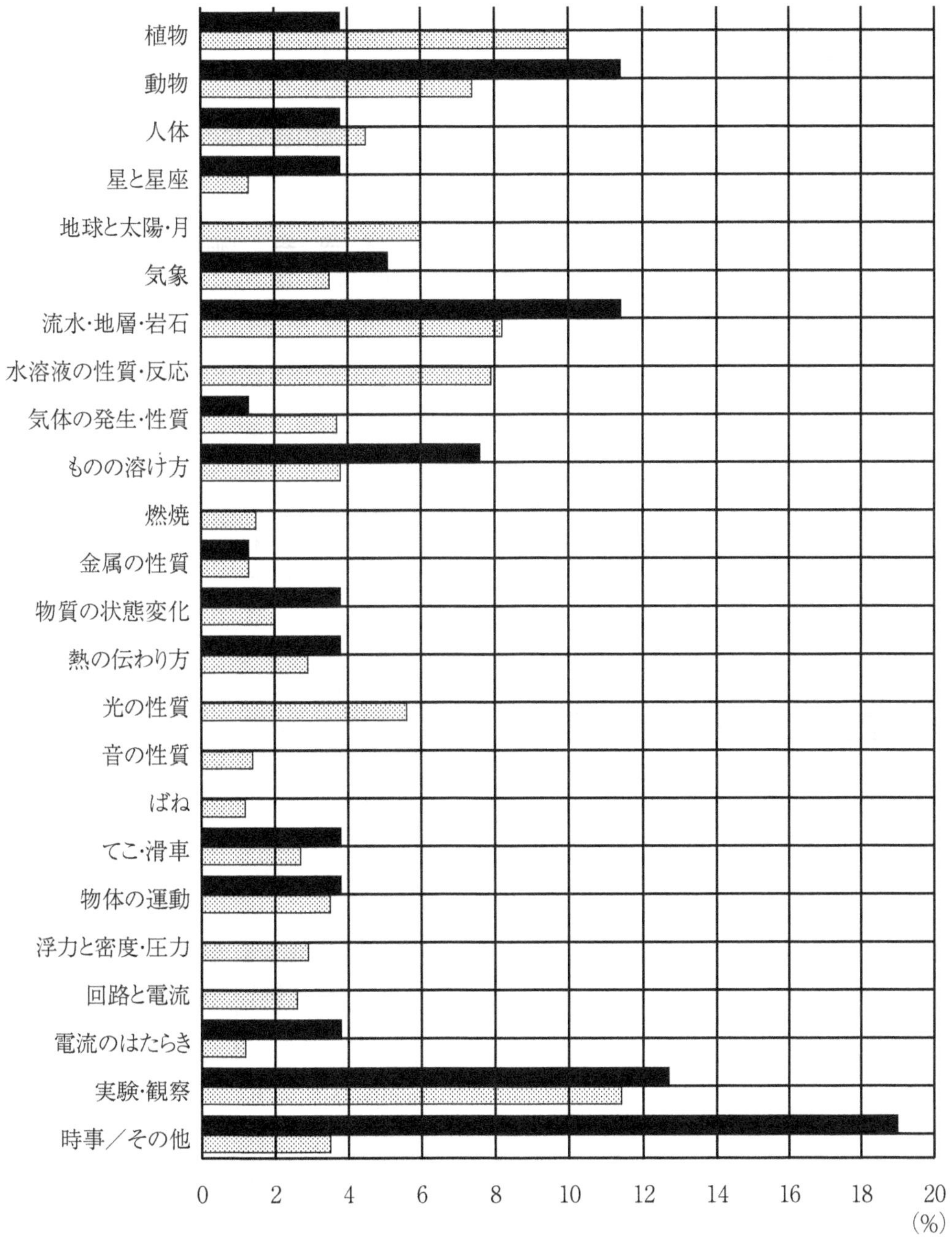

社会

出題傾向の分析と合格への対策

●出題傾向と内容

大問は各分野から1題ずつ，解答形式は記号が半数程度で残りが語句記入，15字から40字の記述問題も3問あるのでテキパキと対応しないと時間切れとなりかねない。

地理は政令指定都市の特徴や県別の乗用車保有台数の表の読み取り，国土や自然・産業などの1問1答など。歴史は飛鳥から現代に至る年表から政治を中心に社会や外交など多方面からの出題。政治は昨年の統一地方選挙を題材に政治のしくみや地方自治からの出題である。記述は養殖と栽培漁業の違い，ノルマントン号事件と条約改正の関係，小選挙区制の説明と各分野から1題ずつの出題となっている。

✔学習のポイント

地理：各地の産業や気候の特徴をつかもう！
歴史：人物の名前を正確に漢字で覚えよう！
政治：日本の政治のしくみをおさえよう！

●2025年度の予想と対策

幅広く，正確な知識の習得が合格への早道。また，記述式の設問が多いので，漢字を正確に書く必要がある。各分野とも知識を問う問題が多いので，基本的なところから確実に覚えよう。

地理は，農業・工業・国土を中心に学習すること。必ず地図帳で確認し，資料集も活用して常に最新のデータを見ておこう。

歴史は，政治や外交を中心に社会・文化などを年代ごとに整理し，時代背景や人物の業績などをしっかりと理解できるようにしよう。

政治は，日本国憲法や政治のしくみを中心にまとめておくこと。また，時事問題への対策も十分に行うことが非常に大切である。

▼年度別出題内容分類表

※　よく出ている順に☆，◎，○の３段階で示してあります。

出題内容			2020年	2021年	2022年	2023年	2024年
地理	日本の地理	地図の見方					
		日本の国土と自然		☆		◎	◎
		人口・土地利用・資源	○			○	◎
		農業	◎		◎	☆	
		水産業				○	○
		工業	◎		☆	○	○
		運輸・通信・貿易					◎
		商業・経済一般			○		○
	公害・環境問題					○	
	世界の地理		○		○		
日本の歴史	時代別	原始から平安時代		☆	◎	◎	◎
		鎌倉・室町時代		◎	◎	◎	○
		安土桃山・江戸時代		○	◎	◎	○
		明治時代から現代	☆	☆	☆	☆	◎
	テーマ別	政治・法律	◎	☆	☆	☆	◎
		経済・社会・技術	○	○	○	○	◎
		文化・宗教・教育		○	◎	◎	○
		外交	○	○	◎	◎	◎
政治	憲法の原理・基本的人権		○	☆		○	
	政治のしくみと働き		○	◎	○	○	◎
	地方自治				○		○
	国民生活と福祉		○				
	国際社会と平和		◎			◎	○
時事問題			○	○	◎	☆	○
その他			○		○		○

学習院中等科

社会 ——グラフで見る最近５ヶ年の傾向——

最近５ヶ年に出題されたすべての問題を内容別に分類・集計し，全体に対して何パーセントくらいの割合になっているかを示しました。

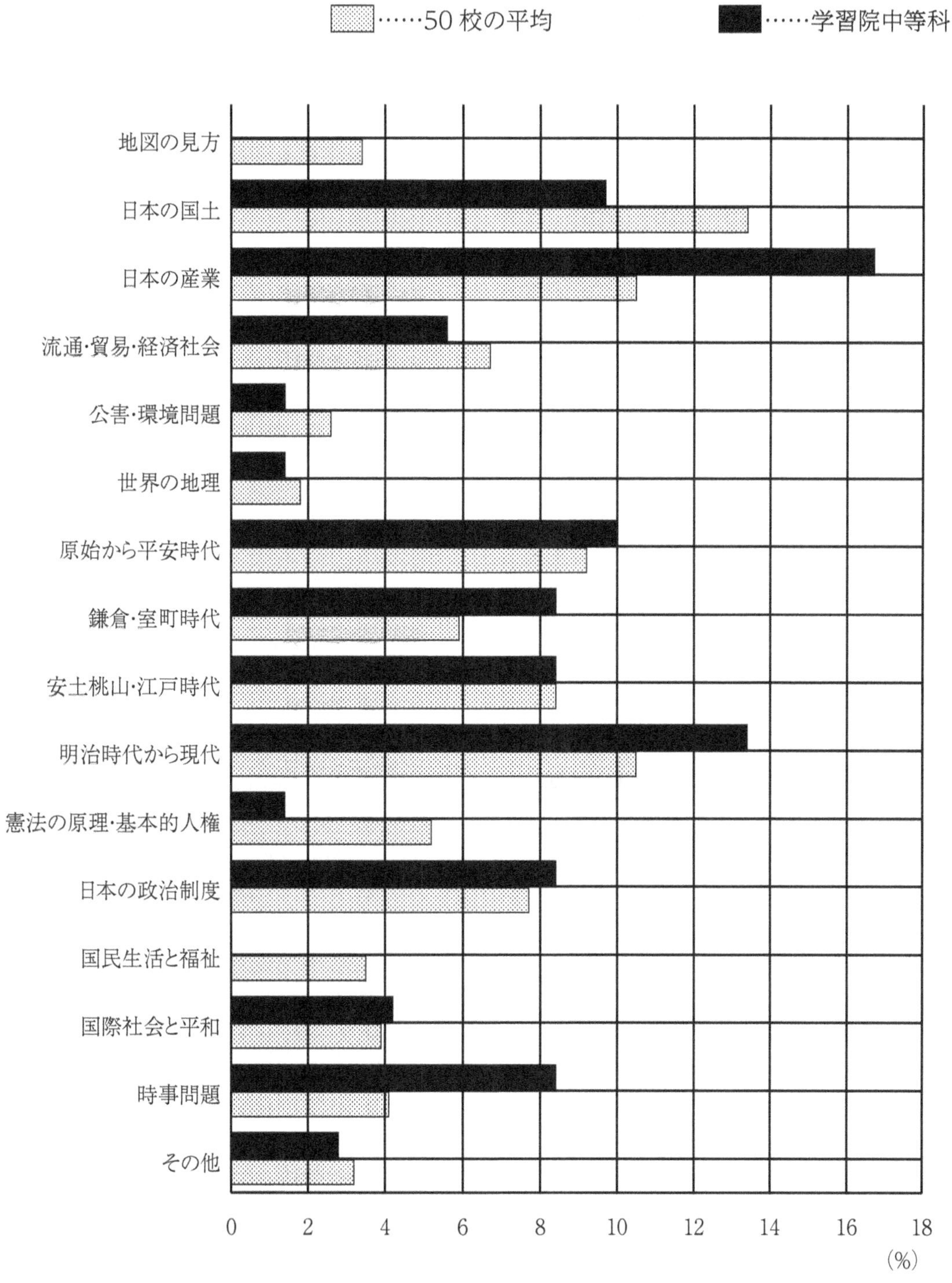

国語　出題傾向の分析と合格への対策

●出題傾向と内容

今年度も漢字が独立問題として出題され，小説と論説文の大問3題構成であった。本文はいずれも読みやすいがやや長く，例年通りの分量である。

設問の形式は記述式が中心で，本文中の言葉を用いて答えさせるもの，読み取った事がらを自分の言葉で書かせるものなど多彩である。また，空欄補充や選択肢の問題も依然として出題されている。

細部の深い部分や，筆者の心情など，文脈の正確な読み取りが要求される。漢字は標準的だが，間違いやすいものが多い。

学習のポイント

記述問題は，過去問はもちろんのことだが，他校の試験問題を使って書きまとめる作業を徹底させること！

●2025年度の予想と対策

漢字の独立問題に，文章題2題という出題形式に大きな変更はないと思われる。論理的文章の読解法としては，個々の段落のつながりをおさえながら全体の構成をつかむことを心がけるとよいだろう。文学的文章は登場人物の心情を読み取る問題が多く出題されているので，さまざまな文章にあたり，問題を多く解きなれることも重要である。小説を基本に，各文種との組み合わせが予想される。

漢字の難易度は決して高くはないが，間違えやすい字が多く出題されている。表面的な学習ではなく，意味までおさえてしっかりと身につける必要がある。

▼年度別出題内容分類表

※　よく出ている順に☆，◎，○の３段階で示してあります。

出題内容			2020年	2021年	2022年	2023年	2024年
内容の分類	読解	主題・表題の読み取り	○	◎	○		○
		要旨・大意の読み取り	◎	◎	◎		○
		心情・情景の読み取り	☆	☆	☆	☆	◎
		論理展開・段落構成の読み取り	○				
		文章の細部の読み取り	☆	☆	☆	☆	☆
		指示語の問題					◎
		接続語の問題					
		空欄補充の問題	◎	◎	☆	☆	☆
	知識	ことばの意味			○		
		同類語・反対語					
		ことわざ・慣用句・四字熟語		○		○	
		漢字の読み書き	☆	☆	☆	◎	☆
		筆順・画数・部首					
		文と文節					
		ことばの用法・品詞					
		かなづかい					
		表現技法					
		文学作品と作者					
		敬語					
	表現	短文作成					
		記述力・表現力	☆	☆	☆	☆	☆
文の種類		論説文・説明文		○	○	○	○
		記録文・報告文					
		物語・小説・伝記	○	○	○	○	○
		随筆・紀行文・日記					
		詩（その解説も含む）					
		短歌・俳句（その解説も含む）					
		その他	○				

学習院中等科

国語 ――グラフで見る最近5ヶ年の傾向――

最近5ヶ年に出題されたすべての問題を内容別に分類・集計し，全体に対して何パーセントくらいの割合になっているかを示しました。

▨……50校の平均　■……学習院中等科

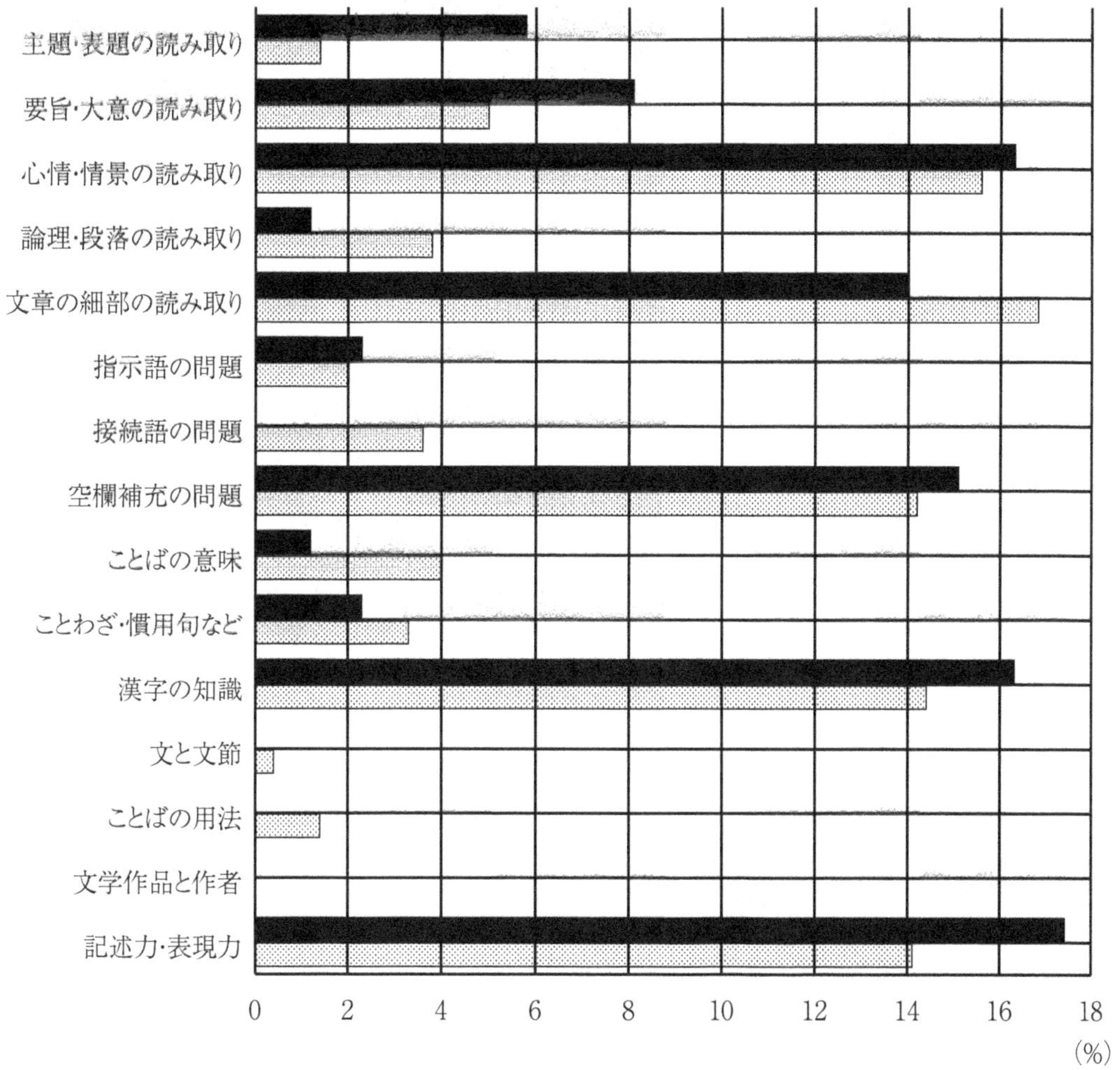

	論説文 説明文	物語·小説 伝記	随筆·紀行 文·日記	詩 (その解説)	短歌·俳句 (その解説)
学習院中等科	44.4%	55.6%	0%	0%	0%
50校の平均	47.0%	45.0%	8.0%	0%	0%

2024年度　合否の鍵はこの問題だ!!

算　数　〔4〕(3)

「3つの円を組み合わせた図形」についての問題であり，(1)が解ければ(3)も解ける可能性が高い。
(3)「色がついた部分の面積」は直接，求められないのでどうするか？

【問題】

右図は中心が点A，B，Cで半径がそれぞれ3cmの円を3つ組み合わせた図形である。
また，三角形BDEは直角二等辺三角形である。
ただし，1辺が3cmの正三角形の高さを2.6cmとする。

(3) 色がついた部分の面積を求めなさい。

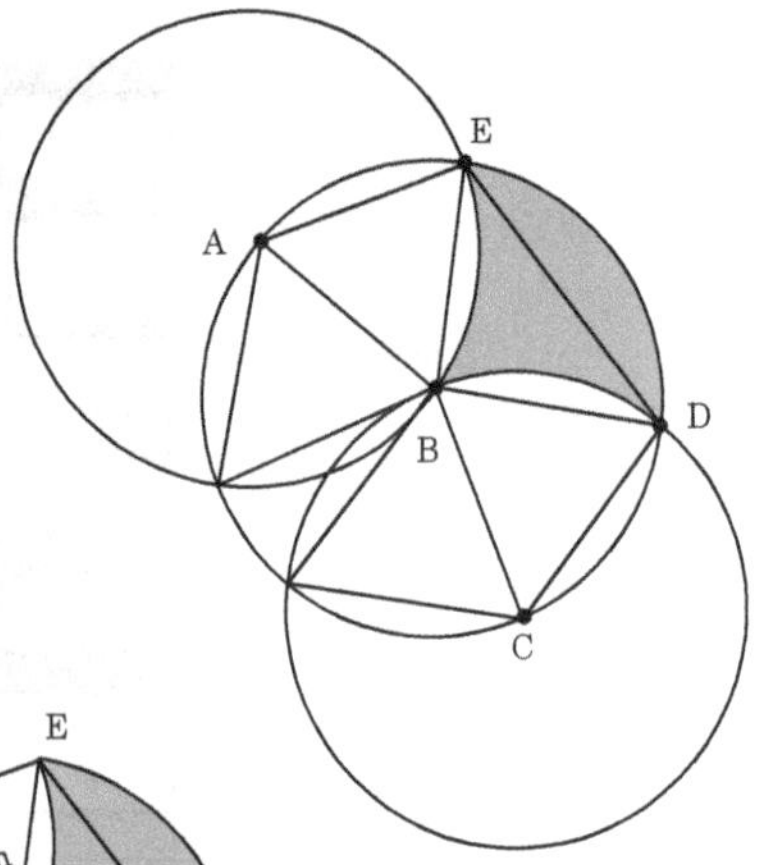

【考え方】

色がついた部分の面積

…$3\times2.6+3\times3\times3.14\div4-3\times3\times3.14\div6\times2$

$=7.8+9\times3.14\div4-9\times3.14\div3$

$=7.8-(3-2.25)\times3.14$

$=7.8-2.355=5.445(\text{cm}^2)$

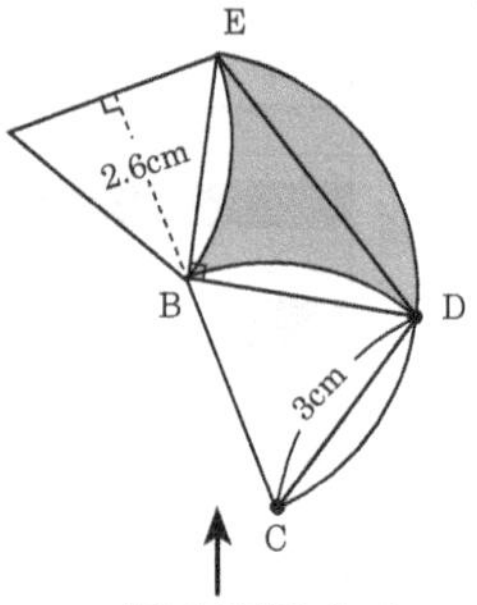

この図を利用する

理　科　〔1〕，〔3〕

大問が5題で，小問集合が1題と理科の4つの各分野から出題されていた。物理，化学分野では計算問題やグラフから読み取る問題が目立っており，生物，地学分野では具体的で幅広い知識が求められていた。

化学・物理分野での計算問題などが鍵となるが，今回は合否の鍵となった問題として，〔1〕，〔3〕を取り上げた。〔1〕は最近の化学に関連した問題であり，〔3〕は生物を模倣することからつくられた種々の技術に関する問題である。

〔1〕①では，昨年福島原発にたまる放射性物質のトリチウム水が放出されたことが取り上げられた。トリチウムの正体などは少し難しい内容なので十分理解はできないかも知れないが，ニュースで繰り返し取り上げられていたので知っておきたい内容である。②も同様に昨年インドが成功した月面着陸の際の月面探査機についての質問であった。③は昨年度のノーベル化学賞に関する問題で，「量子ドット」が何なのかは非常に難しいが，ノーベル賞がどんな理由で与えられたかは知っておくとよい。特に化学賞，

物理学賞などには注意しておきたい。④は昨年の以上気温に関する内容であった。

〔3〕は教科書にはあまり取り上げられない内容の問題で，生物の持つ優れた特徴を人間がどのように模倣して活用してきたかが問われている。新幹線の先端部分やマジックテープ，痛くない注射針などは時折テレビなどでも話題になる。

このように，最近の科学に関連した話題を新聞やテレビのニュースでチェックしておくことは大切である。今年も異常気象や天体の話題，科学技術の進歩や社会に技術がどのように使われているかといった事柄に注目しておきたい。

社 会 〔2〕 問12

設問は「年表にある第1次石油危機はアラブ産油国が石油の輸出制限や価格の引き上げを行ったことで起こったが，アラブ産油国がこうした戦略を行うきっかけとなった戦争を何というか」というもの。第2次世界大戦後，国連はパレスチナの委任統治を廃止しアラブとユダヤ両民族への分割を決定，これを受けたユダヤ社会は1948年にイスラエルの建国を宣言した。この宣言に対しアラブ諸国が猛反発し武力闘争に発展したのが第1次中東戦争である。その後1956年，1967年とほぼ10年ごとに戦火が発生，次第にイスラエル(ユダヤ)の優位が高まっていった。当初ほぼ半々の分割案だったもののガザやヨルダン川西岸などイスラエル占領地が拡大するに至った。そして設問にある1973年の10月を迎えることになる。この時エジプトとシリアはイスラエルを奇襲攻撃，緒戦の戦局ではアラブ側が優勢に進め，「不敗神話」を誇るイスラエルに一定の打撃を与えることに成功した。その後両者は国連の停戦決議を受け半月余りで停戦に合意するのだが，アラブ産油国を中心とするOAPECが親イスラエル政策をとる国に対する石油の禁輸を実施，OPECもこれを後押しする石油価格の大幅な引き上げを行ったため世界の経済は大混乱に陥った。第2次大戦後中東での大規模開発が相次いだため原油の価格は安価で安定，開戦当時1バレル2～3ドル程度だった原油価格は10～12ドルに急騰，アラブ諸国やイスラエルと等距離外交を取っていた日本もこの混乱から逃れられず，「狂乱物価」と呼ばれるインフレに巻き込まれた。毎日のように流れるトイレットペーパーを求める行列の映像は当時の政局をも直撃，日中国交回復を成し遂げ今太閤ともてはやされていた田中角栄内閣を倒閣に追い込む一因にもなった。

いずれにしても本校では政治分野でも世界の政治的・国際的な出来事などが出題されることも多いし，今現在世界で起こっているいわば時事問題的なことに絡めた問題もしばしばみられる。それだけにニュースなどには十分注意を払い，わからないことに関しては自ら調べて確認するといった学習姿勢は極めて大切と言えよう。また，記述問題も必ずあるので自分の言葉で素早くまとめるといった練習も合格を確実なものにするには必要不可欠な要素と言ってよいであろう。

国語 三 問八

★合否を分ける ポイント

【 C 】に入る言葉を，文章中から二字で探して答える空欄補充問題である。段落のつながりとともに，具体例を通して筆者が述べようとしていることを的確に読み取れているかがポイントだ。

★全体の構成をつかみながら，筆者の意見を読み取っていく

本文後半「生物としての……」で始まる段落～【 C 】のある最後の段落までの内容を確認すると,《他の人の気持ちになって考えられる「共感能力」によって，生物としての人間は大きな社会を作り出したが，この共感能力がますます強化されてきている》→〈近年，ウシやブタなどの食肉について，環境負荷の問題，さらに同じほ乳類を食べることの倫理的な問題があると指摘されている→スーパーの肉売り場では肉の切り身がきれいにパックされて並んでいる。マグロの解体ショーは見世物になっているが，私たちはウシやブタの解体には抵抗感を持っている→大きな協力関係の中で生きている人間にとって，人を殺すことに大きな抵抗感を持つようになるのは当然で，この抵抗感はほ乳類のように人間によく似た生物にも適用され，そのような動物を殺して食べることに忌避感を持つのは仕方のないことである→ウシやブタにも人間と同じような喜怒哀楽があり，ペットとして広く飼われるようになったら，人間はウシもブタも食べられなくなるのではないか。〉私たちは少しずつ，他の動物へも【 C 】の範囲を広げている，という展開になっている。これらの内容では，《 》部分で述べていることの裏付けとして，〈 〉部分でウシやブタといったほ乳類の例を挙げて説明し，《 》部分の「共感能力がますます強化されている」ことを，【 C 】のある文で表現を変えてくり返し述べている，という構成になっているので，【 C 】には「共感」が入るということになる。【 C 】に入る言葉が【 C 】の付近にはないので，どのような構成で論を進めているか，段落のつながりを確認しながら，全体の流れもつかんで読み進めていく必要がある。具体例を通して何を述べようとしているのか，具体例前後の筆者の意見を特に注意して読み取ることが重要だ。

2024年度

★★★★★★★★★★★★★★★★★★★★★★★★★★★★

入　試　問　題

2024年度

学習院中等科入試問題

【算　数】（50分）〈満点：100点〉

【注意】式や考え方を指定された場所に必ず書きなさい。

〔1〕 次の□に当てはまる数を入れなさい。

（1）　$19\times 23+777\div(386-127)=\square$

（2）　$2.5\times 1.9-0.3\div 0.08+3.5\times 0.6=\square$

（3）　$4\frac{5}{6}\div 2\frac{16}{21}+\frac{5}{14}\times 1\frac{3}{4}-1\frac{8}{9}\div 1\frac{1}{3}=\square$

（4）　$\left(2\frac{1}{6}-1\frac{1}{3}\right)\times 1.9+(1.5\div 0.9-\square)\div 2\frac{2}{5}=2$

〔2〕 次の□に当てはまる数を入れなさい。

（1）　6人ですると40日かかる仕事があります。この仕事を□人ですると30日かかります。

（2）　1個140円のりんごと1個100円のみかんをあわせて15個買い，1780円を支払《はら》いました。このとき，買ったりんごは□個です。

（3）　今，私は15歳《さい》で母は51歳です。母の年齢《ねんれい》が私の年齢の5倍だったのは今から□年前です。

（4）　3つの整数1415，1085，920を100より大きい同じ整数で割ったところ，余《あま》りが同じになりました。このとき，余りは□です。

〔3〕 1番目の数をア，2番目の数をイとして，以降，前の2数の積を求め，その一の位の数を書くという作業を続けます。そのようにしてできる数の列を{ア，イ}とします。

例

{3，9} → 3，9，7，3，1，3，3，9，7，・・・

{6，2} → 6，2，2，4，8，2，6，2，2，・・・

このとき，次の問いに答えなさい。

（1）　{7，1}の30番目の数を求めなさい。

（2）　{2，9}の1番目から30番目までの数の和を求めなさい。

（3）　{4，9}の1番目から30番目までに4は何個あるか求めなさい。

〔4〕 下の図は，中心が点A，B，Cで半径がそれぞれ3cmの円を3つ組み合わせたものです。また，三角形BDEは直角二等辺三角形です。

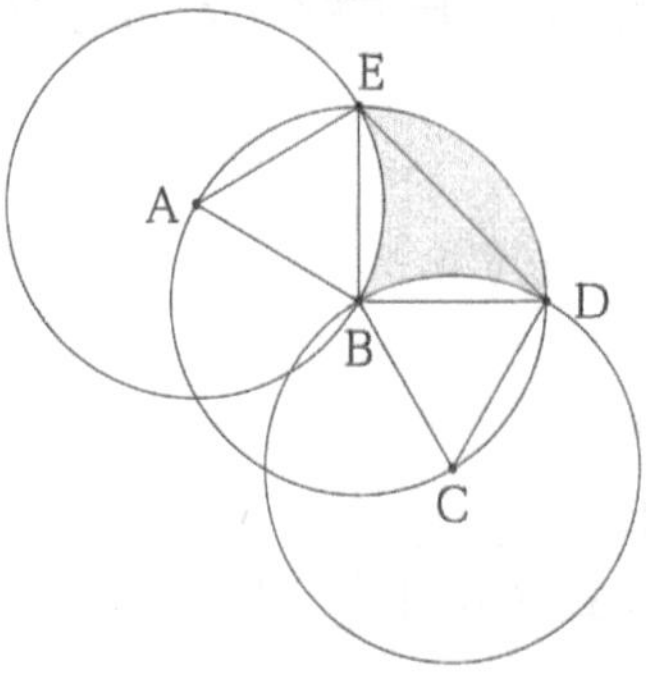

このとき，次の問いに答えなさい。ただし，円周率は3.14，1辺が3cmの正三角形の高さを2.6cmとします。

（1） 1番外側の線で囲まれた図形の周の長さを求めなさい。

（2） 1番外側の線で囲まれた図形の面積を求めなさい。

（3） 影《かげ》をつけた部分の面積を求めなさい。

〔5〕 A地点からB地点まで上り坂になっている道があります。太郎はA地点から，次郎はB地点から同時に出発し，それぞれAB間を往復し，同時に元の地点に戻りました。2人とも途《と》中で止まりませんでした。

下の図は，2人がそれぞれA地点，B地点を出発してから元の地点に戻るまでの時間と2人の間の距離《きょり》の関係を表したものです。

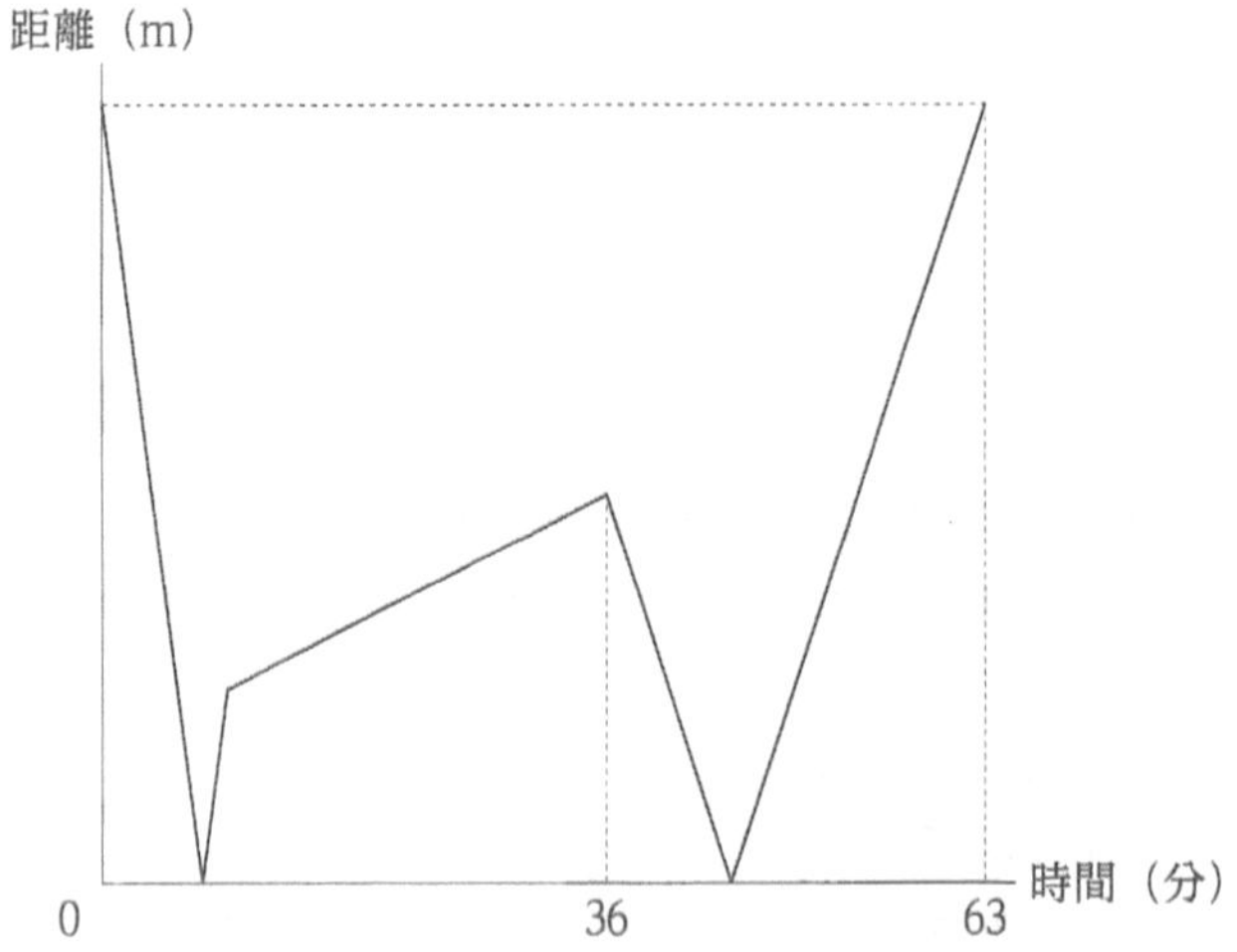

このとき，次の問いに答えなさい。ただし，2人とも上り坂と下り坂では，それぞれ進む速さが異なります。太郎が下り坂を進む速さは毎分80mで，次郎が上り坂を進む速さは毎分40mです。

（1） A地点とB地点の間の距離を求めなさい。

（2） 2人が2回目に出会った地点は，A地点から何m離《はな》れているか求めなさい。

（3） 2人が1回目に出会ったのは，2人が出発してから何分何秒後か求めなさい。

〔6〕 A, B, C, D, E, F, G, H, I, J, Kの11人が1号室から5号室の5部屋に分かれて宿泊《はく》しています。4号室のみ3人部屋で，残りの部屋は2人部屋です。

1号室(2人)	2号室(2人)	3号室(2人)	4号室(3人)	5号室(2人)

いま，次のことがわかっています。

① Aのとなりの部屋にBが，Cのとなりの部屋にDがいます。

② Bの部屋とCの部屋の間に部屋が1つあり，Aの部屋とDの部屋の間にも部屋が1つあります。

③ DとEの部屋番号はそれぞれ奇《き》数です。

④ E, F, H, Iのそれぞれの部屋のとなりには3人部屋はありません。

⑤ FとGは同じ部屋ですが，FとBはちがう部屋です。

⑥ Jの部屋のとなりには2人部屋があります。

このとき，次の問いに答えなさい。

（1） Eの部屋は何号室か答えなさい。

（2） 3号室，4号室，5号室には，それぞれ誰が宿泊しているか答えなさい。

【理　科】（40分）〈満点：80点〉

〔1〕2023年に話題になった自然科学分野の出来事について，最も当てはまるものを選びなさい。

① 東京電力がALPS処理水の海洋放出を開始しました。放水に当たり，水中にふくまれる各放射性物質について，基準値を下回っていることを確認しています。

水の形で存在する放射性物質は，じょう化設備で取り除くことができません。そのため，基準値以下になるまで海水でうすめてから放水しています。水の形で存在する放射性物質はどれですか。

ア．ウラン　　イ．ストロンチウム

ウ．トリチウム　　エ．プルトニウム

② 2023年８月に，世界で４か国目として月面への無人探査機の着陸に成功させたインドの探査機はどれですか。

ア．アディティヤL1　　イ．アーリヤバタ

ウ．チャンドラヤーン３号　　エ．バースカラ２号

③ 2023年のノーベル化学賞を受賞したアレクセイ・エキモフ氏，ルイ・ブラス氏，ムンジ・バウェンディ氏の受賞理由となった研究はどれですか。

ア．同じ物質でも量子ドットと呼ばれる大きさのつぶにすると発光が異なること

イ．同じ物質でもかける電圧によって発光が異なること

ウ．アト秒という短い時間だけ発光させる方法で電子の動きを観察できるようにしたこと

エ．mRNAによる炎症《えんしょう》反応などの免疫《めんえき》をおさえる物質(方法)を発見したこと

④ 2023年は気象庁が統計を取り始めてから，夏の平均気温が最も高くなりました。平年値と比べてどのくらい高かったか，近いものはどれですか。

ア．0.9℃　　イ．1.8℃　　ウ．3.6℃　　エ．7.2℃

〔2〕道路沿いのがけで**図１**のような地層が見られました。それぞれの地層の特ちょうを観察して**図２**のようにまとめてみました。

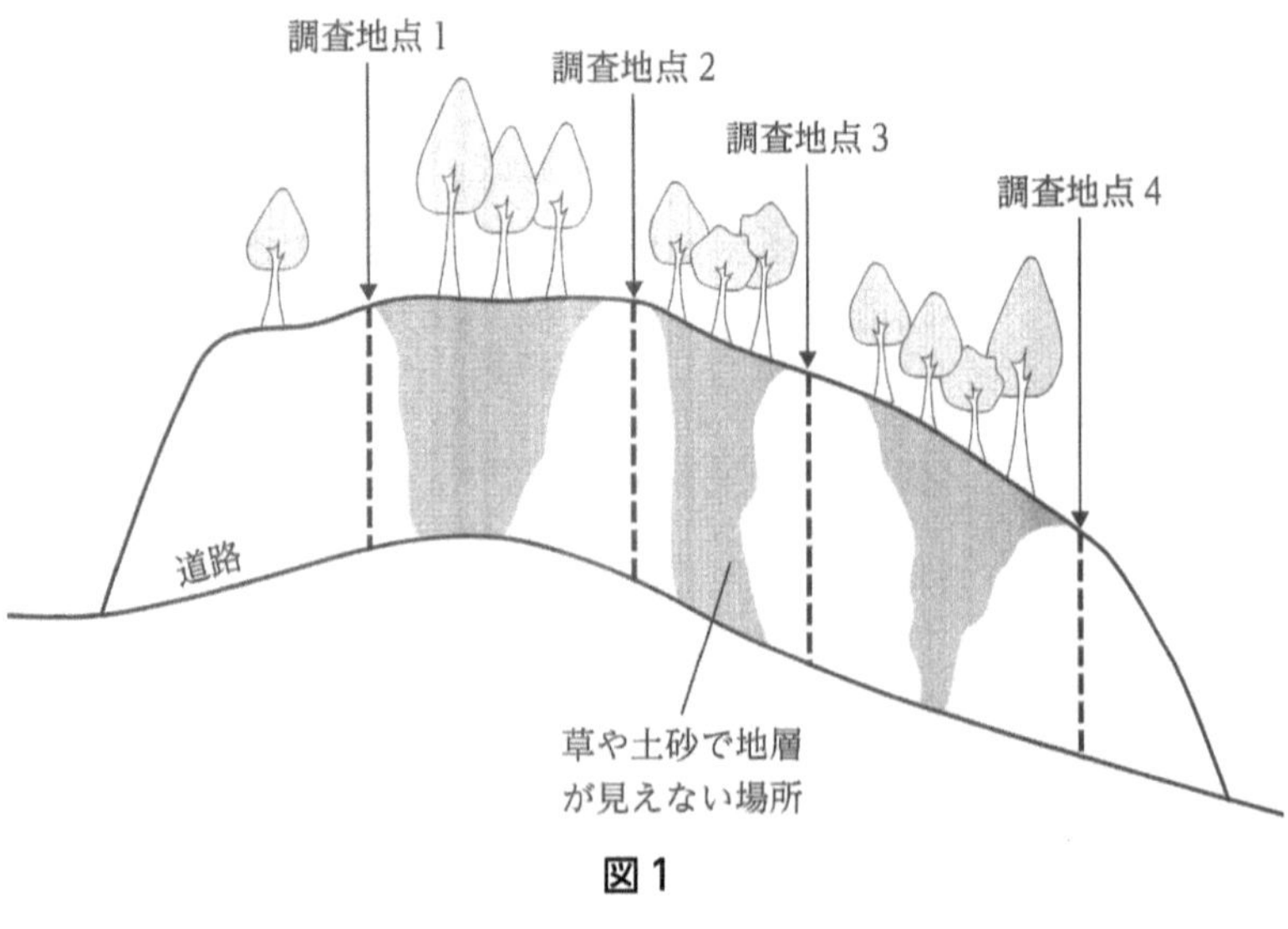

図１

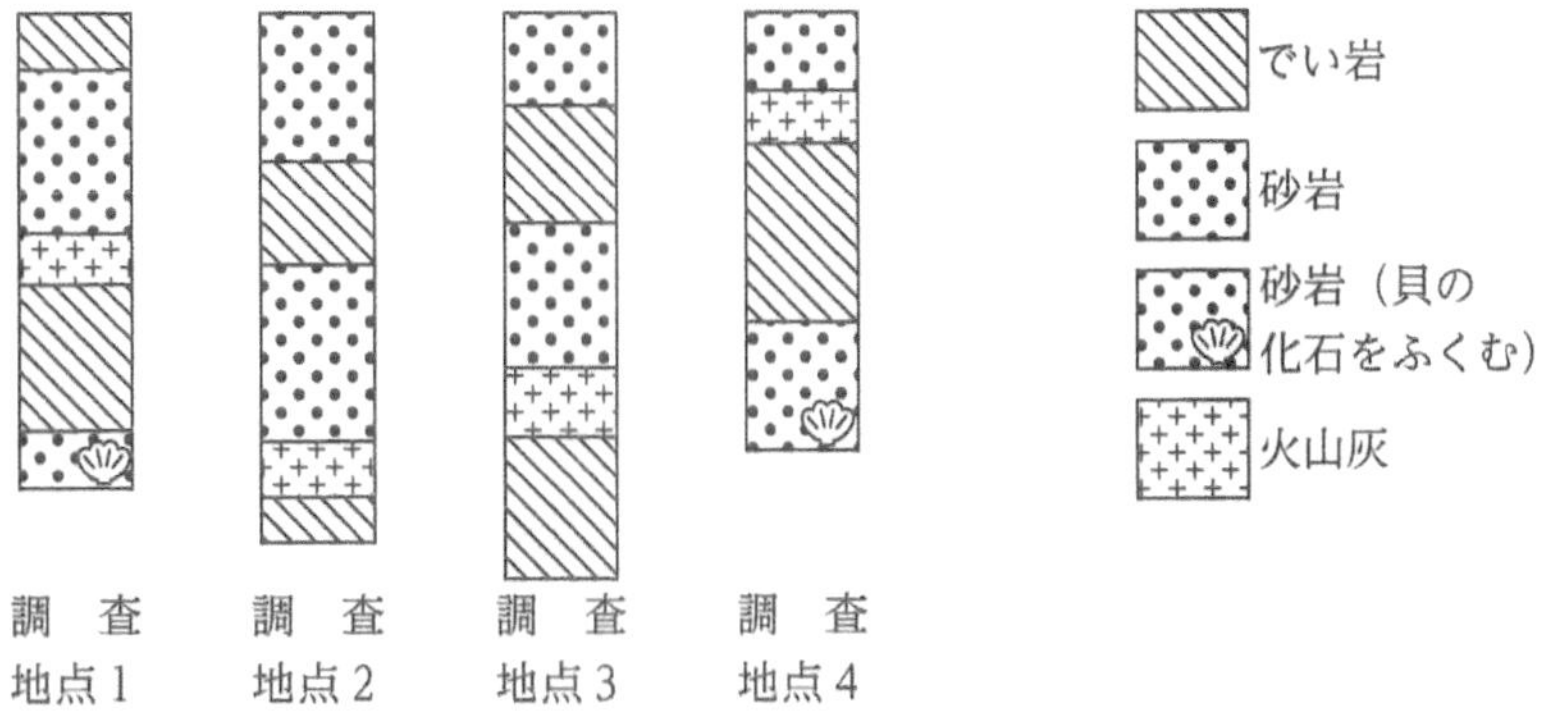

図2

（問1）　地層をつなげて断面図をつくりました。正しい図を一つ選びなさい。

ア

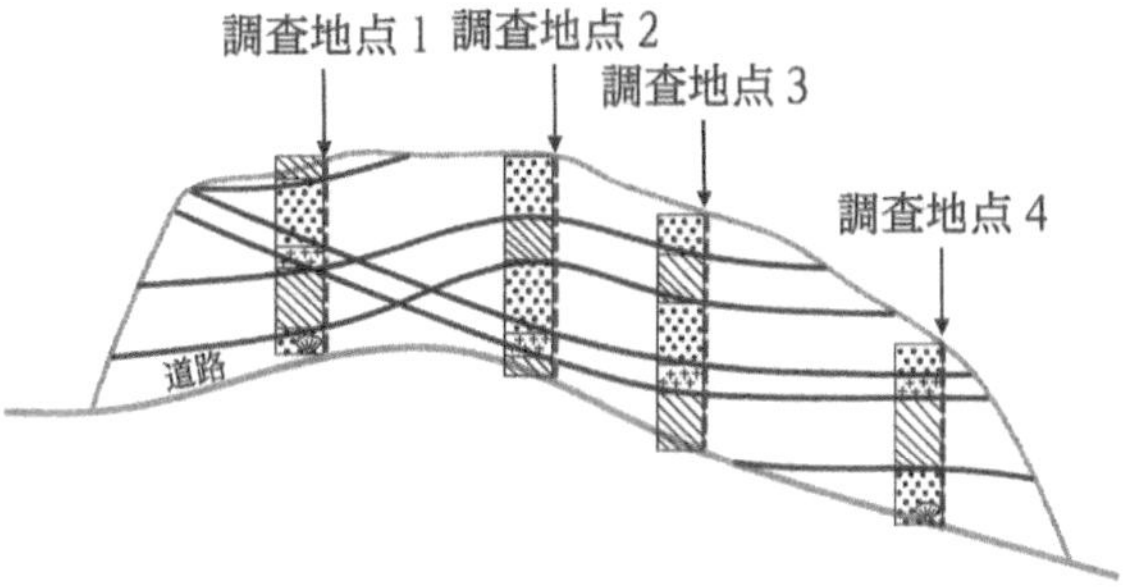

イ

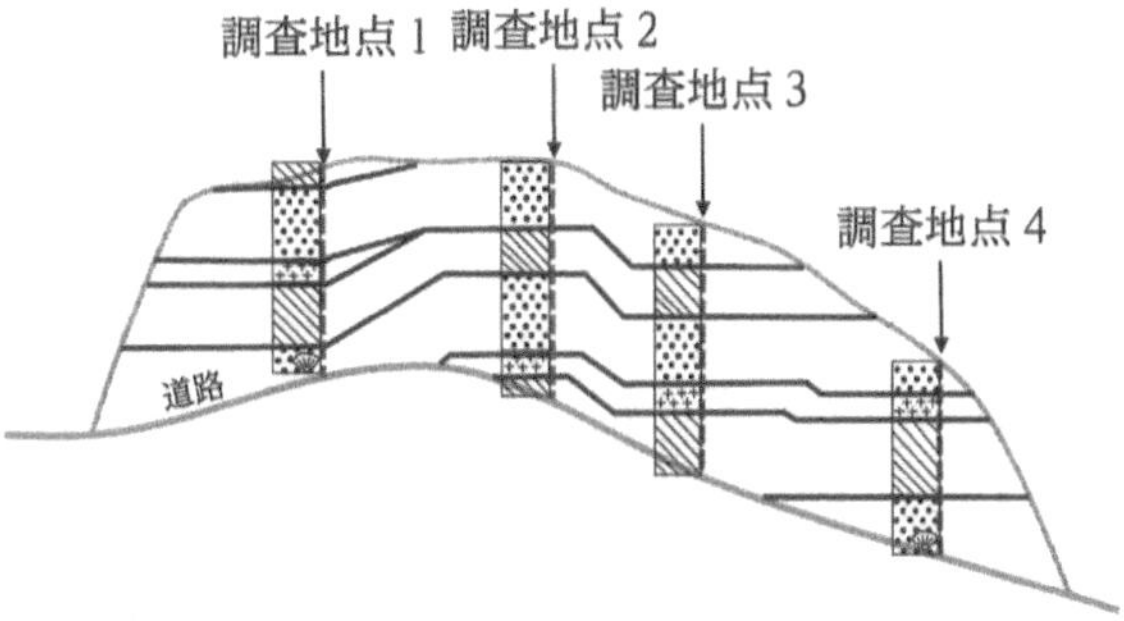

ウ

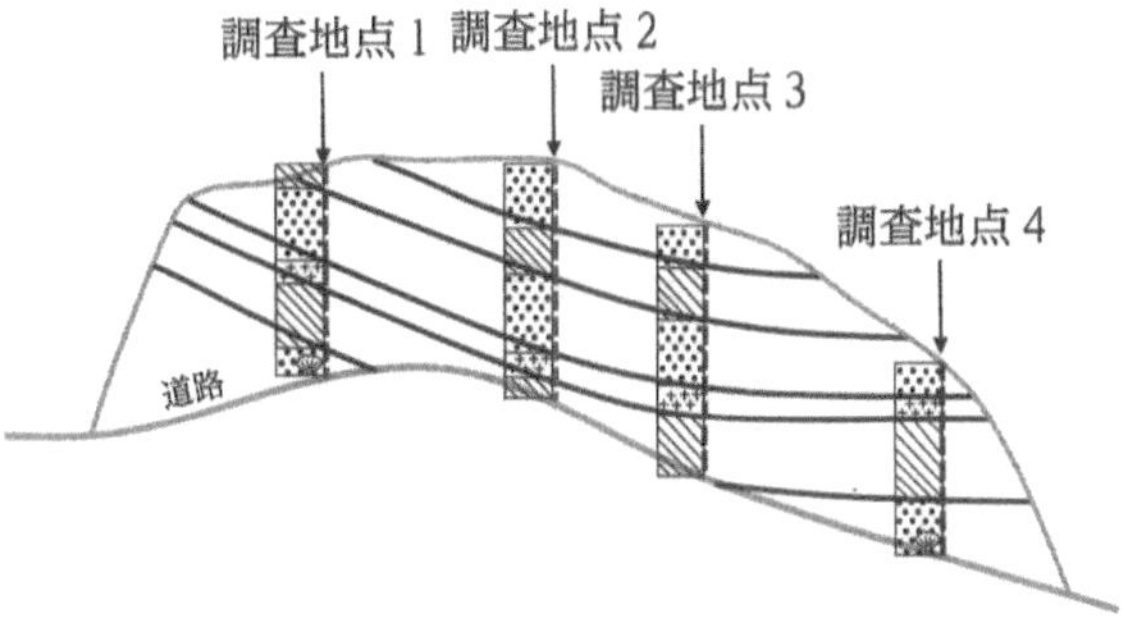

エ

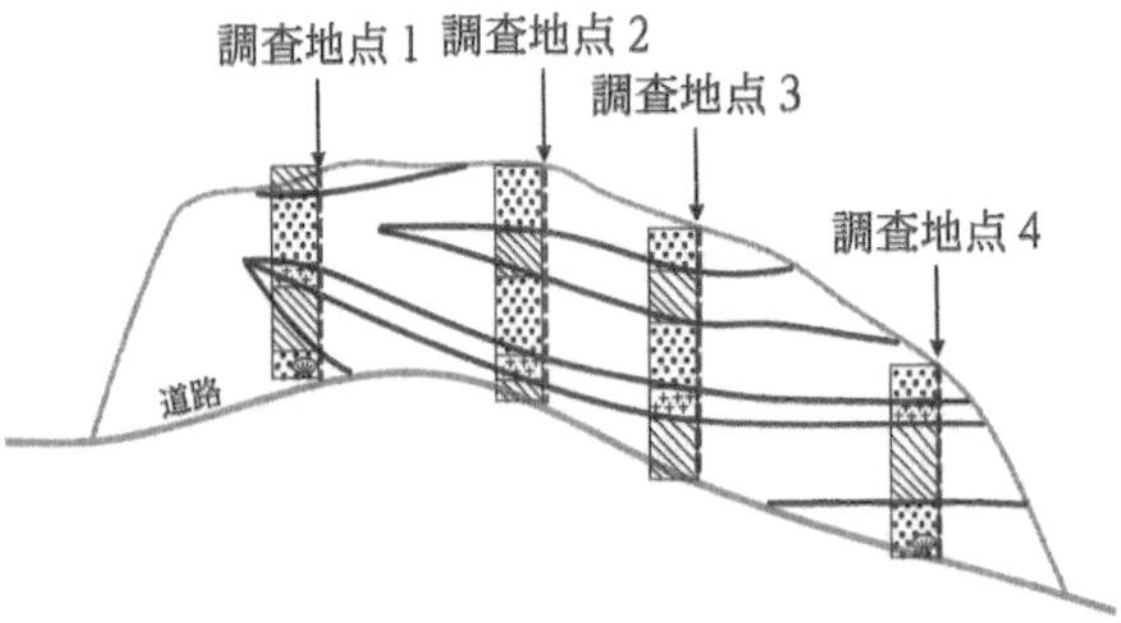

（問２） 地層の中に火山灰の層がふくまれるときは，ほかに同じような地層が混ざっているときに「てがかり」となり，最初につなぐのがよいとされています。その理由として正しいと考えられるものを二つ選びなさい。

ア． 地下水によってとけやすいから。

イ． 広はん囲に降り積もるので，どこの地層でも見つけられるから。

ウ． 大ふん火のときはとくに厚く積もることが多いから。

エ． 地下水によってとけることがないから。

オ． ほかの地層と比べて変わっていてめずらしいから。

カ． ふん火したときの生物が，必ず化石としてふくまれるから。

（問３） 火山灰の地層からかけらを取り出して，水の中でつぶして洗いました。火山灰のつぶをけんび鏡で観察したところ，いろいろな形や色のつぶが見られました。このうちすき通った無色のつぶは何か，二つ選びなさい。

ア． 鉱物　　イ． 植物の化石　　ウ． プラスチック

エ． 氷の結しょう　　オ． 動物の化石　　カ． ガラス

（問４） 九州の南部のシラス台地という地域は火山灰の地層が厚く分布しています。もともと「シラス」という言葉は「白い砂」という意味です。なぜ白く見えるのか，その理由を一つ選びなさい。

ア． さまざまな色の火山灰が日光を反射するから。

イ． 火山灰にふくまれる金属の鉱物が日光を反射するから。

ウ． 火山灰にガラスやとう明の鉱物がたくさんふくまれているから。

エ． 地下水をとおしやすく，火山灰についた水分が日光を反射するから。

オ． 海底にたまったときの塩分が結しょうになっているから。

カ． 火山灰の中に白い貝がらのかけらがたくさんふくまれるから。

（問５） シラスが分布する地域では，昔からシラスをなべやかまのよごれを落とすのに利用してきました。実際シラスで十円玉をみがくと細かい部分のよごれまできれいに落とすことができました。シラスでよごれを落とすことができる理由を一つ答えなさい。

〔3〕 私たちの暮らしには生物にヒントを得て発明されたり改良されたりしたものが多くあります。

（問１） 次はどのような効果をヒントにしたか，それぞれ一つずつ選びなさい。

① カワセミのくちばしにヒントを得た，新幹線の先頭部分の形状

ア．しょうげきをやわらげる

イ．雨水をつきにくくする

ウ．美しい形状にする

エ．乗り心地をよくする

② カの口先にヒントを得た，ごく少量を採血するための針

ア．血がかたまりにくい

イ．血がとまりやすい

ウ．さされても痛くない

エ．ささったらぬけにくい

③ ハスの葉の表面にヒントを得た，ヨーグルトのふたの裏

ア．ツルツルしてヨーグルトがつきにくい

イ．断熱効果にすぐれ，中の物がくさりにくい

ウ．光を通しにくい

エ．ふたを加工しやすい

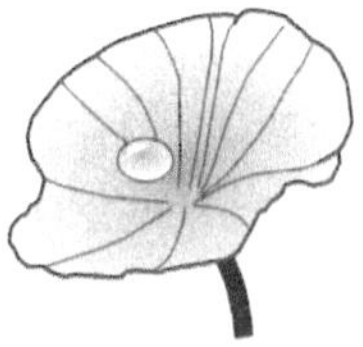

（問２） 次はどのような生物の何にヒントを得て発明されたか，それぞれ一つ選びなさい。

① 割れても散らばりにくい車のフロントガラス（前面のガラス）

② 簡単につけたりはずしたりできる面ファスナー（マジックテープ®）

ア．クモの巣

イ．ニワトリの卵のから

ウ．クリのいが

エ．クルミのから

オ．オナモミの実

カ．カタツムリ（マイマイ）の足

キ．カエルの指

（問３） 段ボールの構造はハチの巣にヒントを得て発明されました。どんな効果が得られているか15字以内で答えなさい。

〔4〕 夏休みの自由研究でミョウバンの大きな結しょうづくりを行いました。ミョウバンはナスのつけ物を作るときに使われることがあります。100gの水にとけるミョウバンの量は，次の表を参考にしました。

温度[℃]	0	10	20	30	40	50	60
とけるミョウバンの量[g]	5.6	7.6	11.4	16.6	23.8	36.4	57.4

［作業１］ 20℃の水が150g入ったビーカーの中にミョウバンを86g入れました。

［作業２］ 割りばしでよくかき混ぜましたが，とけ残りがありました。

［作業３］ ビーカーを加熱して水温を上げました。水温がある温度を過ぎたところでとけ残りがなくなったため，加熱をやめました。

［作業４］ 水よう液を平皿に移しました。平皿の上にラップをゆるくかけました。

［作業５］　１日後，小さな結しょうがいくつかできていました。

［作業６］　［作業５］で作った小さな結しょうをひもで結び，割りばしの真ん中につるしました。

［作業７］　［作業１］～［作業３］と同じことを行いました。

［作業８］　水温が十分に冷めたことを確認してから，［作業６］で用意した小さな結しょうを水よう液の中に入れました。

［作業９］　（　　　）

（問１）　ミョウバンが何に利用されているか，一つ選びなさい。

ア．味付けのため　　　　イ．色をよくするため

ウ．栄養価を高めるため　　エ．食感を出すため

（問２）　［作業２］で，とけ残りはどのくらいあったか答えなさい。

（問３）　［作業３］で，とけ残りがなくなった温度はどのくらいですか。表にある温度で答えなさい。

（問４）　［作業４］で，水よう液の置き場所として最もよい所を選びなさい。

ア．おふろ場　　　　イ．風通しのいい所

ウ．キッチンの戸だな　　エ．冷とう庫の中

（問５）　［作業９］の（　　　）内に最も当てはまるものを選びなさい。

ア．水よう液にできるだけしん動をあたえず放置しておきました。

イ．たまに割りばしを上下させ，水よう液にわずかなしん動をあたえました。

ウ．なるべく日に当てるよう，太陽の動きに合わせて移動させました。

エ．水よう液に氷を入れてよく冷やしてから，冷とう庫で放置しておきました。

（問６）　ミョウバン以外のもので結しょうができるかどうか実験しました。結しょうがほとんどできなかったものを一つ選びなさい。また，その理由を答えなさい。

ア．砂糖　　　　イ．食塩

ウ．でんぷん粉(片くり粉)　　エ．ホウ酸

〔5〕 発光ダイオード，プロペラを付けたモーター，電磁石，電源装置をつなげて，電流の実験をしました。

二つの回路を作り，電磁石の間に方位磁針を置きました。スイッチを入れたり切ったりして，観察しました。

電磁石は鉄くぎの周りにエナメル線を巻いて作りました。発光ダイオード，モーター，鉄くぎは同じ種類のものです。それぞれの電源装置から流れる電流の強さは最初に設定し，実験が終わるまで変えていません。

［手順１］　回路A，回路Bのスイッチが両方とも切れていると，方位磁針の向きが図のようになった。

［手順２］　回路Aのスイッチを入れ，回路Bのスイッチは切れたままにした。回路Aの発光ダイオードが一つだけ光り，プロペラが回った。方位磁針の向きが図のようになった。

［手順３］　回路Aのスイッチを切り，回路Bのスイッチを入れた。
回路Bの発光ダイオードが光り，プロペラが回った。方位磁針の向きが図のようになった。

［手順４］　回路A，回路Bのスイッチを両方とも入れた。

回路A，回路Bの両方のプロペラが回り，回路Aのプロペラは回路Bのプロペラより速く回った。方位磁針の向きが図のようになった。

［手順１］

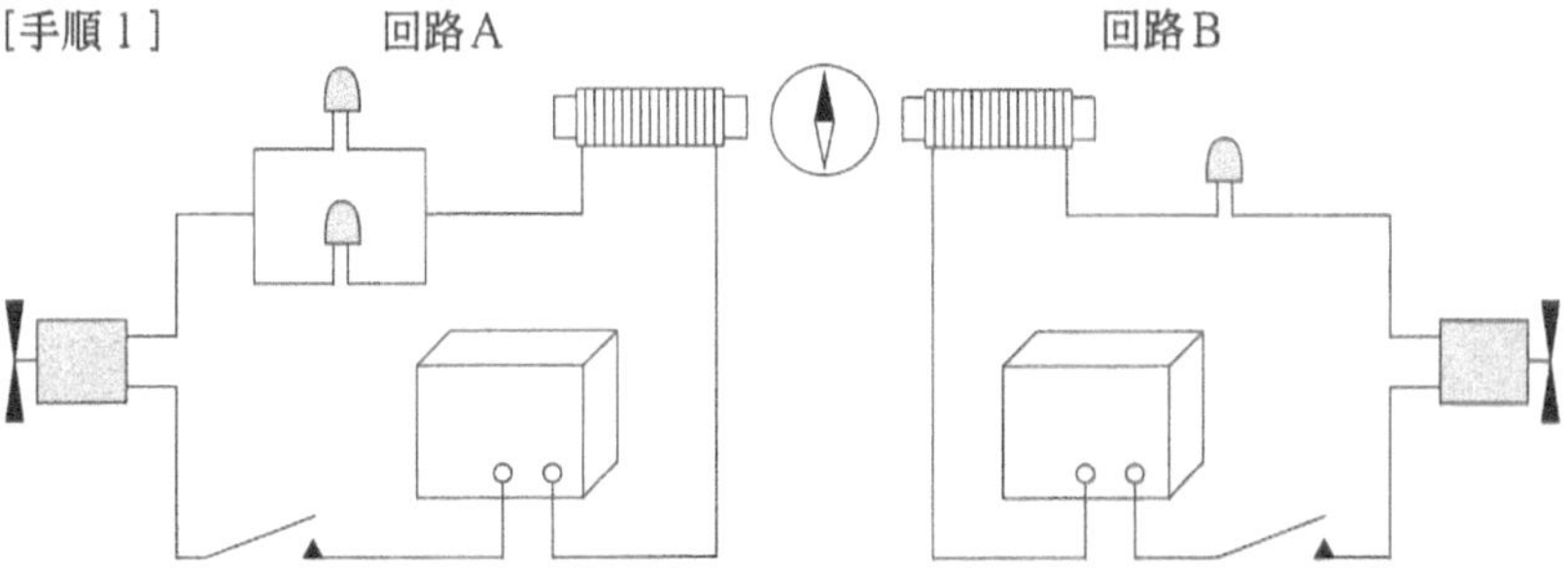

［手順２］

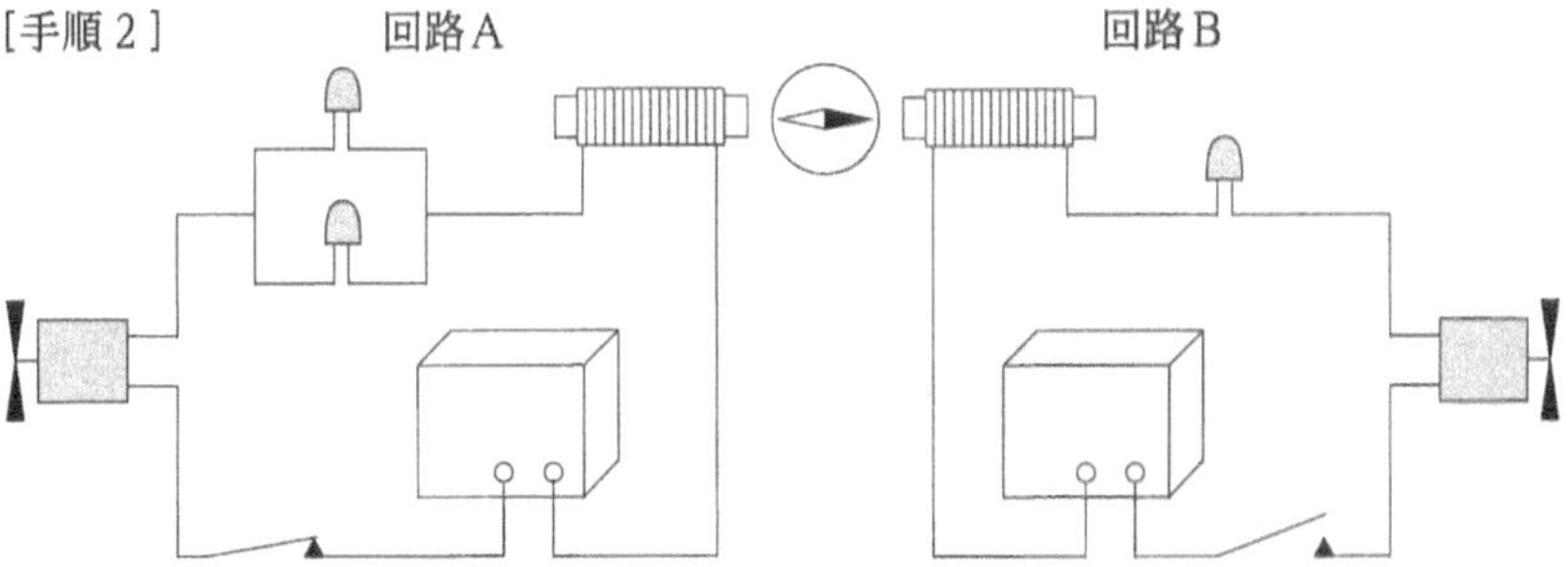

［手順３］

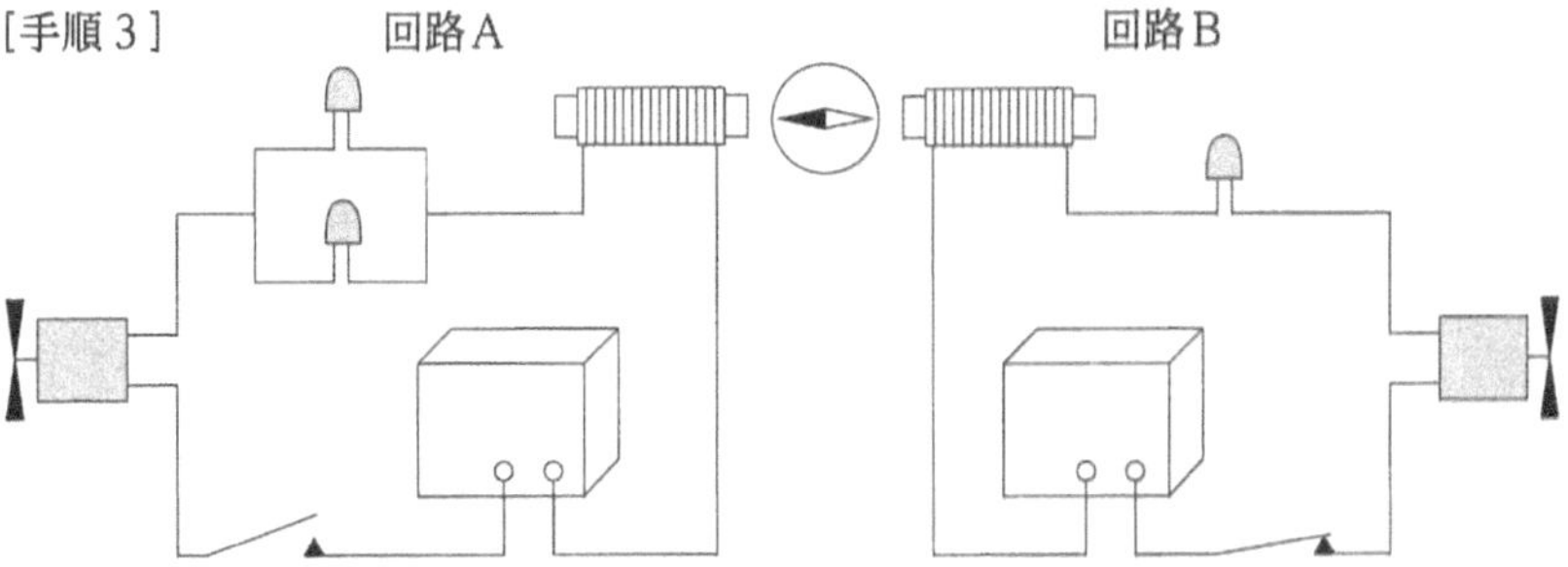

［手順４］

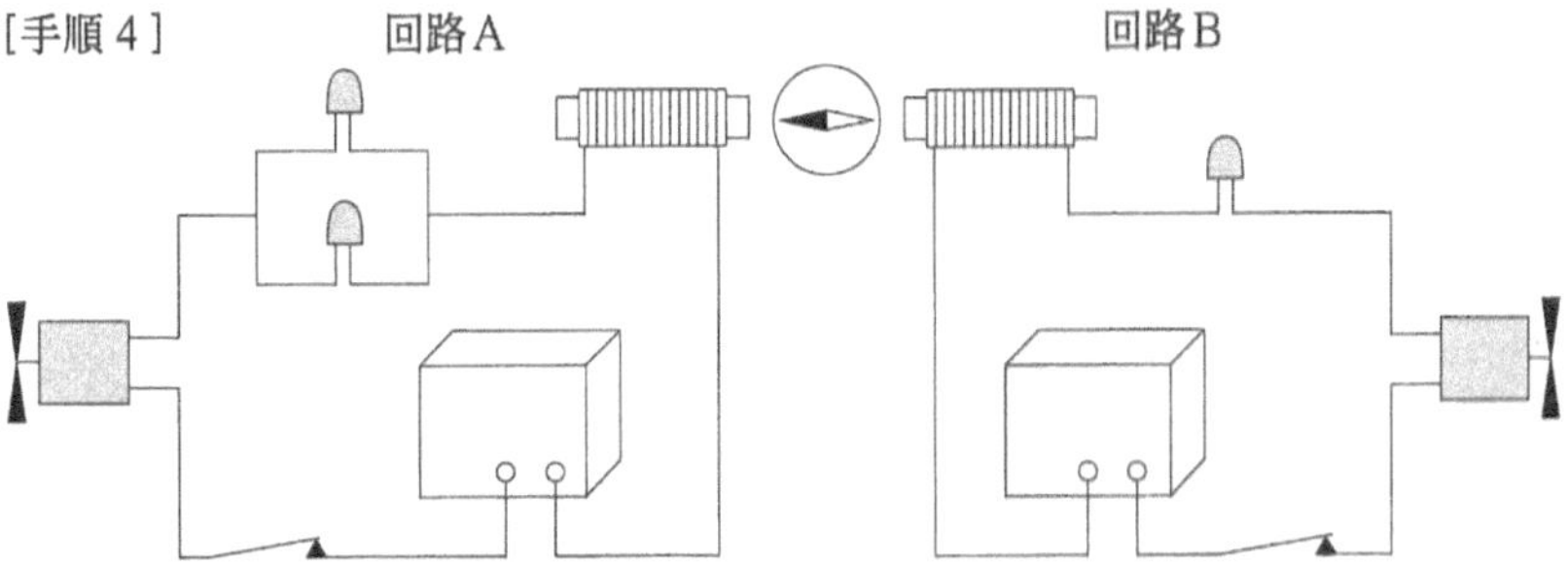

（問１）　［手順２］で回路Aの電源装置の＋たん子と－たん子を入れかえて，回路Aのスイッチを入れると，回路Aの発光ダイオード，プロペラ，方位磁針はそれぞれどのようになるか，一つずつ選びなさい。

発光ダイオード　ア．二つとも光る
イ．一つだけ光る
ウ．二つとも光らない

プロペラ　エ．［手順２］と同じ向きに回る
オ．［手順２］と逆の向きに回る
カ．回らない

方位磁針　キ　ク　ケ　コ

（問２）［手順３］で回路Bの電源装置の＋たん子と－たん子を入れかえて，回路Bのスイッチを入れると，回路Bの発光ダイオード，プロペラ，方位磁針はそれぞれどのようになるか，一つずつ選びなさい。

発光ダイオード　サ．光る
シ．光らない

プロペラ　ス．［手順３］と同じ向きに回る
セ．［手順３］と逆の向きに回る
ソ．回らない

方位磁針　タ　チ　ツ　テ

（問３）二つの電磁石のエナメル線の巻き数を比べると，どのようになりますか。

ト．回路Aの電磁石の巻き数のほうが大きい
ナ．回路Bの電磁石の巻き数のほうが大きい
ニ．同じである

（問４）家庭で使う電流は，発電所で作られています。①，②は発電の仕組みの種類です。それぞれ当てはまるものを全て選びなさい。

①発電機のじくを回転させて発電するもの
②熱を利用して発電するもの

ヌ．水力発電　ネ．火力発電　ノ．原子力発電
ハ．風力発電　ヒ．太陽光発電

【社　会】（40分）〈満点：80点〉

【注意】問題に漢字で書くことが指定されていれば正しい漢字で書きなさい。

〔1〕

問1　次の①～⑩にあてはまる都市を以下の(ア)～(ト)から一つずつ選び，記号で答えなさい。

①．この都市は，日本の最北の都道府県の経済の中心地です。

②．この都市には，世界遺産である鹿苑《ろくおん》寺金閣(金閣寺)があります。

③．この都市は，東北地方の政令指定都市で多くの人が集まります。

④．この都市は，大阪府で人口が２番目に多いです。

⑤．この都市は，県庁所在地の都市より人口が多く，浜名湖《はまなこ》の沿岸に位置しています。

⑥．この都市は，甲信越《こうしんえつ》地方で唯一の政令指定都市です。

⑦．この都市には，世界遺産《いさん》である原爆《げんばく》ドームがあります。

⑧．この都市は，旧県庁所在地である浦和《うらわ》市や大宮市，与野《よの》市が合併《がっぺい》して誕生しました。

⑨．この都市には，弥生時代の水田集落の遺跡である登呂《とろ》遺跡があります。

⑩．この都市には，金のしゃちほこで有名な城や熱田神宮があります。

（ア）大阪市　（イ）岡山市　（ウ）川崎市　（エ）北九州市

（オ）京都市　（カ）熊本市　（キ）神戸市　（ク）さいたま市

（ケ）堺《さかい》市　（コ）相模原《さがみはら》市　（サ）札幌《さっぽろ》市　（シ）静岡市

（ス）仙台《せんだい》市　（セ）千葉市　（ソ）名古屋市　（タ）新潟市

（チ）浜松市　（ツ）広島市　（テ）福岡市　（ト）横浜市

問2　次の表は，「乗用車の100世帯あたり保有台数(2021年)」をまとめたものです。この表をもとに①～④の文章について，正しければ「○」を，正しくなければ「×」を答えなさい。

順位	都道府県	保有台数	順位	都道府県	保有台数
1位	福井県	171.6	43位	兵庫県	90.3
2位	富山県	166.2	44位	京都府	81.6
3位	山形県	165.2	45位	神奈川県	68.8
4位	群馬県	160.3	46位	大阪府	63.3
5位	栃木県	158.0	47位	東京都	42.8

（『データでみる県勢　2023』より作成）

①．1～5位の都道府県には，すべて旅客輸送のある空港がある。

②．1～5位の都道府県は，すべて日本海側に位置している。

③．43～47位の都道府県には，すべて地下鉄が走っている。

④．43～47位の都道府県は，すべての世帯が乗用車を１世帯あたり１台以上保有している。

問3　次の①～⑥の問いに答えなさい。ただし，①～⑤は漢字で答えなさい。

①．1901年に官営八幡《やはた》製鉄所が操業を開始したところからはじまる，かつては鉄鋼生産の中心地だった工業地帯(地域)名を答えなさい。

②．2022年に貿易総額が最大であった日本の空港の名前を答えなさい。

③．2022年９月に武雄《たけお》温泉―長崎間で開業した新幹線の名前を答えなさい。

④．北海道—本州間にある海峡《かいきょう》の名前を答えなさい。

⑤．大きな地震が起こる数秒～数十秒前にテレビなどを通じて伝達される緊急地震《きんきゅうじしん》速報は，どこから発信されるか，省庁の名前を答えなさい。

⑥．以下の文章は養殖《ようしょく》漁業と栽培《さいばい》漁業の違いについて説明したものです。説明を完成させるために，[　A　]の枠にあてはまることばを15字以内で答えなさい。ただし，句読点も１字に数えます。

> 養殖漁業はいけすなどの中で，出荷するまでたまごなどから育てる漁業で，栽培漁業は，いけすなどの中でたまごなどから育て，[　A　]することが特徴《とくちょう》の漁業です。

〔2〕 以下の年表を読み，あとの問いに答えなさい。

西暦《せいれき》	できごと
618年	中国で①唐が建国される。
663年	②白村江の戦いが起こる。
668年	(　1　)が即位《そくい》して，天智《てんじ》天皇となる。
724年	③多賀城が設置される。
939年	海賊《かいぞく》を組織した(　2　)が瀬戸《せと》内海で反乱を起こす。
1192年	④源頼朝《よりとも》が征夷《せいい》大将軍に就く。
1336年	⑤室町幕府が開かれる。
1582年	(　3　)が太閤《たいこう》検地をはじめる。
1613年	⑥慶長遣欧使節《けいちょうけんおうしせつ》がヨーロッパに派遣される。
1841年	老中の(　4　)が天保《てんぽう》の改革をおこなう。
1872年	⑦日本ではじめて鉄道が開通する。
1886年	⑧ノルマントン号事件が起こる。
1900年	(　5　)が女子英学塾《じゅく》を設立する。
1923年	⑨関東大震災《しんさい》が起こる。
1932年	⑩首相の犬養毅《いぬかいつよし》がおそわれ，命を落とす。
1972年	首相の(　6　)が中国を訪れ，日中共同声明を発表する。
1973年	⑪第１次石油危機が起こる。

問1　年表中の(1)～(6)に適する人物の名前を漢字で答えなさい。

問2　下線部①の「唐」の都を何というか，漢字で答えなさい。

問3　下線部②の「白村江の戦い」の後のできごとについて，【X】【Y】の文章の正誤の組み合わせとして正しいものを以下の(ア)～(エ)から一つ選び，記号で答えなさい。

【X】 大宰府《だざいふ》の北に水城が築かれた。

【Y】 倭《わ》に亡命した百済の人びとの指導によって，朝鮮《ちょうせん》式山城が築かれた。

(ア)【X】 正　【Y】 正　　(イ)【X】 正　【Y】 誤

(ウ)【X】 誤　【Y】 正　　(エ)【X】 誤　【Y】 誤

問4　下線部③の「多賀城」について，日本三大史跡《しせき》の一つである多賀城跡《あと》がある県の名前を漢字で答えなさい。

問5　下線部④の「源頼朝」が1180年に最初に兵をあげた場所を以下の(ア)～(エ)から一つ選び，記号で答えなさい。

(ア) 伊豆《いず》　(イ) 鎌倉《かまくら》　(ウ) 木曽《きそ》　(エ) 兵庫《ひょうご》

問6　下線部⑤の「室町幕府」で将軍を補佐し，政務を統轄《とうかつ》(まとめて支配すること)する職を何というか，漢字で答えなさい。

問7　下線部⑥の「慶長遣欧使節」としてスペインやイタリアなどに派遣された人物を以下の(ア)～(エ)から選び，記号で答えなさい。

(ア) 伊東マンショ　(イ) 岩倉具視　(ウ) 勝海舟《かつかいしゅう》　(エ) 支倉常長

問8　下線部⑦の「日本ではじめて鉄道が開通する」について，最初に開通したこの当時の鉄道は新橋とどこを結んだか，漢字で答えなさい。

問9　下線部⑧の「ノルマントン号事件」について，当時の日本国民がこの事件を批判的にとらえた理由を40字以内で説明しなさい。ただし，句読点も1字に数えます。

問10　下線部⑨の「関東大震災」が発生した日は，「防災の日」となっています。何月何日かを解答欄《らん》に合うように答えなさい。

問11　下線部⑩の「首相の犬養毅がおそわれ，命を落とす」について，このできごとを何というか，以下の(ア)～(エ)から一つ選び，記号で答えなさい。

(ア) 五・一五事件　(イ) 五・四運動

(ウ) 三・一独立運動　(エ) 二・二六事件

問12　下線部⑪の「第1次石油危機」は，アラブ産油国が石油の輸出制限や価格の引き上げをおこなったことで起こりました。アラブ産油国がこのような戦略をおこなうきっかけとなった戦争を何というか，漢字で答えなさい。

〔3〕 次の文章を読み，あとの問いに答えなさい。

2023年(A)月9日と(A)月23日に統一地方選挙が実施《じっし》され，多くの①地方公共団体で首長や議員が選ばれました。この統一地方選挙は(B)年に1回実施されます。この統一地方選挙における選挙権は，選挙がおこなわれる地域に一定期間住んでいる満(C)歳《さい》以上の日本国民にあたえられます。一方で，②統一地方選挙における被選挙権《ひせんきょけん》があたえられる年齢《ねんれい》は，立候補する対象によって異なります。

統一地方選挙に対して，国会議員を選ぶための選挙が国政選挙です。国政選挙には，衆議院議員選挙と③参議院議員選挙があります。

衆議院議員選挙は，衆議院議員の（　D　）年間の任期が終わるか，任期の途中《とちゅう》で（　E　）がおこなわれると実施されます。この選挙では，全部で465人いる衆議院議員を④小選挙区制と比例代表制の二つの方法で選びます。そのため，衆議院議員選挙の投票所では小選挙区制と比例代表制の２種類の投票用紙が渡《わた》され，投票します。ただし，実際にはこれに加えて最高裁判所裁判官の（　F　）もおこなわれるので，合計で３種類の用紙が渡されることになります。

一方で，参議院議員選挙は（　G　）年に１回実施されます。参議院議員の任期は（　H　）年間ですが，選挙は（　G　）年に１回実施され，定数の半分を選んでいます。この選挙では，全部で（　I　）人いる参議院議員を選挙区制と比例代表制の二つの方法で選びます。

日本における選挙にはいくつかの大切な原則があります。たとえば，一定の年齢に達したすべての国民に選挙権・被選挙権があたえられる（　J　）選挙，だれがだれに投票したかわからない（　K　）選挙などがその原則です。

問１　文章中の（　A　）～（　K　）に適することば・数字を答えなさい。ただし，（　A　）～（　D　），（　G　）～（　I　）は数字で，（　E　），（　F　），（　J　），（　K　）は漢字で答えなさい。

問２　下線部①の「地方公共団体」について，以下の問いに答えなさい。

（１）　地方公共団体について述べた次の【X】【Y】の文章について，下線部のことばが正しければ「○」を，正しくなければ正しいことばを漢字で解答欄《らん》に書きなさい。

【X】　その地方公共団体のなかだけで通用する決まりを政令という。

【Y】　地方公共団体の議会は，すべて一院制である。

（２）　住民は，一定の条件を整えることで，地方公共団体の首長・議員に対して，任期の途中でやめさせるよう解職請求をすることができます。では，この解職請求をカタカナ４字で何というか答えなさい。

問３　下線部②の「統一地方選挙における被選挙権があたえられる年齢は，立候補する対象によって異なります」について，立候補の対象とその被選挙権があたえられる年齢の組み合わせとして正しいものを以下の(ア)～(カ)から一つ選び，記号で答えなさい。

（ア）　都道府県知事：満25歳以上　　市区町村議会議員：満25歳以上

（イ）　都道府県知事：満30歳以上　　市区町村議会議員：満30歳以上

（ウ）　都道府県知事：満35歳以上　　市区町村議会議員：満35歳以上

（エ）　都道府県知事：満25歳以上　　市区町村議会議員：満20歳以上

（オ）　都道府県知事：満30歳以上　　市区町村議会議員：満25歳以上

（カ）　都道府県知事：満35歳以上　　市区町村議会議員：満30歳以上

問４　下線部③の「参議院議員選挙」に関連する次の【X】【Y】の文章について，下線部のことばが正しければ「○」を，正しくなければ正しいことばを解答欄に書きなさい。

【X】　参議院議員選挙の選挙区制選挙では，少数の例外もあるが原則として一つの市区町村が一つの選挙区となっている。

【Y】　参議院議員選挙の比例代表制の投票用紙には，政党名か候補者名のどちらかを記入する。

問５　下線部④の「小選挙区制」について，以下の問いに答えなさい。

（1） 小選挙区制とはどのような選挙のことか，25字以内で答えなさい。ただし，句読点も1字に数えます。

（2） 全部で465人いる衆議院議員のうち，小選挙区制で選ばれる議員は何人か，以下の(ア)～(エ)から一つ選び，記号で答えなさい。

（ア） 89人　　（イ） 189人　　（ウ） 289人　　（エ） 389人

上三十五字以内で書きなさい。

問四　波線（4）について、筆者が学ぶことをすすめている理由を二十字以上三十字以内で書きなさい。

問五　【　A　】に入る言葉として最も適当なものを次から選び、その記号を書きなさい。

ア　社会　　イ　理性　　ウ　関係　　エ　進化

問六　【　B　】に入る言葉として最も適当なものを次から選び、その記号を書きなさい。

ア　だんだん弱く

イ　ますます自分勝手に

ウ　どんどんやさしく

エ　しだいに強く

問七　波線（5）「これ」の内容として最も適当なものを次から選び、その記号を書きなさい。

ア　人間に害を加える生物は殺されても仕方がないと考えてしまうこと。

イ　人間は今でもほ乳類を食べ物として認識することに抵抗があること。

ウ　人間によく似た生物を殺すことには抵抗感が生まれてしまうこと。

エ　イヌやネコをまるで家族のように扱ってしまう人もいること。

問八　【　C　】に入る言葉を、文章中から二字で探して書きなさい。

これは人間という生物の特性からすれば当然のことです。私たちは少産少死の戦略を極めた生物ですので命を大切にします。それも自分だけではなく、他の人の命も大切です。それは人間が大きな協力関係の中で生きているからです。私が生きて増えるためには、他の人の協力が必要です。したがって、人を殺すということには大きな抵抗感を持つようになるのは当然です。そしてこの抵抗感は、人間以外の人間とよく似た生物、たとえばほ乳類などであれば（人間ほどではないにせよ）適用されてしまうようです。

（5）これは仕方のないことのように思います。ほ乳類の体のつくりは人間とよく似ています。ネズミでも、体温、皮膚、骨、血管があり、切ると血が出ます。内臓もほとんど人間と同じセットがそろっています。ふるまいも人間と似ています。イヌやネコを飼っている人であれば、そのしぐさやふるまいに人間らしさを感じることも多いでしょう。人間の家族と同じように扱（あつか）っている人も多いのではないでしょうか。彼（かれ）らは人間ではありませんが、やはり喜怒哀楽（きどあいらく）があり、好き嫌いもあり、かわいくて時にやさしさも見せます。そのような動物を殺して食べることに忌避感を持つのは当然のことでしょう。

ウシやブタも変わりありません。家でペットとして飼うことはあまりないのでよく知られていないだけで、牧場に行けば人懐（なつ）っこいウシがいますし、ブタをペットとして飼っている人もいます。彼らにもきっと人間と同じような喜怒哀楽があることでしょう。むしろそうしたウシやブタの人間らしさを知らないおかげで、平気で食べることができているのかもしれません。もし小型のウシやブタがペットとして広く飼われるようになったら、もう人間はウシもブタも食べられなくなるのではないでしょうか。そこまでいかなくても、自分が家族のように大事にしているイヌやネコと、今晩のおかずのウシやブタは同じ生物だと一度でも意識してしまうと、どんどん食べにくくなっていくように思います。実際に近年、動物食を控（ひか）える選択（せんたく）をする人が増えているという統計結果もあります。私たちは少しずつ、他の動物へも【　Ｃ　】の範囲（はんい）を広げているように思います。

市橋伯一『増えるものたちの進化生物学』による

＊倫理　人として守り行うべき道。
＊忌避　嫌ってさけること。
＊殉教　自らの信念に命をささげること。
＊吟味　よく考えて選ぶこと。

問一　波線（1）「そんな社会」とはどのような社会か、一行で書きなさい。

問二　波線（2）の理由として筆者の主張と合っているものを次からすべて選び、その記号を書きなさい。

ア　その人がなんにも見つけられなかったから。
イ　偉ぶってしまうと仲間に嫌われてしまうから。
ウ　自慢することは人として良くないことだから。
エ　ちっぽけなものしか見つけられなかったから。
オ　仲間との助け合いを失うことになるから。

問三　波線（3）「この考え方」とはどのような考え方か、二十五字以

(じゅんきょう)者など、自分の命ですら信念のために投げ出すことができる場合もあります。人間以外の生物では、決して真似（まね）できないことでしょう。

人間は学習によって本能を超（こ）えた行動ができる今のところ唯一（ゆいいつ）の生物です。論理的に考えて役に立たない、意味のない悩みは捨ててしまうことが可能です。悩みというのは現実が本能にそぐわない状況で生じるものです。悩みの解決にはまずその悩みをもたらした生物的な由来を理解することです。そして本当に悩む価値のあることなのかどうかを＊吟味（ぎんみ）することです。その結果、現代社会を生きる上で悩む必要のない問題だと理性が判断するのであれば、そんな悩みは無視して、もっと自分が大事だと思うことに時間を使う方がいいですし、人間にはそれが可能です。

生物としての人間全体の話に戻（もど）ります。生物としての人間は他の個体と協力することによって大きな社会を作り出しました。さて今後、人間はどうなっていくのでしょうか。

人間の協力性を可能にしたのは、人間のもつ「共感能力」だと言われています。つまり他の人の気持ちになって考えられるということです。これによって他者の望むことを察知し、協力関係を築くことができます。この共感能力は人間が増えることに大きく貢献（こうけん）しましたが、最近の傾向（けいこう）として、この共感能力は人間のなかでますます強化されてきているように思います。つまり人間は【　B　】なってきています。

近年、ウシやブタなど動物の肉を食べることについてしばしば問題視されるようになってきています。食肉の問題のひとつは温暖化などの環境（かんきょう）負荷（ふか）が大きいことだと言われています。たとえば１００ｇのタンパク質を生産するのに、大豆であれば２・２㎡で済むところを、ウシを放牧した場合は１６４㎡と70倍以上の広い土地が必要になります。また冗談（じょうだん）のような話ですが、ウシのゲップはメタンを含んでおり、このメタンが大きな温室効果をもたらしているとされています。

さらに食肉には倫理的な問題があると指摘(してき)されています。私たちと同じほ乳類であり、ある程度の知能をもったウシやブタを殺して食べることが許されるのかという問題です。私自身は肉が大好きですので、普段から何の疑問も抱（いだ）かずにウシもブタも食べています。特に罪悪感を抱くことはありません。ただ、それはよくよく考えてみると、罪悪感を抱かなくて済むようなシステムができ上がっているからのように思います。

たとえば、スーパーの肉売り場ではウシやブタの肉の切り身がきれいにパックされて並んでいます。そこに生物としての姿はもうありません。骨や血液、皮膚（ひふ）、毛、臓器など元の生物の特徴（とくちょう）はきれいに取り除かれています。どこか人目につかない場所で生身の動物から肉を切り離（はな）す作業が行われています。マグロの解体ショーはよく見世物になっていますが、あれは魚だからまだ許されているように思います。ウシやブタの解体を見たい人はあまりいないでしょう。私たちは、自分と同じほ乳類を殺すこと、さらには解体することに少なからぬ抵抗（ていこう）感を持っていることを示しています。

なしくみです。

この平等性を維持（いじ）するために、クン族は並々ならぬ努力をしています。なによりも大事なことは協力的で偉（えら）ぶらないことです。クン族の逸話（いつわ）でこんな話があります。もし狩りに行って大きな獲物をしとめることができた場合、その人は決して大喜びで帰ってきたり、自ら手柄（てがら）を宣伝するようなことはしません。普段（ふだん）と同じように帰ってきて、仲間のところに加わります。自分からは言い出さず、仲間が狩りの成果を聞いてくれるまで待ちます。聞いてくれたとしても、「なんにも見つけられなかったよ……まあほんのちっぽけなものならあったかな」と、できるだけ大したことではないふうを装いながら、（2）自慢（じまん）にならないように気を付けて成果を報告するそうです。

私たちの目から見ると、そこまで気を使わなくても……と思わなくはないですが、そうしてしまう気持ちはわかるのではないでしょうか。もし、偉ぶってしまって嫌（きら）われてしまったら、次に自分が獲物を捕れなかったときには助けてもらえないかもしれません。そうなれば、自分も自分の家族もみんな餓えてしまいます。狩猟採集生活者にとって、仲間から嫌われないこと、仲間外れにされないことは生きていくうえで何よりも大切なことだったのでしょう。

人間はこのような社会で100万年を過ごしてきました。したがって、人間の考え方も＊倫理（りんり）観もいまだこの狩猟採集生活に適応していると考えられています。みんなに協力的で、偉ぶらず、自慢しないのが尊ばれます。これは現代社会でも同じではないでしょうか。たとえ本当に偉かったり自慢するだけの成果を残していたとしても、それを偉そうに自慢をする人は嫌われ、偉ぶらず謙遜（けんそん）している人の方が人格者として評価されます。それも私たちが狩猟採集生活の心をいまだに有していることを示しているのかもしれません。

私たちが協調性を重んじて、隣人（りんじん）と仲が良くないと悩（なや）むのは（3）この考え方の名残（なごり）だとみなすことができます。いわば時代遅（おく）れの本能が残っているのです。たしかに狩猟採集社会では仲間外れにされることは死活問題です。しかし、今やそうではありません。協力性は社会制度の中に組み込（こ）まれています。現代社会では、たとえ世界中の人から嫌われていたとしても生きていく権利が保障されています。人間関係にまつわる悩みのほとんどは、生死には関係なく、いわば気持ちの問題です。

このような悩みを解決するには、（4）学ぶことより他はないかと思います。生物としての進化のスピードは社会の進化に比べて圧倒（あっとう）的に遅（おそ）いので、進化に任せていては社会変化についていけません。一方で、人間の考え方は学ぶことで変えることができます。本能が求めることの理由を学べば、【　A　】によって本能に逆らうことができます。

たとえばバンジージャンプがあります。あれは誰（だれ）がどう見ても命を危険にさらす行為（こうい）です。人間の本能は恐怖（きょうふ）を感じて＊忌避（きひ）するでしょう。ところが人間は（全員ではないでしょうが）、ひもがついていれば安全だと確信して、飛び降りることができます。もっと極端（きょくたん）な例では、＊殉教

問三　波線（2）のようにした理由を、四十字以上五十字以内で書きなさい。

問四　波線（3）での「オトナ」の意味として最も適当なものを次から選び、その記号を書きなさい。

ア　相手のことも思いやれること。
イ　自分の意見をつき通せること。
ウ　反発されてもおこらないこと。
エ　進路がもう決まっていること。

問五　波線（4）の理由を一行で書きなさい。

問六　波線（5）の内容として最も適当なものを次から選び、その記号を書きなさい。

ア　中学でサエコと別れるのがつらいこと。
イ　卒業アルバムの内容が不満だということ。
ウ　マスクをはずすのが不安だということ。
エ　未来のことを考えると苦しくなること。

問七　【　B　】に入る言葉として最も適当なものを次から選び、その記号を書きなさい。

ア　ドキドキする
イ　なつかしい
ウ　どうでもいい
エ　ためになる

問八　この文章を「ぼく（ユウ）が～物語。」という一文でまとめなさい。ただし「～」に入る言葉は三十字以上四十字以内とします。

三　次の文章を読んで、後の問いに答えなさい。

私たち人類が今のように農耕を行ない定住し始めたのは1万年ほど前だと言われています。それまでの１００万年ほどは、少人数のグループで移動しながら狩（か）りや採集で食べ物を集める狩猟（しゅりょう）採集生活を送っていたと考えられています。1万年という時間は、長いようですが生物の体のつくりを変えるには短すぎます。したがって、私たちの身体や脳はいまだ約１００万年続いた狩猟採集社会に適応していると言われています。これが「私たちのからだには狩猟採集社会のこころがつまっている」と言われる理由です。

狩猟採集生活がどんなものだったかは、近年まで狩猟採集生活をおくっていたナミビアのクン族などの研究からおおまかな様子がわかっています。狩りや採集や調理、育児を集団で協力して行なっていたと想像されています。

多くの狩猟採集社会で共通しているのは「平等性」です。群れのメンバーは公平に扱（あつか）われます。獲物（えもの）を多くしとめたからといって、分け前が多くなるわけではありません。この平等性は群れのメンバーが安定して生き残るために合理的なしくみです。もし、獲物をしとめた人だけが食べ物にありつけるようにしたらどうなるでしょうか。元気なときにはそれでいいでしょうが、ひとたび怪我（けが）や病気をしてしまえば、その時点で食べ物が手に入らなくなって餓（う）えてしまいます。怪我や病気はどんなに気を付けていても避（さ）けがたいことです。（1）そんな社会ではとても安定的に子孫を残していくことはできないでしょう。狩猟採集社会の平等性は、集団のメンバーが安定して子孫を残す（つまり増えていく）ための重要

……いま」

サエコの自転車のスピードが上がった。

ぼくも追いかける。

「もしもウイルスがなかったら、いま、どんな三学期なんだろう、って。そういうのをずっと考えてる。わたしはどんな四年生で、どんな五年生で、どんな六年生だったんだろう……って、考えれば考えるほどわからなくなって、息ができなくなって、苦しい」

わかる、すごく。

上り坂に差しかかるまでは、まだだいぶ距離（きょり）がある。助走をつけるには長すぎるけど、サエコはペダルをさらに強く踏（ふ）み込んでいく。

言葉が切れ切れになって、聞こえづらくなった。

でも、「＊パラレルワールド」という言葉は耳に届いた。

誰か、映画かドラマ、つくって――。

続けて、確かにそう言った。

わかる。すごくわかる。

ウイルスのなかった、マスクの要(い)らない三年間のパラレルワールドがあるなら、ぼくだって見てみたい。できれば、そっちに飛び移っても……移らないかな、やっぱり……。

坂道になった。ぼくたちは二人並んで上っていく。息が荒（あら）くなる。もう、なにもしゃべる余力はない。

沈黙（ちんもく）のなか、途中（とちゅう）からはサドルからお尻（しり）を浮（う）かせた立ち漕ぎをして、なんとか最後まで上りきった。

地面に足をついて、しばらく肩（かた）を大きく上下させたサエコは、まだ息が整いきる前に、言った。

「いつか同窓会したいね」

「……うん」

「その頃（ころ）には、いろんなこと、懐（なつ）かしくなってるといいね」

「……だよな」

また自転車を漕ぎ出した。そこからは、たいした話はしなかった。さっきの重すぎる本音にお互（たが）い消しゴムをかけるみたいに、サエコもぼくも、ゲームやアニメのことばかり、途切れずに話しつづけた。

交差点でサエコと別れたあと、胸の奥（おく）をぽかぽかと温めてくれたのは、その数分間の【　B　】会話だった。

重松清『おくることば』「反抗期」による

＊コバセン　ユウたちの担任。

＊パラレルワールド　平行世界。

問一　波線（1）には「ぼく」のどのような気持ちが込められていますか。最も適当なものを次から選び、その記号を書きなさい。

ア　言われたくないことだったので、めんどうな気持ち。

イ　謝られることはなかったので、不思議な気持ち。

ウ　心当たりがあるが、改めて言われ照れくさい気持ち。

エ　おこっているので、話しかけられて不快な気持ち。

問二【　A　】に入る適当な言葉を漢字一字で書きなさい。

ずーっとがまんしてたんだから。絶対に気持ちいいよね」

　ぼくもそう思う。

「でも、引き換（か）えに、ウイルスも広がって、日本中の学校で感染爆発（ばくはつ）になっちゃうかもしれないけどね」

　ぼくも、そう思った、いま。

「だから、もう、発想変えたわけ。自分はマスクをまだしばらく続けるけど、それを人に押（お）しつけるのは、やめた。人にうつすのは無責任とか誰かのせいとか、そういう発想で生きてたら、これからは、なんか、生きていくのがツラくなりそうだし……」

　確かに、これからはいろんな考え方が変わっていくのだろう。

　元通りになる、でいいのだろうか。

　世界が無事に元に戻（もど）って、めでたしめでたし——？

　じゃあ、いまは間違いの世界——？

　ぼくたちのやってきたことや考えてきたことは、未来には「ヘンな時代があったんだなあ」と笑われてしまうのだろうか。

　＊コバセンがこのまえ、申し訳なさそうに教えてくれた。いまつくっているぼくたちの卒業アルバムは、前半と後半とで雰囲気（ふんいき）がまったく違うらしい。

　三年生までの前半は、運動会や校外学習や合唱大会のスナップ写真が並ぶ。誰もマスクなんて着けていない。でも、後半の三年間は、スナップ写真は全部マスク姿で、そもそも学校行事の写真がほとんどない。

　クラスの集合写真は、特別にマスクなしで撮影（さつえい）した。でも、マスクをはずした気持ちよさよりも、私語厳禁のプレッシャーのほうが強くて、こわばった顔になってしまったのが自分でもわかった。みんなもそうだと言っていた。

　いつか、ぼくに子どもができて、その子がアルバムを見て「ねえパパ、なんでみんなマスクしてるの？」と訊いてきたら、ぼくはどう答えるだろう。「ヘンなの」と笑われたら、「だよなあ、ヘンだったよなあ」と一緒に笑えるだろうか。

　それとも、世界はもう元には戻らず、ぼくの子どももマスクをしていて、アルバムの前半の写真を見て、不思議そうに「なんでみんなマスクしてないの？」と訊くだろうか。

　息が詰まる。マスクのせいだけでなく。

　サエコの自転車は、ほんの少しぼくより前を走っている。

「あのさー、ちょっといい？」

背中に声をかけた。返事はなかったし、こっちを振（ふ）り向いたわけでもなかったけど、かまわない、(5)いままで誰にも言えなかった弱音を吐（は）いた。

「なんか、苦しいんだよね、いつも。マスクとかウイルスのことを考えると、オレ、苦しくなっちゃうんだよね……」

　サエコは前を向いたまま、「わたしも」と言った。「わたしも、苦しくなる」

　よかった。ぼくだけではなかった。

「オレ、未来のこと考えると、よくわかんなくなって、苦しいの」

「わたしは逆だなあ。昔のことを考えるほうがキツい」

「昔って、いつぐらいの昔？」

「四年生とか、五年生とか、六年生の一学期とか、二学期とか、あと

ま自分が感染（かんせん）してるのかどうかなんて」

　それはそうなのだ、確かに。

「知らないうちに感染してて、たまたまマスクをはずしたタイミングで誰（だれ）かにうつしちゃったとしても……わざとやったわけじゃないんだもんね、絶対に。無責任だとか、あなたのせいだとか、そんなこと言えないし、言っちゃだめだと思う。ほんと」

　どう返事をしていいかわからなくなったので、「帰ろう」と自転車を漕（こ）いだ。サエコも自分の自転車を漕いで、ぼくに並ぶ。

「ユウくん、卒業式どうするの？」

　マスクのこと――。

「はずす？」

「うん、まあ、はずす……と思う」

　ニュースでは、「はずすのが基本」という表現だった。「はずしてもいい」よりも一段階上がっている。

　でも、サエコは微妙（びみょう）に責めるように「ウイルスがうつるかもしれないし、うつすかもしれなくても？」と言った。それ、たったいま自分から謝ったばかりなのに。

　答えに詰（つ）まって、「そっちは？」と訊（き）き返した。「サエコはどうするの？」

「わたしは、マスクするよ」

　迷う間もなく言った。

「はずすのが基本なんだけど……それでも？」

「知ってる。でも、『はずすのが基本』と『必ずはずしなさい』は全然違（ちが）うでしょ？　わたし、やっぱりうつしたくないし、うつされたくないから、基本の外にはみ出して、マスクする」

「……一人でも？」

　ぼくの言葉に、サエコはフフッと、（２）ちょっと寂（さび）しそうに笑って言った。

「人数、関係なくない？」

　ない――まったく。

　オレ、ばかだ、ほんとにガキだ、サイテーなヤツ、と落ち込（こ）んだ。自分にビンタしたくなった。

　そんなぼくをフォローするように、サエコは笑いながら軽く言った。

「あと、前歯のワイヤー、見せたくないしね」

　最後の最後まで、（３）サエコはぼくよりずっとオトナだった。

　サエコが入学するのは女子大の附属（ふぞく）中学なので、ぼくたちはもう同じ教室で過ごすことはない。幼なじみとはいっても、こんなふうに話すのはこれが最後かもしれない。

　今度はいつ会えるだろう。そのときには歯列矯正（きょうせい）は終わっているだろうか。

　前歯にワイヤーがついてるところ、ちょっとだけ見てみたかったな――。

　ふと思ったあと、（４）急に恥（は）ずかしくなった。

え？　いまのって……エッチなことになっちゃうの……？

　一人でドキドキするぼくをよそに、サエコは斜（なな）め上の空を見て、言った。

「でも、みんなはマスク取っちゃうんだろうね。あたりまえだよね、

【国　語】〈五〇分〉〈満点：一〇〇点〉

【注意】字数が決まっている問いについては、「、」「。」も一字と数えます。

一　次のぼう線部のカタカナを漢字で書きなさい。

①命をスクう。
②イチョウが弱っている。
③災害にソナえる。
④パソコンをドウニュウする。
⑤キントウに分ける。
⑥キズグチを洗う。
⑦エンゲキを見る。
⑧ヒミツを守る。
⑨ソウリツ記念日。
⑩タンジョウビをむかえる。

二　次の文章を読んで、後の問いに答えなさい。

小学六年生のぼく（ユウ）は、マスク着用の厳しい規則に反発したトモノリたちとともに、かくれてマスクをはずしていました。ただ仲間のアツシは祖母と同居することになったため、マスクをはずすことに加わりませんでした。またユウと幼なじみのサエコは、中学受験を考えていて、マスクをはずしたユウたちを、無責任だと責めていました。やがて年が明け、中学受験が終わり、マスクを取りまく状況（じょうきょう）も変わります。

塾（じゅく）の特別進学クラスは、受験が終わると解散になる。だから、もうサエコが塾に来ることはないし、一緒（いっしょ）に帰るチャンスもないだろう――と思っていたら、駐輪場（ちゅうりんじょう）で声をかけられた。

塾長に頼（たの）まれて、春季講習のチラシに載（の）せる『合格者の声』のインタビューを受けていた。それが終わったあとも応用クラスの授業が終わるまで居残って、ぼくを待っていた。

「用事ってほどじゃないんだけど、ユウくんに謝（あやま）りたいことがあって」

「（1）……そんなの、あるっけ?」

「去年の暮れ、マスクをはずす人は無責任だって言ったの、覚えてるよね」

ぼくは自転車を駐輪場から出しながら、うなずいた。

忘れるわけがない。だから、サエコが謝る理由がわからない。むしろ、こっちがお礼を言いたい。あの一言がなければ、ぼくはトモノリたちと一緒に本気でアツシと絶交して、あいつにもっと悲しい思いをさせていたかもしれない。

でも、サエコは「ごめん」と【　A　】を下げた。「無責任とか、ひどいこと言って……ほんと、ごめん」

「全然OKだけど、そんなの」

「でも、熱とか咳（せき）とかの症状（しょうじょう）があるのにマスクしないのはだめだけど、症状がなかったらわかんないもんね、い

2024年度

解　答　と　解　説

《2024年度の配点は解答欄に掲載してあります。》

＜算数解答＞《学校からの正答の発表はありません。》

〔1〕 (1)　440　(2)　3.1　(3)　$\frac{23}{24}$　(4)　$\frac{2}{3}$

〔2〕 (1)　8人　(2)　7個　(3)　6年前　(4)　95

〔3〕 (1)　3　(2)　125　(3)　19個

〔4〕 (1)　31.4cm　(2)　62.7cm^2　(3)　5.445cm^2

〔5〕 (1)　2160m　(2)　1440m　(3)　7分12秒後

〔6〕 (1)　1号室　(2)　解説参照

○推定配点○

〔5〕，〔6〕　各6点×5　他　各5点×14　計100点

＜算数解説＞

〔1〕 (四則計算)

(1)　437＋3＝440

(2)　4.75－3.75＋2.1＝3.1

(3)　$\frac{29}{6}\times\frac{21}{58}+\frac{5}{14}\times\frac{7}{4}-\frac{17}{9}\times\frac{3}{4}=\frac{7}{4}+\frac{5}{8}-\frac{17}{12}=\frac{23}{24}$

(4)　$\square=\frac{5}{3}-\left(2-\frac{5}{6}\times\frac{19}{10}\right)\times\frac{12}{5}=\frac{5}{3}-1=\frac{2}{3}$

〔2〕 (割合と比，仕事算，鶴亀算，年齢算，数の性質)

基本　(1)　6×40÷30＝8(人)

(2)　(1780－100×15)÷(140－100)＝7(個)

重要　(3)　母と私の年齢差…51－15＝36(歳)

求める年の私の年齢…36÷(5－1)＝9(歳)

したがって，求める年は15－9＝6(年前)

(4)　1415＝A×ア＋△　1085＝A×イ＋△　920＝A×ウ＋△

1415－1085＝330，1085－920＝165…これらの数がAの公約数

330，165の公約数…165

920÷165＝5余り95

したがって，共通の余りは95

重要〔3〕 (演算記号，規則性)

{ア，イ}→1番目ア，2番目イ，3番目以下は前の2数の積の一の位の数

(1)　{7，1}→7，1，7，7，9，3，7，1，7，7，9，3，～

30÷6＝5

したがって，30番目の数は6番目の数と同じ3

(2)　{2，9}→2，9，8，2，6，2，2，4，8，2，6，2，2，4，～

3番目の数から8番目の数までの和…$8+2+6+2+2+4=18+6=24$

したがって，1番目の数から30番目の数までの和は

$2+9+24\times4+8+2+6+2=125$

（3） 4になる数…右表より，1番目，4・5番目，7・8番目，～，
28・29番目

したがって，4の個数は$1+2\times27\div3=19$(個)

①	②	③	④	⑤
4	9	6	4	4
		⑥	⑦	⑧
		6	4	4

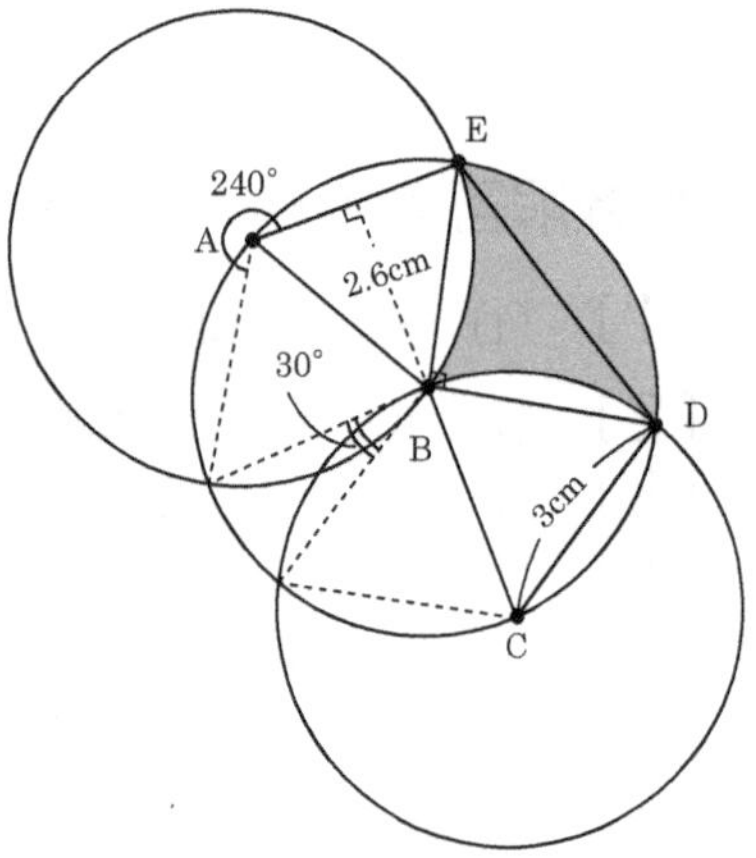

重要〔4〕 (平面図形，割合と比)

（1） 全体の図形の周

…$6\times3.14\div360\times(240\times2+30+90)$

$=6\times3.14\div360\times600$

$=10\times3.14$

$=31.4$(cm)

（2） 全体の図形の面積

…$3\times3\times3.14\div360\times600+3\times2.6\times2$

$=15\times3.14+15.6$

$=62.7$(cm^2)

（3） 色がついた部分の面積

…$3\times2.6+3\times3\times3.14\div4-3\times3\times3.14\div6\times2$

$=7.8+9\times3.14\div4-9\times3.14\div3$

$=7.8-(3-2.25)\times3.14$

$=7.8-2.355=5.445$(cm^2)

重要〔5〕 (速さの三公式と比，割合と比，グラフ，単位の換算)

A地点からB地点まで

…上り坂

太郎

…A地点からB地点までを往復し

下りの分速は80m

次郎

…B地点からA地点までを往復し

上りの分速は40m

2人

…同時に出発する

上のグラフ

…2人が出発してから元の地点に
戻るまでの時間と2人の間の
距離の関係を表す

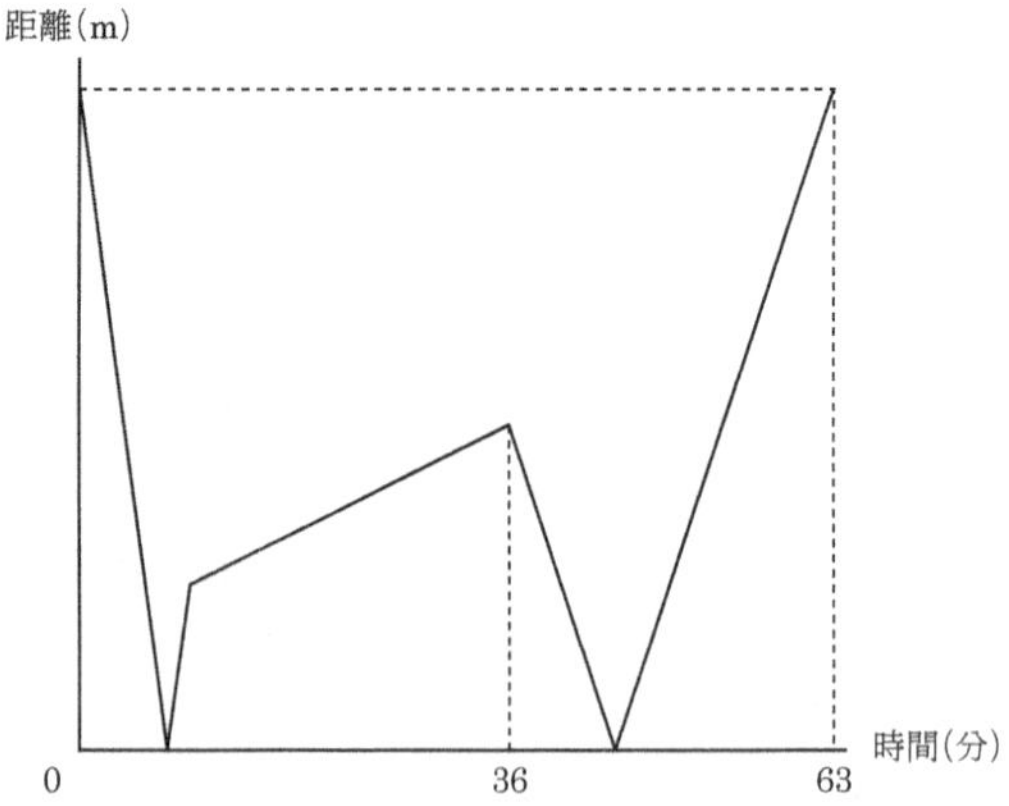

（1） 太郎がBに着いた時刻…下のグラフより，36分

したがって，AB間は$80\times(63-36)=2160$(m)

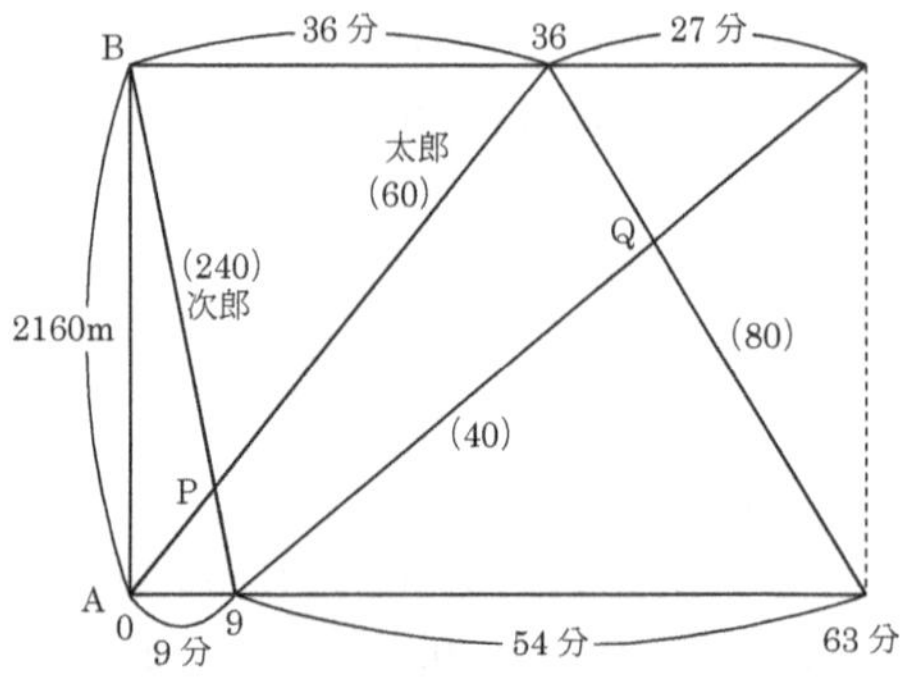

(2)　次郎がAに着いた時刻…(1)より，63−2160÷40＝9(分)
頂点Qを共有する2つの三角形の相似比…(63−9)：27＝2：1
したがって，求める距離は2160÷(2＋1)×2＝1440(m)

(3)　頂点Pを共有する2つの三角形の相似比…9：36＝1：4
したがって，求める時刻は9÷(1＋4)×4＝7.2(分後)すなわち7分12秒後

〔6〕(論理・推理，数の性質)

宿泊する人…A～Kまでの11人

1号室(2人)	2号室(2人)	3号室(2人)	4号室(3人)	5号室(2人)

① Aのとなりの部屋にBが，Cのとなりの部屋にDがいます。
② Bの部屋とCの部屋の間に部屋が1つあり，Aの部屋とDの部屋の間にも部屋が1つあります。
③ DとEの部屋番号はそれぞれ奇《き》数です。
④ E，F，H，Iのそれぞれの部屋のとなりには3人部屋はありません。
⑤ FとGは同じ部屋ですが，FとBはちがう部屋です。
⑥ Jの部屋のとなりには2人部屋があります。

重要　(1)　Eが1号室でなければ，Eのとなりが3人部屋になるので，Eは1号室

やや難　(2)　(1)と①～⑥までの条件により，各部屋の宿泊者は以下のようになる

1号室(2人)	2号室(2人)	3号室(2人)	4号室(3人)	5号室(2人)
E・H	B・I	A・J	C・F・G	D・K

3号室		4号室			5号室	
A	J	C	F	G	D	K

★ワンポイントアドバイス★

〔1〕四則計算の4題，〔2〕の4題，〔3〕「演算記号と規則性」，〔4〕「平面図形」までで確実に得点することを目標にしよう。〔5〕「2人の間の距離を示すグラフ」の問題は簡単ではなく，〔6〕(2)「各部屋のメンバー」の問題も難しい。

<理科解答>《学校からの正答の発表はありません。》

〔1〕　① ウ　② ウ　③ ア　④ イ

〔2〕　問1 ウ　問2 イとオ　問3 アとカ　問4 ウ　問5 細かい粒子が汚れの中に入り込み，汚れを削り落とす。

〔3〕　問1 ① ア　② ウ　③ ア　問2 ① イ　② オ　問3 少ない材料で強い強度を持つ

〔4〕　問1 イ　問2 68.9　問3 60℃　問4 イ　問5 ア　問6 (記号) ウ
(理由) デンプンは水に溶けにくいため。

〔5〕　問1 (発光ダイオード) イ　(プロペラ) オ　(方位磁針) キ
問2 (発光ダイオード) シ　(プロペラ) ソ　(方位磁針) ツ　問3 ナ
問4 ① ヌ，ネ，ノ，ハ　② ネ，ノ

○推定配点○
〔1〕 各3点×4　〔2〕 各3点×5(問2，問3各完答)

〔3〕 問3　3点　　他　各2点×5　　〔4〕 問6　4点(完答)　　他　各3点×5
〔5〕 問1，問2　各2点×6　　他　各3点×3　　　計80点

＜理科解説＞

重要 〔1〕 (理科総合—小問集合)

① 放水されるのは，放射性元素のトリチウムを含む水である。

② インドの月面着陸した無人探査機の名前は，チャンドラヤーン3号である。

③ 受賞理由は，量子ドットによる発光の研究に対してである。この技術は液晶パネルやテレビ，パソコンのディスプレイに活用されている。

④ 2023年は気象庁が1898年に統計を取り始めてから，夏の平均気温がもっとも高くなった年であった。平均値と比べて1.8℃高かった。

〔2〕 (流水・地層・岩石—地層・シラス台地)

問1　火山灰層が同じ時期に形成された。地点1と2の標高はほぼ同じなので，1から2に向かって地層が傾いている。同様に2と3でも標高差を考慮するとゆるやかに3の方に地層が下がっており，3と4ではほぼ水平になっている。これに相当するのはウの図である。アでは地点1の化石を含む砂岩層と他の3地点の砂岩層がつながっているが，これは同時期に形成された地層ではない。また，エでは，地点1の火山灰層の上の泥岩層が他の地点の泥岩層と同時期にできたが，これらがつながっていない。

問2　火山灰層が手掛りになるのは，火山灰が広範囲に降り積もることと，含まれる鉱物が角があってとがっているので見分けやすいためである。

重要 問3　火山灰には比較的大きな粒の鉱物と透明なガラスを含む。

問4　シラスが白く見えるのは，火山灰に含まれるガラスや透明の鉱物が光を反射するためである。

問5　シラスは細かな粒子で角がなく丸い。これが汚れの中に入りこんで汚れを削り落とす。角がなく丸いので，こすっても傷がつきにくい。

〔3〕 (生物総合—生物の模倣)

問1　①　新幹線の先頭部分の形状をカワセミのくちばしに似た形にすることで，衝撃が抑えられトンネルでの騒音が抑えられるようになった。また衝撃が小さくなることで乗り心地も改善された。カワセミが空中から水中に飛び込むとき，くちばしの形によってその衝撃が抑えられることがヒントになった。　②　カの口先には複数本の針があり，これを使うと刺されても痛くない。注射針にこれを応用した。　③　ハスの葉の表面は凸凹していて汚れが付きにくい。これをヨーグルトのフタに応用し，ヨーグルトがふたの裏側に付きにくくなった。

問2　①　ニワトリの卵の殻はシェル構造と呼ばれる構造になっており，1カ所にかかる力を分散させ衝撃を和らげる効果がある。　②　オナモミの実は服にくっつく。これにヒントを得てマジックテープが開発された。

問3　蜂の巣の構造をハニカム構造という。この構造は少ない材料で強い強度を持つことができる。

〔4〕 (ものの溶け方—溶解度)

問1　ミョウバンは漬物の発色をよくするために使われたりする。

基本 問2　20℃の水100gにミョウバン11.4gが溶ける。150gの水に□g溶けるとすると，100：11.4＝150：□　□＝17.1g　とけ残りは86－17.1＝68.9(g)である。

重要 問3　150gの水にミョウバン86gが溶けるので，100gの水に□g溶けるとすると，150：86＝100：□　□＝57.3　よって60℃ですべて溶ける。

問4　結晶を析出させるには，温度の変化があまりなく，水分が蒸発しやすいところが適する。水分が蒸発することで溶け切れなくなったミョウバンが結晶として析出する。

問5　大きな結晶を作るには温度の変化を小さくし，振動を与えないようにする。急激に温度を変化させると，細かい結晶ができてしまう。

問6　デンプンは水にあまり溶けないので，結晶にならない。

〔5〕（電流のはたらき・電磁石―電磁石）

重要 問1　手順2で2つの発光ダイオードのうち1つだけが点灯したのは，2つの発光ダイオードの接続の向きが逆になっているからである。電流の向きを逆にすると，点灯しなかった方の発光ダイオードが点灯し，点灯した方がつかなくなる。電流は回路を流れるのでプロペラは回転するが，電流の向きが逆なので回転方向も逆になる。このとき生じる電磁石の磁力の向きも，逆になるので方位磁針の向きも逆になる。

問2　電流の向きを逆にするので，発光ダイオードは点灯せず回路に電流は流れない。そのため，プロペラは回転せず，電磁石も発生しない。よって方位磁針は電流が流れなかった手順1の時と同じ方向をさす。

問3　手順4で方位磁針の向きから，回路Bの電磁石の左手側がN極になっている。つまり，Bの電磁石の方が磁力が強いためである。コイルの巻き数が多いほどで磁石の磁力は強くなるので，Bの方が巻き数が大きい。

問4　①　発電機の軸を回転させて発電する方式のものは，水力発電，火力発電，原子力発電，風力発電である。水や空気の流れで軸を回転させたり，熱で蒸気を発生させその圧力で軸を回転させる。　②　熱を利用するものは，火力発電と原子力発電である。

★ワンポイントアドバイス★

時事的な内容の問題や，世の中でどのような技術が用いられているかなどを問う問題が多かった。日ごろから科学に関連したニュース等には関心を持つようにしたい。

＜社会解答＞《学校からの正答の発表はありません。》

〔1〕 問1　①　サ　②　オ　③　ス　④　ケ　⑤　チ　⑥　タ　⑦　ツ　⑧　ク　⑨　シ　⑩　ソ　問2　①　×　②　×　③　○　④　×

問3　①　北九州工業地域　②　成田[成田国際]空港　③　西九州新幹線　④　津軽海峡　⑤　気象庁　⑥　（例）　自然に放流し成長したあと捕獲

〔2〕 問1　1　中大兄皇子　2　藤原純友　3　豊臣秀吉　4　水野忠邦　5　津田梅子　6　田中角栄　問2　長安　問3　ア　問4　宮城(県)　問5　ア　問6　管領　問7　エ　問8　横浜　問9　（例）　イギリス人は助かったものの日本人は全員が死亡，領事裁判で船長が無罪とされたから。　問10　9月1日　問11　ア

問12　第四次中東戦争

〔3〕 問1　A　4　B　4　C　18　D　4　E　解散　F　国民審査　G　3

H　6　I　248　J　普通　K　秘密　問2　(1)　X　×　Y　○
(2)　リコール　問3　オ　問4　X　×　Y　○　問5　(1)　(例)　1つの選挙区から1人だけを選出する選挙制度　(2)　ウ

○推定配点○

〔1〕　問3①～⑤　各2点×5　⑥　3点　他　各1点×14

〔2〕　問1・問2・問4・問6・問12　各2点×10　問9　5点　他　各1点×6

〔3〕　問2(2)　2点　問5(1)　3点　他　各1点×17　計80点

＜社会解説＞

〔1〕　(日本の地理―国土と自然・都市・運輸など)

重要　問1　①　道民の約40％が集中する日本第4位の都市。　②　1000年以上にわたり都の置かれた都市。　③　伊達藩の城下町として発展，東北地方唯一の政令指定都市。　④　日明貿易で栄え町人による自治が行われた都市。　⑤　県下最大の商業都市で自動車関連の工業もさかんな都市。　⑥　信濃川・阿賀野川の河口につくられた都市。　⑦　明治以降，軍事都市として発展した都市。　⑧　東京の衛星都市として誕生した都市。　⑨　徳川家康が隠居地とした都市。　⑩　東京，大阪と並ぶ大都市圏を構成する都市。

問2　①　群馬や栃木に空港はなく，福井空港は定期便がない。　②　群馬，栃木は内陸県。　③　地下鉄があるのは札幌，仙台，東京，横浜，名古屋，京都，大阪，神戸，福岡。　④　43位～47位の都府県の100世帯当たりの保有台数は100台以下。

問3　①　かつての鉄鋼中心から現在は自動車関連などへ移行。　②　成田・東京・名古屋の順。半導体や医薬品など小型軽量で高価格が中心。　③　博多から武雄温泉までは在来の特急を利用する新幹線。　④　海底を青函トンネルが通っている海峡。　⑤　気象や地震，火山などの観測・予報などに当たる国土交通省の外局。　⑥　日本各地に栽培漁業センターが設置されるなど，200カイリ時代を迎えた日本にとって欠かせない漁業。

〔2〕　(日本の歴史―古代～現代の政治・経済・外交など)

問1　1　天皇を中心とする中央集権国家の建設を目指した天皇。　2　国司の任期が終わった後も帰国せず海賊の首領として活動。　3　織田信長の死後明智光秀を討って天下を手中にした人物。　4　厳しい改革で反感を買い，3年余りで失脚した老中。　5　6歳で岩倉遣欧使節に同行，帰国後女子教育に貢献した人物。　6　今太閤と人気を博したが，石油危機による狂乱物価や自身の金権疑惑から失職した首相。

基本　問2　人口100万人を擁し，ペルシアやインドなど各地から人が集まった国際都市。

問3　X　白村江の敗戦の翌年，大宰府の北側に長さ1kmの堤を築き水を蓄えて防御とした。
Y　九州北部から瀬戸内海沿いに築かれた土塁や石垣からなる山城。

問4　三大史跡は平城宮・大宰府・多賀城。9世紀初めに鎮守府は胆沢城に移された。

問5　平治の乱で敗れ伊豆に配流，以仁王の平家追討の令旨《りょうじ》を受け挙兵した。

問6　足利一門の有力守護である斯波《しば》・細川・畠山の3氏から選ばれた将軍の補佐役。

問7　伊達政宗がメキシコとの貿易を目的に派遣した遣欧使節。ローマ教皇とは謁見《えっけん》できたが通商には失敗した。アは九州のキリシタン大名が派遣した天正遣欧使節。

問8　首都東京と対外貿易の8割を占めていた横浜とを結ぶ鉄道路線。

問9　イギリスの貨物船が紀州沖で難破，西洋人船員らは避難できたが日本人乗客は全員水死。領事裁判で船長が無罪になると世論は沸騰，領事裁判の撤廃を求める動きが沸き上がった。

問10　M7.9の大地震。火災の発生により死者10万人以上の大災害となり首都圏は壊滅，デマの発生など社会不安から政府は戒厳令を発して対応した。

重要　問11　海軍青年将校のクーデタ。政党内閣は途絶えファシズム台頭の契機ともなった事件。

問12　パレスチナをめぐるアラブ諸国とイスラエルの4回目の戦争。アラブ諸国が石油を武器としたため世界的な経済混乱が引き起こされた。

〔3〕 (政治―選挙制度など)

問1　A・B　5月の憲法施行を前に4月に実施されたことに始まる。　C　2015年の改正で18歳に引き下げ。　D　参議院議員のみ6年で衆議院議員や首長，地方議員はすべて4年。　E　内閣不信任決議のほか内閣の判断でも実施。　F　就任後初めての衆議院議員の総選挙の際に審査されるが罷免された例はない。　G　全員改選となると衆参同時選挙では国会が空白となるからともいわれる。第1回の選挙で下位当選者の任期を3年としてスタートした。　H　長期的な観点から考えることができるようにといわれるが，参考にしたアメリカ上院の任期も6年である。　I　選挙区148名，比例区100名から構成。　J　身分や財産などで制限せず一定の年に達したものに選挙権を与える。　K　選挙人の自由な意思を守る制度。

問2　(1)　X　地方公共団体の決まりは条例，政令は内閣。　Y　二院制の採用は国会のみ。

重要　(2)　有権者の3分の1以上(有権者数が40万人以下の場合)の署名で選挙管理委員会に請求，住民投票で過半数の同意があれば解職される。

基本　問3　都道府県知事と参議院議員は30歳でそれ以外はすべて25歳。

問4　X　2つの合区を除いて都道府県が一つの選挙区。　Y　政党名，候補者名どちらでもよく，一部のあらかじめ順位をつけた候補者(特定枠)を除き個人名の多い順に当選。

問5　(1)　大政党に有利で政局は安定するが，小政党に不利で死票が多いという欠点もある。

(2)　全国289の小選挙区と176の比例代表から構成。小選挙区と比例代表の両方に立候補でき(重複立候補)，小選挙区で落選しても比例で復活当選できる。

★ワンポイントアドバイス★

県や都市に関する出題は毎年のように見受けられる。日ごろから地図帳などを手元に置き，ニュースなどで目に留まったらすぐに調べる習慣をつけよう。

＜国語解答＞《学校からの正答の発表はありません。》

一　①　救(う)　②　胃腸　③　備(える)　④　導入　⑤　均等　⑥　傷口
⑦　演劇　⑧　秘密　⑨　創立　⑩　誕生日

二　問一　イ　問二　頭　問三　(例)　卒業式にはマスクをすると決めているのに，くり返し確認してくるユウの質問に区切りをつけたかったから。(49字)　問四　ア
問五　(例)　歯列矯正をしているサエコの口元を見てみたいと思うのは，エッチなことだと思ったから。　問六　エ　問七　ウ　問八　(例)　(ぼく(ユウ)が)マスク着用をめぐって不安や苦しさ，疑問を感じながらも，自分の気持ちと向き合う(38字)(物語。)

三　問一　(例)　集団が安定して生き残るための合理的なしくみである平等性がない社会。
問二　イ・オ　問三　(例)　偉ぶらず謙遜する人を人格者として評価し，協調性を重ん

じる考え方。(32字)　問四　(例)　人間の考え方は学ぶことで変えることができるから。(24字)　問五　イ　問六　ウ　問七　ウ　問八　共感

○推定配点○

一　各2点×10　二　問三　8点　問五　7点　問八　10点　他　各3点×5

三　問一　7点　問二・問八　各4点×2(問二完答)　問三・問四　各8点×2

他　各3点×3　計100点

<国語解説>

一　(漢字の書き取り)

①の音読みは「キュウ」。熟語は「救護」など。　②の部首はどちらも「月(にくづき)」。　③は必要なものをそろえておくこと。同訓異字で神仏などに物をささげる意味の「供える」と区別する。　④は外部から取り入れること。　⑤は平等で差がないこと。　⑥の「傷」の5～8画目は「日」であることに注意。　⑦の「演」の7～12画目は「由」ではないことに注意。　⑧は他人に知られないようにすること。　⑨の「創立記念日」は組織や建物などを創立した月日を祝う特別な日のこと。　⑩の「誕」のつくりを「廷」などとまちがえないこと。

二　(小説－主題・心情・情景・細部の読み取り，空欄補充，記述力)

問一　波線(1)後で，去年の暮れに言った言葉を謝りたいというサエコに「サエコが謝る理由がわからない。むしろ，こっちがお礼を言いたい」という「ぼく」の心情が描かれているのでイが適当。(1)後の「ぼく」の心情をふまえていない他の選択肢は不適当。

基本　問二　「頭を下げる」は，謝罪の気持ちがあることを態度で示すこと。

問三　サエコは卒業式に「『わたしは，マスクするよ』迷う間もなく言った」が，「『はずすのが……それでも？』『……一人でも？』」とくり返し確認するユウに，波線(2)のようにして「『人数，関係なくない？』」と言っているのは，ユウの質問に区切りをつけて終わらせたかった心情が読み取れるので，これらの描写をふまえ，(2)のようにしたサエコの心情を説明する。

問四　波線(3)前で，「そんな『ぼく』をフォローするように，サエコは笑いながら軽く言った」様子が描かれているのでアが適当。(3)前の描写をふまえていない他の選択肢は不適当。「フォロー」には，助け舟を出すといった意味合いがある。

問五　波線(4)前後で，サエコの歯列矯正で「前歯にワイヤーがついてるところ，ちょっとだけ見てみたかったな」と思って「……エッチなことになっちゃうの……？」と「ドキドキ」している「ぼく」の様子が描かれているので，これらの描写を(4)の理由としてまとめる。

重要　問六　波線(5)後で，「『なんか，苦しいんだよね，いつも……』『オレ，未来のこと考えると，よくわかんなくなって苦しいの』」ということを「ぼく」は話しているのでエが適当。(5)後の「ぼく」のセリフをふまえていない他の選択肢は不適当。

問七　Bは，直前の段落の「ゲームやアニメ」といった「たいした話」ではないことを表すのでウが入る。

やや難　問八　この物語は，マスク着用に対して自分とは異なる考えを持つサエコとの会話を中心に，苦しさや不安といった弱音も吐きながら，会話を通して自分自身の気持ちに向き合っている「ぼく」の心情が描かれている。サエコとの会話で，さまざまなことを感じたり思ったりしている「ぼく」の心情に着目してまとめる。

三　(論説文－要旨・細部の読み取り，指示語，空欄補充，記述力)

問一　波線(1)のある段落で，「多くの狩猟採集社会で共通しているのは『平等性』」で「平等性は

群れのメンバーが安定して生き残るための合理的なしくみで」あることを述べており，(1)はこの「平等性」がなく「安定的に子孫を残していくことはできない」社会のことなので，「集団が安定して生き残るための合理的なしくみである平等性がない社会」というような内容で説明する。

問二　波線(2)の説明として直後の段落で，「偉ぶってしまって嫌われてしまったら，……助けてもらえないかもしれ」ないこと，「仲間外れにされないことは生きていくうえで何よりも大切なことだった」ことを述べているので，イ・オが適当。これらの内容をふまえていない他の選択肢は不適当。

問三　波線(3)の説明として直前の段落で，「偉ぶらず謙遜している人の方が人格者として評価され」ること，(3)直前で「私たちが協調性を重んじて」と述べていることをふまえ，指定字数以内で(3)を具体的に説明する。

問四　波線(4)の説明として(4)のある段落で，「人間の考え方は学ぶことで変えることができ」ることを述べているので，このことを筆者が学ぶことをすすめている理由として説明する。

問五　「人間は学習に……」で始まる段落で，「人間は学習によって本能を超えた行動ができる……唯一の生物で」あり，「悩む必要のない問題だと理性が判断するのであれば，そんな悩みは無視して……自分が大事だと思うことに時間を使う方がいいですし，人間にはそれが可能で」ある，と述べているので，「本能に逆らうことができ」るものであるAにはイが適当。

問六　Bは，「他人の気持ちになって考えられる」ものである「共感能力」が「人間のなかでますます強化されてきている」ことなのでウが適当。「共感能力」の意味をふまえていない他の選択肢は不適当。

問七　波線(5)直前の2段落で，「私たちは，自分と同じほ乳類を殺すこと……に少なからぬ抵抗感を持っていること」，「この抵抗感は，人間以外の人間とよく似た生物，たとえばほ乳類などであれば……適用されてしまう」ことを述べており，(5)はこれらのことを指しているのでウが適当。(5)直前の2段落内容をふまえていない他の選択肢は不適当。

問八　「近年，……」で始まる段落～Cのある最後の段落は，「人間の協力性を……」で始まる段落で述べている「共感能力」が「強化されている」ことの説明として述べているので，「他の動物へも」「範囲を広げている」ものであるCには「共感(2字)」が入る。

★ワンポイントアドバイス★

会話を中心に展開する小説では，会話の裏にある心情もていねいに読み取っていこう。

MEMO

大切なことはメモしておこうネ！

2023年度

★★★★★★★★★★★★★★★★★★★★★★★★

入　試　問　題

2023年度

学習院中等科入試問題

【算　数】（50分）〈満点：100点〉
【注意】 式や考え方を指定された場所に必ず書きなさい。

[1] 次の□に当てはまる数を入れなさい。

(1) $2023 \div (4 \times 31 - 5) + 3237 \div 39 = \square$

(2) $1.7 \times 0.7 - 4.2 \div 8.4 + 2.15 \times 0.4 = \square$

(3) $3\frac{1}{3} \div 2\frac{1}{2} + 2\frac{1}{4} \times 1\frac{5}{6} - 3\frac{5}{24} = \square$

(4) $(6\frac{3}{4} - 3\frac{1}{2}) \div 2.5 - (\square - 1.6 \times \frac{5}{32}) \div 1\frac{2}{3} = 1$

[2] 次の□に当てはまる数を入れなさい。

(1) A君は持っているお金の$\frac{3}{8}$より 100円少なく使ったところ、1600円余《あま》りました。A君がはじめに持っていたお金は□円です。

(2) 静水で毎時 18kmで進む船が毎時□kmで流れる川を上流に向かって 9.6km進むのにかかる時間は 48分です。

(3) 原価□円の商品に 25%の利益を見込んで定価をつけましたが売れなかったので、定価の 30%引きにして売りました。このとき、損失は 250円です。

(4) 大、小 2つの数があります。2つの数の差は 164で、大きい数を小さい数で割ると商が 3で、余りが 24になります。このとき、大きい数は□です。

[3] 連続した 11 個の整数について、次の問いに答えなさい。

(1) 最後の数が最初の数の 3.5倍となるとき、最初の数を求めなさい。

(2) 全ての数の和が 264のとき、最初の数を求めなさい。

(3)「偶《ぐう》数だけの和」と「奇《き》数だけの和」の差が 23のとき、最初の数を求めなさい。

[4] 下の図のように、縦 12cm、横 16cm の長方形の内側を半径 2cm の円が辺に沿ってすべらないように回転して一周するとき、次の問いに答えなさい。ただし、円周率を 3.14 とします。

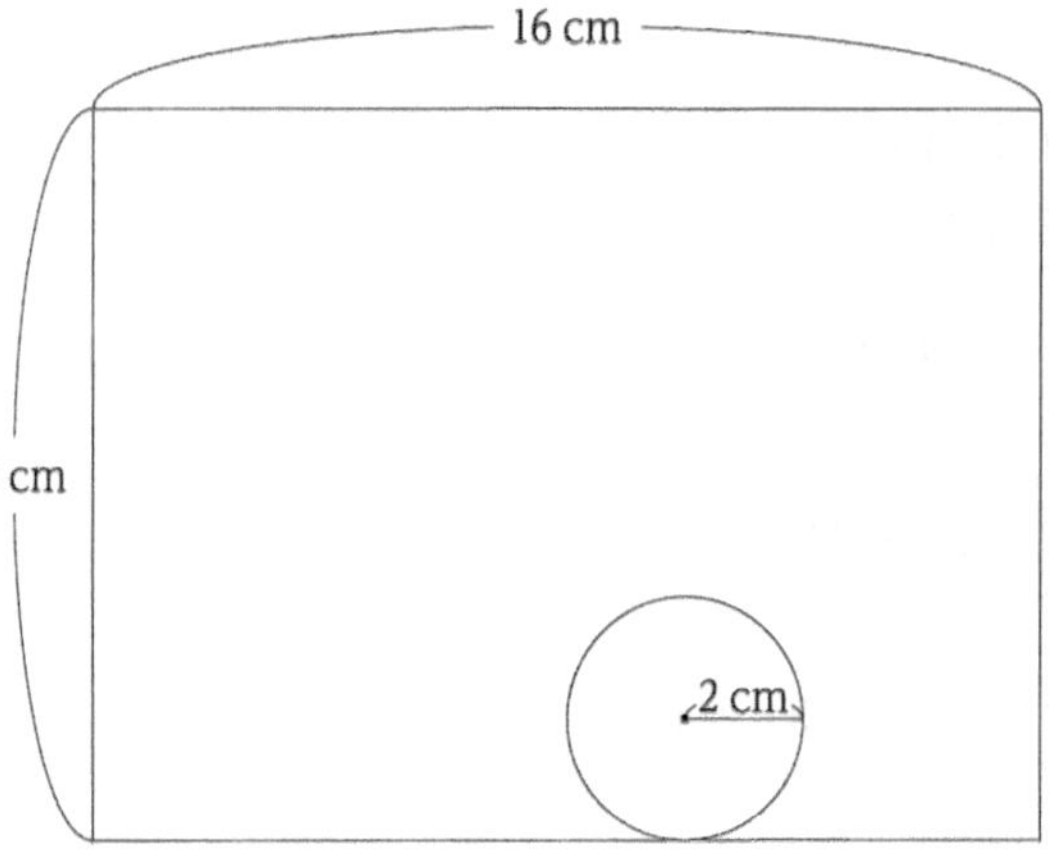

(1) 円の中心が移動した長さを求めなさい。
(2) 円が何回転したか求めなさい。ただし、小数点第 2位を四捨五入して答えなさい。
(3) 円が通り過ぎた部分の面積を求めなさい。

[5] 容積が等しい 2 つの水そう A、B があり、どちらの水そうも常に排《はい》水されています。いま、同じ量の水が入った 2 つの水そうが同時に給水され始め、どちらも満水になると給水が止まります。A の水そうは空になると再び給水され始め、満水になると給水が止まります。

下の図は、2 つの水そうの水量と時間の関係を表したものです。

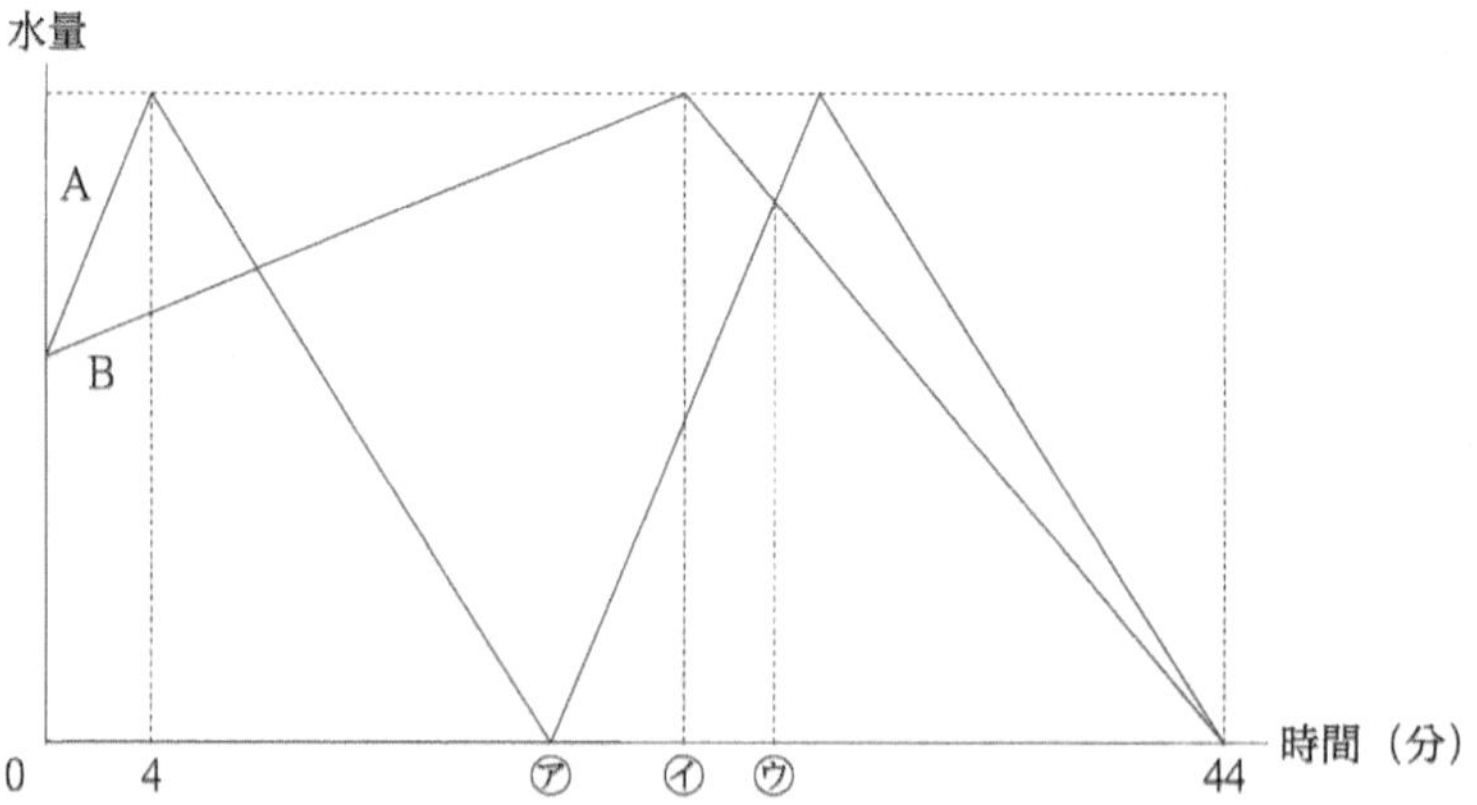

このとき、次の問いに答えなさい。ただし、どちらの水そうも 1 分あたりの給水量と排水量はそれぞれ一定で、その比は水そう A では 5：2、水そう B では 4：3 です。

(1) 図の㋐に当てはまる数を求めなさい。
(2) 図の㋑に当てはまる数を求めなさい。

(3) 図の㋒に当てはまる数を求めなさい。

[6] A、B、C、D、E、Fの6人とあなたで、次のような数当てゲームをします。1から6の数字が書かれた6枚のカードをAからFに1枚ずつ配ります。AからFはお互《たが》いのカードの数字が見えていますが、あなたには見えません。1と5のカードの人が本当のことを、2と4のカードの人がうそを言うことになっています。また、3と6のカードの人はどちらを言ってもかまいません。

いま、AからFの6人が次のように言いました。

A「僕《ぼく》のカードの数字は1だ。」
B「僕のカードの数字は4だ。」
C「僕のカードの数字は偶《ぐう》数だ。」
D「Bは本当のことを言っている。」
E「僕のカードの数字は5ではない。」
F「Aのカードの数字は3だ。」

このとき、次の問いに答えなさい。

(1) Fのカードの数字を答えなさい。
(2) AからEのカードの数字を答えなさい。

【理　科】（40分）〈満点：80点〉

[1]　2022年中に話題になった自然科学分野の出来事についての問いに対して最も当てはまるものをそれぞれのア～エから選び，その記号を答えなさい。

①　新しい宇宙望遠鏡によって，約100億光年という遠きょりにある天体の観測が期待されています。この望遠鏡を選びなさい。

ア．ケプラー宇宙望遠鏡
イ．ジェイムズ・ウェッブ宇宙望遠鏡
ウ．ハッブル宇宙望遠鏡
エ．わく星観測衛星「ひさき」

②　改正された特定外来生物に関する法律に指定されている動物を選びなさい。

ア．セキセイインコ
イ．トノサマガエル
ウ．アメリカザリガニ
エ．ヘラクレスオオカブト

③　アメリカ航空宇宙局（NASA）が小わく星に探査機をしょうとつさせる実験を行った目的を選びなさい。

ア．小わく星が人工衛星にしょうとつすることを回ひできるかどうか。
イ．小わく星が月にしょうとつすることを回ひできるかどうか。
ウ．小わく星が地球にしょうとつすることを回ひできるかどうか。
エ．小わく星が火星にしょうとつすることを回ひできるかどうか。

④　岡山大学などの研究チームが小わく星探査機「はやぶさ2」が持ち帰った試料などから発見した，生命の存在に関係するものを選びなさい。

ア．ある原始的な生物のDNA
イ．原子わく星に存在していた大気の成分
ウ．生物の誕生に不可欠な水が氷になった状態
エ．生物の体を作る材料であるアミノ酸

[2]　空気中で最も多くふくまれている気体は（①）です。この気体だけを空気中から回収して，味が変わらないようにするため$_{\text{A}}$ポテトチップスのふくろに入れています。二つのポテトチップスを用意しました。一つはふうを開けず，もう一つはふうを開けました。ふうを開けたふくろは，テープで留めてなるべく空気が入らないようにしました。一週間後，二つのポテトチップスの中身を食べ比べました。ふうを開けなかった方は，パリッとした食感でした。ふうを開けていた方は，しけっているし，味が少し変わっていました。味が変化していたのは，ポテトチップスの油

分が空気中の(②)と反応したためでした。(②)は油以外にも金属など様々な物質と反応する気体です。

気体の(①)を液体にすることができます。いっぱん的に液体(①)とよんでいます。とても冷たく，氷がこおる温度よりもはるかに低いです。血液の保存，電子機器の冷きゃくなど様々な場面で利用されています。とても冷たい B液体(①)の中にいっしゅんだけ手を入れることができます。このとき，C ジュワーという大きな音が出ます。まるで水がふっとうしているようです。

(問1)　文中の(①)と(②)に最も当てはまる気体の名をそれぞれ答えなさい。

(問2)　下線部Aのように利用される理由として，最も当てはまる性質を次のア～エから選び，その記号を答えなさい。

ア．他の物質と反応しにくい　　イ．熱を伝えやすい

ウ．水にとけやすい　　エ．空気よりとても軽い

(問3)　下線部Bの後には手がどうなりますか。最も当てはまる文を次のア～エから選び，その記号を答えなさい。

ア．液体(①)が手についた。

イ．風ろ上がりのように指がしわしわになった。

ウ．指先が少しだけこおった。

エ．手はかわいたままだった。

(問4)　下線部Cが起きた理由を「手」と「温度」という二つの語を用いて説明しなさい。

(問5)　中が空どうになっている長いガラス管を液体(①)の入った容器に入れると，ガラス管から液体(①)が，ふん水のように飛び出ました。これと同じようなことがらを次のア～エから一つ選び，その記号を答えなさい。

ア．ゆかにこぼれた水を布でふくと，ふいた所ではない所もしめっていくことを毛管現象という。

イ．空中や地平線近くに遠くの景色などが見える現象をしん気ろうという。

ウ．局地的に地上から上空に向かう激しい空気のうず巻をたつ巻という。

エ．地熱によって温められた水が地表に勢いよく出てくる温泉を間欠泉という。

[3]　室内に置いてあるいろいろな物をさわってみました。金属をさわると冷たく感じました。プラスチックをさわると金属ほど冷たく感じませんでした。このようにちがいが出るのはどうしてなのか調べました。

まず，次のA～Cの性質があることがわかりました。

A.　熱は温度の(①)部分から(②)部分に移動します。

B.　熱を得た物体の温度が上がり，熱を失った物体の温度が下がります。

C.　金属とプラスチックを比べると，金属は熱の伝わり方が速く，プラスチックは熱の伝わり方がおそいです。

これらの性質を使って，金属とプラスチックをさわったときの感じ方のちがいをまとめました。

ステップ1【部屋に置いてある物体の温度】

部屋に金属やプラスチックでできた物体が置いてあると，室温と同じ温度になっています。その理由は次のように考えられます。

・物体の温度が室温より高いと，(③)に熱が移動します。

・熱を失った物体は温度が下がり，室温に近づきます。

・物体の温度が室温より低いと，(④)に熱が移動します。

・熱を得た物体は温度が上がり，室温に近づきます。

このようにして，物体の温度は室温と等しくなります。

ステップ2【部屋に置いてある物体をさわったときの熱の移動】

体温は室温より高いので，手で物体にさわったときに，(⑤)に熱が移動します。

手でさわった部分の物体は熱を(⑥)。

手でさわった部分の物体の温度が(⑦)なります。

さわった部分の温度が周辺より(⑦)なるので，(⑧)に熱が移動します。

ステップ3－1【金属をさわったときの感じ方】

金属は熱の伝わり方が速いので，さわった部分は(⑨)。

さわった部分の金属の温度が室温に近くなります。

そのため，金属をさわると，冷たく感じます。

ステップ3－2【プラスチックをさわったときの感じ方】

プラスチックは熱の伝わり方がおそいので，さわった部分は(⑩)。

さわった部分のプラスチックの温度が体温に近くなります。

そのため，プラスチックをさわると，あまり冷たく感じません。

(問1)　(①)，(②)に当てはまる語句の組み合わせとして正しいものを次のア，イから選び，その記号を答えなさい。

ア．(①)高い　(②)低い

イ．(①)低い　(②)高い

(問2)　(③)，(④)に当てはまる語句の組み合わせとして正しいものを次のア，イから選び，その記号を答えなさい。

ア．(③)物体から空気　(④)空気から物体

イ．(③)空気から物体　(④)物体から空気

(問3)　(⑤)，(⑥)に当てはまる語句の組み合わせとして正しいものを次のア～エから選び，その記号を答えなさい。

ア．(⑤)物体から手　(⑥)得ます

イ．(⑤)物体から手　(⑥)失います

ウ．(⑤)手から物体　(⑥)得ます

エ．(⑤)手から物体　(⑥)失います

(問4)　(⑦)，(⑧)に当てはまる語句の組み合わせとして正しいものを次のア～エから選び，その記号を答えなさい。

ア．(⑦)高く　(⑧)さわった部分から周辺

イ．(⑦)高く　(⑧)周辺からさわった部分

ウ．（⑦）低く　（⑧）さわった部分から周辺

エ．（⑦）低く　（⑧）周辺からさわった部分

（問5）（⑨），（⑩）に当てはまる語句の組み合わせとして正しいものを次のア～エから選び，その記号を答えなさい。

ア．（⑨）すぐに熱を失います　（⑩）すぐに熱を失います

イ．（⑨）すぐに熱を失います　（⑩）なかなか熱を失いません

ウ．（⑨）なかなか熱を失いません　（⑩）すぐに熱を失います

エ．（⑨）なかなか熱を失いません　（⑩）なかなか熱を失いません

（問6）次の中からCの性質を利用していることを次のア～エから二つ選び，その記号を答えなさい。

ア．とびらのノブが金属でできている。

イ．体温計の先たんが金属でできている。

ウ．なべの持ち手がプラスチックでできている。

エ．エレベータのボタンがプラスチックでできている。

[4]　枝豆を食べようとしたら豆が二つに分かれました。図は分かれた豆の断面の図です。どの部分が何になるのか調べようと思い，さいばい用の豆を買ってきて植え，芽が出たところでほり出して観察しました。

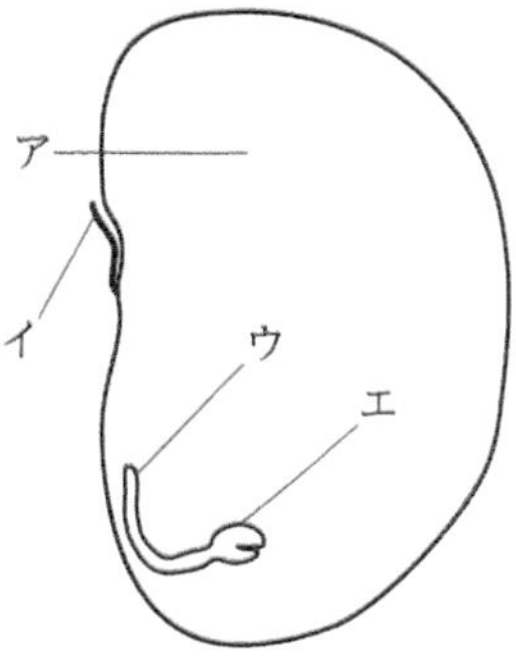

（問1）根となる部分を図のア～エから選び，その記号を答えなさい。

（問2）子葉を図のア～エから選び，その記号を答えなさい。

（問3）豆が成長する順番はホウセンカと同じです。次のア～エを正しい順番に並べかえ，その順を記号で答えなさい。

ア．根がのびる。

イ．くきがのびる。

ウ．子葉が開く。

エ．葉が開く。

次にジャガイモとサツマイモを育てることにしました。

（問4）多くの種類のジャガイモのさいばいでは，いもを切って植えます。その理由として最も当てはまるものを次のア～エから選び，その記号を答えなさい。

ア．切ると一株当たりの収かく量が増えるから。

イ．切らないと病気になりやすいから。

ウ．切ると芽の数を減らせて1本当たりの芽にたくさん栄養がいくから。

エ．切らないと芽が出にくいから。

（問5）サツマイモのいっぱん的なさいばい方法として最も当てはまるものを次のア～エから選び，その記号を答えなさい。

ア．いもをいくつかに切って植える。

イ．いもを切らずにそのまま植える。

ウ．いもから出た芽を切って「なえ」として植える。

エ．いもから芽が出たら芽ごとにいもを切って植え替える。

（問6） ふつうジャガイモはいもから育ちますが，花がさいて種をつけることもできます。いもから育つ方が種から育つより良いこととして最も当てはまるものを次のア～オから選び，その記号を答えなさい。

ア．よりじょうぶなジャガイモに育つ。

イ．受粉しなくてもいもができる。

ウ．かん境の変化に強いジャガイモになる可能性がある。

エ．より大きなジャガイモに変わる。

オ．カラスなどに食べられにくいジャガイモになる。

[5] 図は学校の校庭にある百葉箱とよばれるもので，中に温度計やしつ度計などをいれて天気の観察をする容器です。

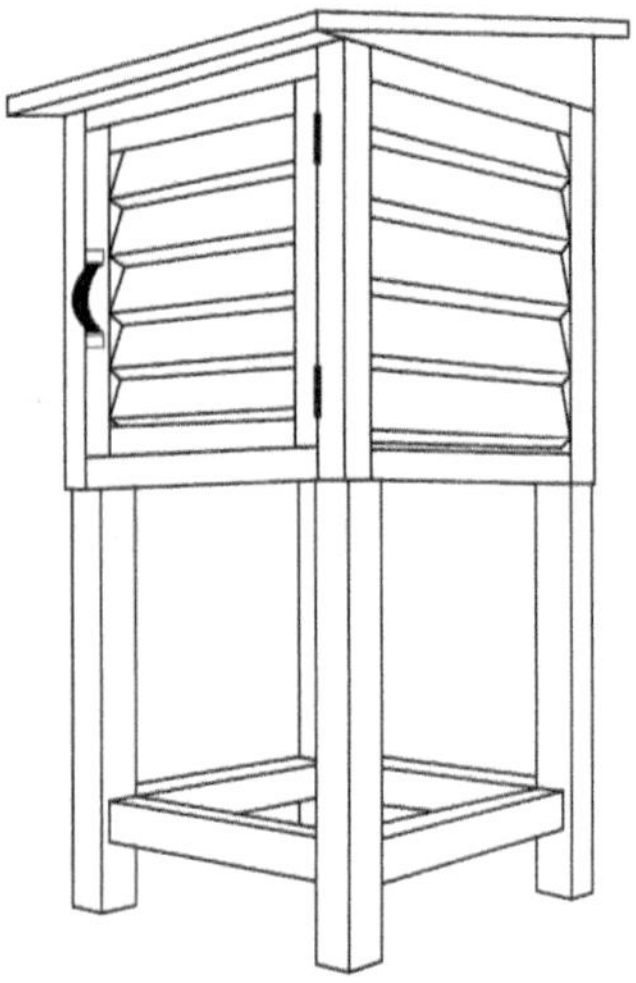

（問1） この容器のつくりや設置の仕方には以下のようなルールがあります。それぞれのルールについて，その理由をア～エから一つずつ選び，その記号を答えなさい。

① 百葉箱は全て白いペンキでぬる。

② 四方向のかべはよろい戸とする。

③ とびらは北向きに設置する。

ア．観察するときに直射日光が容器内に入らないようにするため。

イ．地面の熱を直接受けないようにするため。

ウ．日光を反射し熱を吸収しにくくするため。

エ．風通しを良くし，熱がこもらないようにするため。

（問2） 学習院で1年間気温の観察をしました。その結果を比べると，ふつう晴れの日は，午後2時ごろに気温が一番高くなることに気づきました。この理由を答えなさい。

（問3） 文章中の（①）と（②）に当てはまる言葉の組み合わせをア～エから選び，その記号を答えなさい。また（③）に当てはまる言葉を答えなさい。

天気の変化と動物のようすについて昔からよく言われていることがあります。「つばめが（①）飛ぶと天気が（②）なる」というのもその一つです。つばめはハエ，ハチ，アブなど，飛んでいるこん虫をつかまえてえさにします。雨雲が近づくと空気中の（③）が増えて，こん虫の羽に細かい（③）がつくため，こん虫は重さを感じ上空高く飛ぶことができなくなります。このため，つばめはえさをとるために（①）飛ぶようになるのです。

ア．（①）高く　（②）良く

イ．（①）高く　（②）悪く

ウ．（①）低く　（②）悪く

エ．（①）低く　（②）良く

（問4）（問3）と最も関係のある文をア～カから選び，その記号を答えなさい。

ア．夕焼けが見られると，天気が良くなる。

イ．飛行機雲が出てすぐに消えると，天気が良くなる。

ウ．太陽の周りにまるいにじが出ると，天気が悪くなる。

エ．かえるが出てきて元気にはねまわると，天気が悪くなる。

オ．ねこが顔を洗うと，天気が悪くなる。

カ．くつをなげて表が出ると，天気が良くなる。

（問5）ある日のお昼の全国の天気は図のようでした。

①　東京の翌日の天気はどのようになりますか。

②　①の理由を答えなさい。

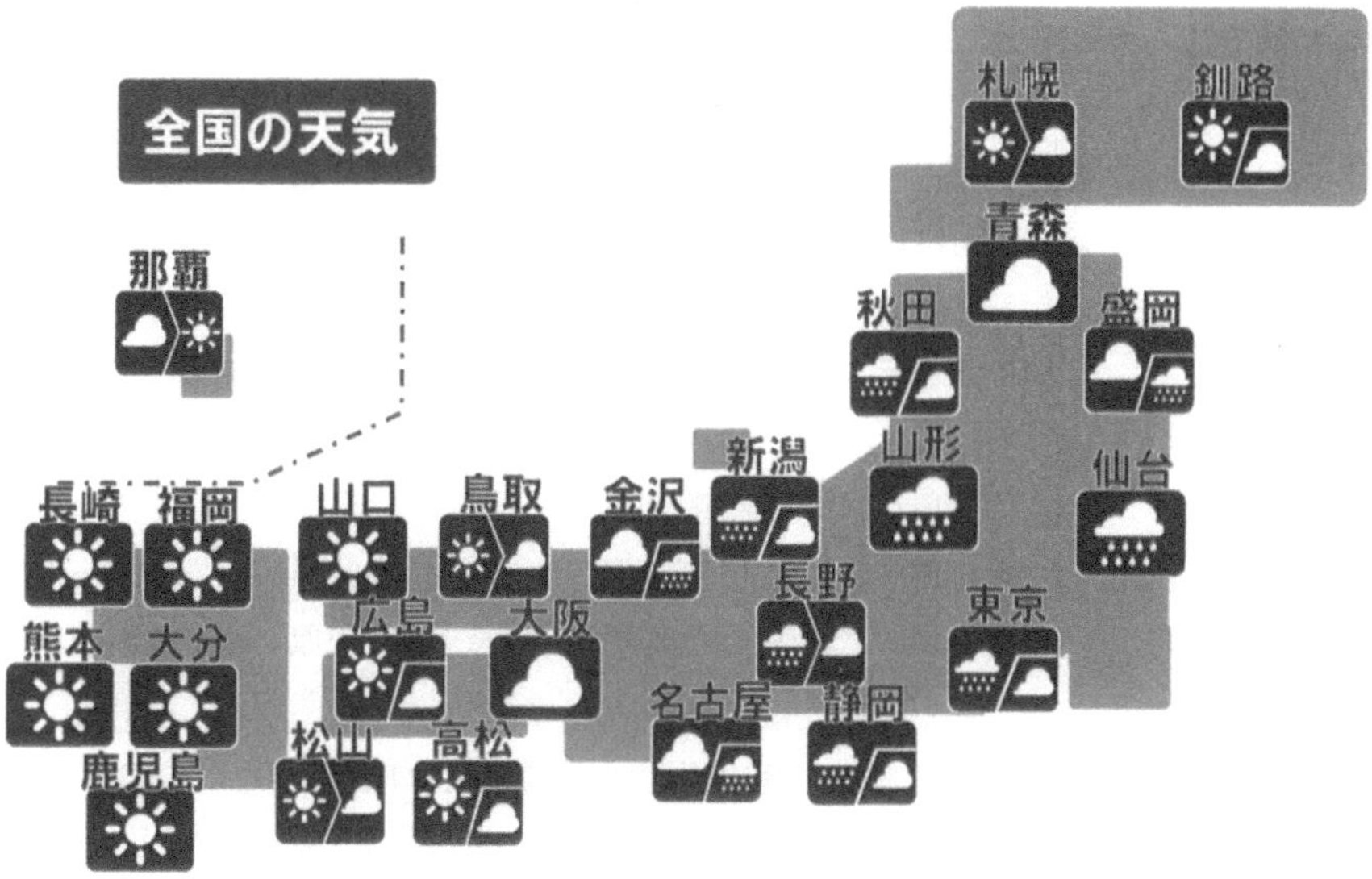

【社　会】（40分）〈満点：80点〉

【注意】 問題に漢字で書くことが指定されていれば正しい漢字で書きなさい。

[1] あとの問いに答えなさい。

問1　次の①～⑩にあてはまる県を以下の(ア)～(ト)から一つずつ選び，記号で答えなさい。

①．この県には，日本最大級のカルスト台地である秋吉台があります。

②．この県には，しじみの養殖《ようしょく》で知られる宍道《しんじ》湖があります。

③．この県には，日本三景の一つである宮島があります。

④．この県には，日本三名園の一つである偕楽《かいらく》園があります。

⑤．この県には，空海が改修に力をつくしたといわれる，日本最大級のため池である満濃《まんのう》池があります。

⑥．この県には，東北地方でただ一つの政令指定都市があり，東北三大祭りの一つがおこなわれることで知られています。

⑦．この県には，公害病が起こったことで知られる四日市市《よっかいちし》があります。

⑧．この県には，捕鯨《ほげい》(クジラをとること)で知られる太地《たいじ》町があります。

⑨．この県には，総電気出力が日本最大級である(世界最大級でもある)柏崎刈羽《かしわざきかりわ》原子力発電所があります。

⑩．この県には，伝統的工芸品である将棋駒《しょうぎこま》の生産で知られる天童《てんどう》市があります。

(ア)青森県　(イ)石川県　(ウ)茨城県　(エ)岡山県　(オ)香川県
(カ)熊本県　(キ)佐賀県　(ク)静岡県　(ケ)島根県　(コ)鳥取県
(サ)新潟県　(シ)兵庫県　(ス)広島県　(セ)福井県　(ソ)三重県
(タ)宮城県　(チ)宮崎県　(ツ)山形県　(テ)山口県　(ト)和歌山県

問2　次の表は，全国の野菜の主産地(2020年産収穫《しゅうかく》量の割合)をまとめたものです。表中のA～Fにあてはまる都道府県を以下の(ア)～(コ)から一つずつ選び，記号で答えなさい。

	いちご		キャベツ		すいか		トマト	
1位	A	14.3	愛知県	18.3	B	16.1	B	19.2
2位	福岡県	10.3	C	17.9	D	12.2	F	9.4
3位	B	7.7	D	8.3	山形県	9.2	愛知県	6.1
4位	長崎県	6.6	E	7.4	鳥取県	5.8	E	5.9
5位	静岡県	6.5	鹿児島県	5.0	新潟県	5.7	A	4.5
	にんじん		ねぎ		メロン(露地《ろじ》＋温室)		レタス	
1位	F	31.3	D	12.9	E	22.7	長野県	32.3
2位	D	18.0	埼玉県	11.5	B	16.5	E	16.3
3位	徳島県	8.5	E	11.1	F	14.7	C	9.7
4位	青森県	6.8	F	5.0	山形県	7.2	長崎県	6.4
5位	長崎県	5.3	C	4.4	青森県	7.0	兵庫県	5.2

(『データで見る県勢2022』より)

※表中の都道府県名の右の数字は，全国計にしめる割合(%)を示しています。

(ア)茨城県　(イ)香川県　(ウ)神奈川県　(エ)熊本県　(オ)群馬県
(カ)高知県　(キ)栃木県　(ク)千葉県　(ケ)北海道　(コ)宮崎県

問3　次の①～⑤の問いに答えなさい。

①．日本を地形的に東西に分ける，新潟県糸魚川《いといがわ》市と静岡県静岡市を結んだ線を西端《せいたん》とする大地溝帯《だいちこうたい》を何というか，カタカナで答えなさい。

②．自然災害による被害《ひがい》の可能性や災害発生時の避難《ひなん》経路や避難場所などを示した地図を何というか，答えなさい。

③．地価(土地の価格)の高騰《こうとう》(価格が高く上がること)により都心の人口が減少し，郊外《こうがい》(都市の外側にある地区)の人口が増加した現象を何というか，解答欄《らん》に合うように答えなさい。

④．パソコンやスマートフォンなどの生産に欠かせない金属で，埋蔵《まいぞう》量が非常に少なく，純粋《じゅんすい》なものを取り出すことが難しい金属を何というか，答えなさい。

⑤．1971年に採択《さいたく》(選ばれて採りあげられること)され，水鳥をはじめ多くの生物がすむ湿《しっ》地《ち》を国際的に登録して守ることを目的とする条約を何というか，解答欄に合うようにカタカナで答えなさい。なお，日本では1980年に釧路湿原《くしろしつげん》がこの条約の国内第1号の登録湿地として登録されました。

[2]　次の年表を読み，あとの問いに答えなさい。

西《せい》　暦《れき》	できごと
694年	(　1　)天皇が都を藤原京《ふじわらきょう》にうつす。
717年	(　2　)が唐《とう》に留学生として渡《わた》り，のちに皇帝玄宗《こうていげんそう》につかえる。
1180年	①源平の争乱がはじまる。
1221年	後鳥羽上皇が②隠岐《おき》に流される。
1368年	(　3　)が征夷大将軍《せいいたいしょうぐん》に就く。
1560年	③桶狭間《おけはざま》の戦いが起こる。
1615年	④朝廷《ちょうてい》と朝廷につかえる貴族を統制する決まりが定められる。
1774年	⑤『解体新書』が出版される。
1798年	国学者の(　4　)が『古事記伝』を完成させる。
1867年	⑥15代将軍の徳川慶喜《よしのぶ》が大政奉還《ほうかん》をおこなう。
1883年	⑦鹿鳴館《ろくめいかん》が完成する。
1890年	(　5　)が破傷風《はしょうふう》の血清療法《りょうほう》を発見する。
1904年	⑧日露《にちろ》戦争がはじまる。
1931年	⑨満州事変がはじまる。
1970年	⑩日本万国博覧会が開かれる。
1986年	⑪チョルノービリ(チェルノブイリ)原発事故が起こる。
2022年	イギリスの(　6　)女王が崩御《ほうぎょ》(亡くなること)する。

問1　年表中の(　1　)～(　6　)に適する人物の名前を答えなさい。ただし，(　1　)，(　3　)は漢字で，(　6　)はカタカナで答えなさい。

問2　下線部①の「源平の争乱」について，次の【X】～【Z】を時期の古い順に並びかえたときの組み合わせとして正しいものを以下の(ア)～(カ)から一つ選び，記号で答えなさい。

【X】一の谷の戦い	【Y】富士川の戦い	【Z】屋島の戦い

(ア)【X】→【Y】→【Z】　(イ)【X】→【Z】→【Y】
(ウ)【Y】→【X】→【Z】　(エ)【Y】→【Z】→【X】
(オ)【Z】→【X】→【Y】　(カ)【Z】→【Y】→【X】

問3　下線部②の「隠岐」について，現在，隠岐の島が属する県を以下の(ア)～(エ)から一つ選び，記号で答えなさい。

(ア)佐賀県　(イ)島根県　(ウ)鳥取県　(エ)長崎県

問4　下線部③の「桶狭間の戦い」で織田信長にやぶれた戦国大名の今川義元が支配した領国の一つを以下の(ア)～(エ)から選び，記号で答えなさい。

(ア)伊豆《いず》　(イ)越前《えちぜん》　(ウ)駿河《するが》　(エ)土佐《とさ》

問5　下線部④の「朝廷と朝廷につかえる貴族を統制する決まり」について，江戸幕府が出した十七条からなるこの法を何というか，漢字で答えなさい。

問6　下線部⑤の「『解体新書』」のもとになった，ドイツ人医師が書いたものをオランダ語に訳した人体解剖書《かいぼうしょ》を何というか，カタカナで答えなさい。

問7　下線部⑥の「15代将軍の徳川慶喜が大政奉還をおこなう」について，徳川慶喜が大政奉還をおこなった理由を25字以内で具体的に説明しなさい。ただし，句読点も1字に数えます。

問8　下線部⑦の「鹿鳴館が完成する」について，第一次伊藤《いとう》博文内閣の外務大臣として条約改正を進めるために極端《きょくたん》な欧化《おうか》(主義)政策をとった人物を以下の(ア)～(エ)から一つ選び，記号で答えなさい。

(ア)青木周蔵　(イ)井上馨《かおる》　(ウ)小村寿太郎《じゅたろう》　(エ)陸奥《むつ》宗光

問9　下線部⑧の「日露戦争」について，次の【X】【Y】の文章の正誤の組み合わせとして正しいものを以下の(ア)～(エ)から一つ選び，記号で答えなさい。

【X】奉天《ほうてん》会戦では，東郷平八郎率いる日本艦隊《かんたい》がロシアのバルチック艦隊に勝利した。
【Y】日露戦争の講和条約は，イギリスのポーツマスで結ばれた。

(ア)【X】正　【Y】正　(イ)【X】正　【Y】誤
(ウ)【X】誤　【Y】正　(エ)【X】誤　【Y】誤

問10　下線部⑨の「満州事変」について，次の【X】【Y】の文章の正誤の組み合わせとして正しいものを以下の(ア)～(エ)から一つ選び，記号で答えなさい。

【X】満州事変は，盧溝橋《ろこうきょう》事件をきっかけにはじまった。
【Y】明《みん》の最後の皇帝溥儀《ふぎ》が，満州国の皇帝になった。

(ア)【X】正　【Y】正　(イ)【X】正　【Y】誤
(ウ)【X】誤　【Y】正　(エ)【X】誤　【Y】誤

問11　下線部⑩の「日本万国博覧会」が開かれた都道府県を漢字で答えなさい。

問12　下線部⑪の「チョルノービリ(チェルノブイリ)原発事故」について，チョルノービリ(チェルノブイリ)がある現在の国をカタカナで答えなさい。

[3] 2022年に起こったできごとに関する次の文章を読み，次の問いに答えなさい。

4月24日，フランスで大統領選挙の決選投票がおこなわれ，(A)氏が再選を決めました。

5月15日，沖縄県が日本に返還《へんかん》されて(B)年目を迎《むか》えました。

5月18日，フィンランドと(C)の2か国が，①北大西洋条約機構への加盟を申請《しんせい》しました。これはロシアへ対抗《たいこう》するための措置《そち》と見られています。

5月24日，日本・アメリカ・オーストラリア・(D)の4か国で構成されるQUAD《クアッド》の首脳会談がおこなわれました。QUADは「自由で開かれた(D)太平洋」の実現に向けて協力することを目的としています。

5月25日，「②最高裁判所裁判官の国民審査《しんさ》に，海外に住む日本人が投票できないことが憲法違反《いはん》かどうか」が争われた裁判で，最高裁判所は「海外に住む人の投票を認めていないことは憲法違反である」という判決を出しました。

6月9日，日本は③国際連合の総会において，安全保障理事会の非常任理事国に選出され，2023年から2年間の任期を務めることになりました。これは日本が国際連合に加盟して以来12回目の安全保障理事会非常任理事国入りで，この回数は加盟国の中で第(E)位となります。

6月26日から28日まで，ドイツのエルマウにてG7サミット(主要7か国首脳会議)がおこなわれました。G7サミットは，アメリカ・イギリス・イタリア・ドイツ・フランス・日本・(F)の首脳と，EU(ヨーロッパ連合)の代表者が参加して毎年おこなわれており，次回は2023年に日本の(G)県でおこなわれる予定です。

7月10日，④参議院議員選挙がおこなわれ，この⑤選挙では自由民主党と公明党による与党《よとう》が過半数の議席を獲得《かくとく》しました。

9月6日，イギリスで(H)氏が首相《しゅしょう》に任命されました。イギリスとしては3人目の女性首相となりましたが，10月には辞任することになり，代わって(I)氏が首相に就任しました。

10月14日，日本で鉄道が開業して150年目を迎えました。開業当時の鉄道は(J)と横浜の間を結んでいました。

問1　文章中の(A)～(J)に適することば・数字を答えなさい。ただし，(A)，(H)，(I)は人名をカタカナで，(B)，(E)は数字で，(C)，(D)，(F)は国名をカタカナで，(G)，(J)は漢字で答えなさい。

問2　下線部①の「北大西洋条約機構」の略称《りゃくしょう》(省略して呼ぶ名前)をアルファベット4字で答えなさい。

問3　下線部②の「最高裁判所」について述べた次の【X】【Y】の文章について，下線部のことば・数字が正しければ「○」を，正しくなければ正しいことば・数字を解答欄《らん》に書きなさい。

【X】最高裁判所は，法律・条例などが憲法に違反しているかどうかの最終的な判断をおこなう権限を持つため，「憲法の番人」と呼ばれている。

【Y】最高裁判所は，多くの場合5回目の裁判を担当する。

問4　下線部③の「国際連合」について述べた次の【X】【Y】の文章について，下線部のことば・数字が正しければ「○」を，正しくなければ正しいことば・数字を解答欄に書きなさい。

【X】国際連合は，第二次世界大戦が終わった年である西暦《せいれき》1955年に設立された。

【Y】現在，台湾《たいわん》は国際連合に加盟していない。

問5　下線部④の「参議院」について述べた次の【X】【Y】の文章について，下線部のことばが正しければ「○」を，正しくなければ正しいことばを解答欄に書きなさい。

【X】参議院は衆議院よりも議員定数が少ない。

【Y】参議院には解散がある。

問6　下線部⑤の「選挙」について，日本における選挙にはいくつかの原則があり，そのうちの一つが平等選挙という原則です。では，この平等選挙とはどのような原則のことか，解答欄に合うように説明しなさい。

楠木健『絶対悲観主義』による

＊希薄　うすいこと。
＊煩悩　心のけがれ。ここでは欲望のこと。
＊媒体　情報を伝達する手段。
＊喧騒　さわがしくうるさいこと。
＊嗜好　それぞれの人の好み。
＊ゼミ　少数で学ぶ授業のスタイル。

問一　波線（1）について、矛盾していることがらを、それぞれ一行で書きなさい。

問二　波線（2）の理由を十五字以内で書きなさい。

問三【　A　】に入る言葉として最も適当なものを次から選び、その記号を書きなさい。

ア　頭　　イ　首　　ウ　ひざ　　エ　ひじ

問四　波線（3）は筆者にとってどのようなことですか。具体例を示す一文を二つ探し、それぞれはじめの五字を書きなさい。

問五　波線（4）について、筆者の主張とあっているものを次から二つ選び、その記号を書きなさい。

ア　大人になると友達が減るのは当たり前のことだから。
イ　大人になると対人関係のストライクゾーンが狭くなるから。
ウ　大人になると子どものときより緊張することが増えるから。
エ　大人になると本当に気の合う人が減ってくるから。
オ　大人になると興味や関心が同じものになってくるから。

問六【　B　】に入る言葉として最も適当なものを次から選び、その記号を書きなさい。

ア　ほどほどに　　イ　くわしく
ウ　するどく　　エ　適当に

問七【　C　】・【　D　】に入る言葉を、それぞれ三字で文章中から探して書きなさい。

問八　波線（5）の意味として最も適当なものを次から選び、その記号を書きなさい。

ア　縁は不思議でおもしろいが、しっくりとはこないもの。
イ　縁はあまりおもしろみがないけれど、やるべきこと。
ウ　縁は常識では考えられない、不思議でおもしろいもの。
エ　縁はあまりおもしろさがないけれど、運命的なもの。

生が教えてくださったのは大人の挨拶で、子どもの会話はアフリカと変わらないということに気づきました。最初からつまずきましたが、それはそれ、子どもなのですぐに友達ができました。

小学校時代はすぐに友達になれたのに、（4）年齢（ねんれい）を重ねるにつれて新しく友達になるような人はだんだんと減っていく。ひとつには外的な環境（かんきょう）要因があります。仕事を始めると忙（いそが）しくなる。それから家族ができて子どもが生まれて、ますます忙しくなる。子どもが出て行って一段落、と思った頃には、今度は親の健康問題が出てくる。学生のときより時間が取りにくくなります。

僕の場合、それよりも内的な要因が大きい。年を取れば取るほど自分の趣味（しゅみ）、*嗜好（しこう）、興味、関心というものが確立してきます。対人関係のストライクゾーンがどんどん狭（せま）くなってくる。大人になると本当に気が合うなと思える人は少なくなっていきます。

詩人の高橋睦郎（むつお）の名著に『友達の作り方』（マガジンハウス）があります。この本の中に友達の本質を【　B　】えぐる定義がありました。友達というのは偶然（ぐうぜん）性、反利害性、超（ちょう）経済性という条件を備えた人間関係である――まったくその通りだと深く共感しました。『友達の作り方』というタイトルなのに、友達の本質からして、友達の作り方なんてものはない――スカッとした結論が素敵（すてき）です。

小学校のクラスとか大学の*ゼミは、偶然そこに集まった人で構成されます。経済的利害はない。友達の条件を自然に満たしています。考えてみると、そういう場は学校や地域のコミュニティぐらいしかありません。世の中に出ると、仕事が忙しかったりして偶然性の条件を満たす出会いの機会は格段に減ります。知り合う人の多くは仕事を通じて会うことになります。【　C　】や【　D　】が多少なりとも絡（から）んできます。

三〇歳（さい）の頃に友達になったIくんという人がいます。彼（かれ）と出会ったのはまったくの偶然でした。その日、僕は六本木のマッサージ店にいました。その店は道路に面した壁（かべ）がガラス張りになっていまして、ぼんやりと外を見ていましたら、僕の以前からの友達のKくんがたまたま歩いているのが見えました。ちょうどマッサージが終わるタイミングだったので、店を出てKくんを追いかけたのですが、そのとき彼と一緒にいたのがIくんでした。で、二人が近所のお店に行くのに交ぜてもらいました。

Kくんは元から友達でしたが、初対面で偶然食事をすることになったIくんとも、ありとあらゆる点で気が合いました。三〇代の一時期は、その三人で週に二回は会っていました。今でも仲良くしてもらっています。これも偶然性、反利害性、超経済性という友達の条件を完全に満たしているからこそだと思います。

つまりは「縁（えん）」です。偶然とか無意識というものが重なって、ひょんなことから縁が生まれる。「（5）縁は異なもの味なもの」と言いますが、日常生活でこれほどコクがあるものはありません。その反対に、明確な目的をもって意図的に人脈作りをする人がいます。そういう人とは友達になりたくありません。というか、定義からして友達ではありません。

会場を出て一人に戻（もど）った時の孤独（こどく）感、これはわりとスキです。パーティーの＊喧騒（けんそう）と、一人になったときのコントラストがイイ。ターボがかかった孤独感に浸(ひた)っていると、ときどき多幸感にシビれることがあります。「ひとりでいるってー、すてきなことねー」と唄(うた)いたくなるほどです。パーティーの良いところは、僕がどれだけ一人でいるのがスキなのかを再確認させてくれるというところです。

　人間に対する興味はめっぽう強いので、たまにパーティーに出席すると、人の行動を観察するのがおもしろい。おたがいに深々とお辞儀（じぎ）をしている人たちを見て、「どういう利害があるのかなー」とか、そこで繰（く）り広げられる人間模様を勝手に想像しては楽しんでいます。

　とある大きなパーティーでは、世間的に偉(えら)いとされる人々が集まっていました。みなさん取り巻きに囲まれています。取り巻いている人たちと取り巻かれている人との関係性や、取り巻きの中にも見え隠（かく）れする上下関係を見ていろいろと想像する。そのうちに『仁義なき戦い』のドキュメンタリー版のように見えてきます。あくまでも僕の手前勝手な妄想（もうそう）なのですが、こういう（3）パーティーならではのエンターテイメントはわりとスキです。

　人間に関心があるということと、実際に人と会って交流を深めるということは、別ものです。その点、読書は人物を深く知ることができるのに、実際に会わなくてもいい。おもしろくなければ、すぐに読むのをやめればいい。これが読書のイイところです。人との交際は、そうはいきません。ちょっと話をして、「おもしろくないので、これで失礼」というのはそれこそ失礼な話です。

　年を重ねるごとに、新しい友達をつくるのが難しくなっていくように思います。僕よりずっと社交的で友達が多い人でも、そういう感覚があるのではないでしょうか。

　子どもの頃(ころ)は、学校や家の近所で友達が自然とできます。僕は小学校の高学年のときに、それまで過ごしていた南アフリカから日本に戻（もど）ってきました。最初の登校の日は、ちゃんとした「学校」に入るのに緊張（きんちょう）を覚えました。というのは、南アフリカで通っていた小学校は寺子屋みたいなもので、先生のご自宅に日本人の子どもが集まって、一年生から六年生までが一緒（いっしょ）になって遊んでいるような場所だったからです。

　ついに日本への帰国が決まったとき、先生が「みんなと友達になれるように、きちんとご挨拶（あいさつ）と自己紹介（しょうかい）ができるようにならないといけません」とおっしゃいました。外地で乱れていた僕の日本語を直し、正しい日本語の挨拶を教えてくださいました。

　日本の小学校に転校した初日、担任の先生に自己紹介するように言われた僕は、教わった通りの挨拶をしました。「えーこのたび、遠くアフリカからこの日本の地に戻って参りました楠本(くすのき)健でございます。みなさまにおかれましては、ひとつよろしくお願い申し上げます」――教室中が大笑いになりました。これは挨拶の仕方が悪かったのかなと思いまして、「えー、大変失礼いたしました。私はこのたびー」と繰り返すと、さらに爆笑(ばくしょう)。先

（ぼく）の場合その数は相当少ない。理由は、自分の性格や生活が極（きわ）めて非活動的だからです。

　そうした僕から見ると、今の世の中はつながり過剰（かじょう）のように思います。ＳＮＳでは「友達申請（しんせい）」というのがありますが、友達は「申請」してなるものではありません。しょせん体はひとつ、時間は一日二四時間しかありません。つながっている人の数が広がった分、一人一人との関係が＊希薄（きはく）になるのは論理的必然です。昨今の「デジタル友達」というのはしょせんその程度のつながりで、僕の友達の定義には当てはまりません。

　フェイスブックに一応登録はしているのですが、ほとんどまったく使っていない。ただしフェイスブックで「友達申請」をいただくと、よほどの人（プロフィールを見た瞬間（しゅんかん）に邪悪（じゃあく）な空気を放出している未知の人物）でない限り、一定数の「共通の友達」がいる人は承認（しょうにん）しています。（1）明らかに矛盾（むじゅん）しています。

　その理由は僕の＊煩悩（ぼんのう）にあります。すなわち、僕の所属しているロックバンドBluedogsのライブの集客です。ライブの告知手段として、フェイスブックで幅（はば）広くつながっておきたい。あわよくばライブにお越（こ）し願いたい。極めて利己的な理由〈だけ〉でユーザーになっています。フェイスブックを開くのは、ライブの告知をするときだけ。ライブさえなければ、一刻も早くフェイスブックを離脱（りだつ）したい。もっとも、告知をしても実際にライブにお越しくださる方は毎回五人ぐらいです。（2）それでもフェイスブックを捨てきれない。ああ、煩悩のフェイスブック。

　ツイッターも長年利用していますが、今では仕事で書いたものの備忘（びぼう）録としてのみ使っています。紙の＊媒体（ばいたい）に書いたものは、ファイルできます。ところが最近はデジタルメディアでも書くことが多い。そのうちどこに何を書いたのかわからなくなります。で、書いたものがデジタルメディアに出ると、共有ボタンを押（お）してツイートしておく。こうしておくとより多くの方々にお読みいただけるという色気もあります。もちろんBluedogsのライブ告知も欠かさずツイートしています。

　誰（だれ）もフォローしていなくても、親切なことにツイッターは「話題のツイート」を流してくださいます。「ネットで集客しようとする人は、基本的に実力不足で仕事がない人。実力がある人は、何もしなくてもさばききれない量の仕事が舞（ま）いこんでくるから、ネットを活用するメリットがない」というツイートが流れてきました。その通り、と【　A　】を打ちました。Bluedogsの実力不足を正確に言い当てています。

　非社交的な僕は「パーティートーク」を苦手にしています。誰かれなく意味のないこと〈だけ〉を延々と話す。これが実に上手な人がいるのですが、僕は人と話をするのであれば、きっちり議論というか意見交換（こうかん）をしたいタイプです。その人の考えを知りたい。自分の意見や自分の考えにその人がどう反応するのか、それを知りたい。ただし、パーティーでこれをやるのは迷惑（めいわく）な話です。ですから極力行かないようにしています。

　それでも、たまにパーティーに出かけてみるとイイこともある。

問一【　A　】【　D　】に入る言葉の組み合わせとして、最も適当なものを次から選び、その記号を書きなさい。

ア　Aせかせか　Dフワフワ
イ　Aそろそろ　Dドスドス
ウ　Aとぼとぼ　Dパタパタ
エ　Aのそのそ　Dテクテク

問二　波線（1）のように、岳がした理由として最も適当なものを次から選び、その記号を書きなさい。

ア　うなだれている場合ではないと思ったから。
イ　自分に気合を入れようとしたから。
ウ　自分の言動を後悔（こうかい）したから。
エ　怒っている晴美のことを情けなく思ったから。

問三「【　B　】の背比べ」は「みんな似たりよったりであること」という意味で使われます。【　B　】に入る言葉を書きなさい。

問四　波線（2）のように、岳がなった理由として最も適当なものを次から選び、その記号を書きなさい。

ア　自分の発言のせいで、キンタが自信をなくしているから。
イ　元気のないキンタの声を聞き、はげましたくなったから。
ウ　せっかくのチャンスなのにもったいないと思ったから。
エ　キンタの涙顔を思い出し、冷静さを失ってしまったから。

問五　波線（3）「涼万か……。」とありますが、この時、岳はどのようなことを感じていたと考えられますか。四十字以上六十字以内で書きなさい。

問六　波線（4）の時の岳の気持ちを「～気持ち。」に続くように書きなさい。

問七【　C　】に入る言葉として、最も適当なものを次から選び、その記号を書きなさい。

ア　早くキンタにあやまらなきゃ。
イ　みんな、許してくれるかな。
ウ　仲間はずれにされたみたいだ。
エ　俺（おれ）、何やってんだろ。

問八　波線（5）の言葉を晴美はどのような口調で言ったと考えられますか。最も適当なものを次から選び、その記号を書きなさい。

ア　やさしく、ゆっくりした口調で言った。
イ　嫌そうに、冷たい口調で言った。
ウ　明るくはきはきとした口調で言った。
エ　しかるような厳しい口調で言った。

問九　この文章を「岳が～物語。」という一文でまとめなさい。ただし、「～」に入る言葉は三十字以上四十字以内とします。

三　次の文章を読んで、後の問いに答えなさい。

友達の定義は人それぞれです。ここでは「仕事のような必然性や理由がないにもかかわらず、私的に会いたくなり、実際にときどき会う人」としておきます。連絡（れんらく）を取り合うだけではなく、実際に会ってゆっくりと話をするという関係に限定すると、僕

（4）こっそりそばで聴（き）いていたことを知られたくなかった。

階段に足を落とすようにゆっくり降りた。だんだんと歌声が遠ざかっていく。やがて曲が終わったのか、大きな歓声（かんせい）と拍手（はくしゅ）が聞こえた。きっと、ソリパートが大成功して、みんな盛り上がっているのだろう。

バスケの練習をしているわけでもなく、合唱でひとつになりつつあるクラスの一員にもなれていない。

【　C　】

一階に続く踊（おど）り場で立ち止まった。どこかでずれたわずかな隙間（すきま）から、冷たい空気がすうすうと体に入ってくるみたいだった。

はるちゃん、待てー。

保育園のころ、小さな晴美を追いかけていたときのことが、脈絡（みゃくらく）もなく思い出された。

汗をかいてもいないのに、首にかけたタオルで顔をこすった。

そのとき、上の方からバンバン音をたてながら、一段飛ばしで階段を降りてくる足音がきこえた。足音は一気に近づいた。

あ……。

目が合ったが、そらされなかった。踊り場の窓から差す朝日で、晴美の顔は輝（かがや）いていた。額（ひたい）には玉の汗が浮かんでいる。

「音楽室の鍵（かぎ）、職員室に返しに行かなくちゃ」

聞いてもいないのに、晴美はそう言いながら、岳の前を通り過ぎた。

「キンタ」

咄嗟（とっさ）に岳は呼び止めた。晴美が驚（おどろ）いたように振（ふ）り返る。

「えっと、その……ゴメン!」

岳はやにわに首からタオルをはぎ取ると、晴美に突（つ）き出した。

晴美は一瞬固まったが、タオルを奪（うば）うようにつかむと、額の汗を雑にぬぐった。そしてまた走り出すと振り向きざまに、タオルを岳に向かって放りつけた。

「（5）早く着替えてこないと、遅刻（ちこく）になるよ」

タオルをキャッチした岳は、自分のトレーニングウェアを見下ろした。あっという間に晴美の姿が消えてしまうと、ようやく部室に足を向けた。

歩きながら、何気なくタオルを顔に当てた。

ひやっとした感触があった。

……キンタの汗?

少しうっとりした気持ちになった。タオルをもっと押（お）しつけた。そんな自分にびっくりして、

俺は変態か!

慌（あわ）てて己（おのれ）に毒づいた。首筋がカッと熱くなる。

岳は相（おも）いを振り払（はら）うように、わざと【　D　】歩いた。

佐藤いつ子『ソノリティ　はじまりの歌』による

＊隼人　岳の弟。

「どうして」

「出来ないよ。みんなに迷惑（めいわく）かけちゃう」

（２）岳の胃のあたりが、きりきり締（し）めつけられた。

いつも自信たっぷりで、あんなに目立つのが大好きなキンタが……。頼（たの）まれたことを引き受けないネガティブなキンタなんて、今まで見たことがない。

晴美の涙（なみだ）顔がまたフラッシュバックした。

宝石みたいに綺麗（きれい）な涙が、玉の汗（あせ）の中で光っている。

握（にぎ）りつぶされたみたいに、胸がギュッと苦しくなった。

キンタ、やれよ。あの天才井川が、お前がいいって言ってるんだから、だいじょうぶだよ。

祈（いの）るような気持ちになった。

「誰か他の人……」

晴美の中途半端なつぶやきに、岳は思わず前のめりになって、音楽室のドアに手をかけた。

出来るよ、キンタがやれよ！

ドアを開けてそう言いそうになったとき、誰かが言葉を放った。

「なあキンタ、まずやってみようぜ。それでダメだったら、また考えればいいじゃん」

しばしの沈黙（ちんもく）ののち、晴美の声が続いた。

「……うん」

教室に安堵（あんど）のどよめきが広がった。

岳はそっとドアから手を離した。しばらくそのまま、ぼんやりしていた。音心の前奏が始まり、合唱に入った。

（３）涼万か……。

岳はつま先を見つめた。さっきの声は間違いなく涼万だった。涼万のひとことが、晴美を勇気づけたのだ。

——はじめはひとり孤独（こどく）だった

気づくと、音心が提案したソリパートが始まっていた。岳はハッとして顔を起こした。

——ふとした出会いに希望が生まれ
新しい本当のわたし
未来へと歌は響きわたる

音心の抑えめな伴奏にのって、早紀と晴美のふたりの声が重なり合う。

早紀の透（す）き通ったまっすぐなソプラノに、晴美の憂（うれ）いのあるビブラートの効いたアルト。清らかさと切なさの相反するようなメロディーが混ざりあって、新しい音楽が生まれた。

岳は知らず知らずのうちに、腕（うで）に立った鳥肌をさすっていた。

ソリパートが終わると、ほんの少し間を置いて全員での合唱が始まった。いつもとは迫力が違った。

岳は音楽室から離れた。歌が終わってみんなが出てきたとき、

しまった。

ひょっとして、あの会話がキンタに聞こえてしまっていたのか？　そうに違（ちが）いない。それであいつ、あんなに怒（おこ）ってたんだ……。

岳はうなだれた。そして今、晴美の声が全然目立って聞こえてこないことに、さらにうなだれた。

あいつ、オンチのこと気にして、歌ってないのかも知れない。

（1）首にかけたスポーツタオルを、両手でグッと引っ張った。気づくと、曲が終わっていた。

「今の、とっても良かったと思います。もう一度やりましょう」

指揮者の早紀（さき）の声だ。

「待って。ちょっと提案があるんだけど」

今度は音心（そうる）の声だ。

「五組の合唱、すごく良くなったと思うけど、どのクラスも【　B　】の背比べで、絶対に勝てるってところまでは、いってないと思うんだ」

みんなが少しざわついた。

「だから勝つには、奇策（きさく）がいる。で、提案なんだけど、最初の四小節のAメロって、三回繰（く）り返しがあるよね。その二回目のAメロをソロでやったらどうかな」

「えっ、ソロ!?」

今度は一気に騒（さわ）がしくなった。

「うん。正確に言うとソロじゃなくてソリかな。ソプラノとアルトのふたり。たとえば伴奏はこんな感じで、すこし抑（おさ）えめにして」

そう言うと音心は、アレンジしてさらさらとピアノを奏（かな）でた。

「おお～。なんかいい感じだね」

教室がわいている。

岳は音心の即興（そっきょう）演奏に、大きく息を吸い込んだ。きっと音心も涼万みたいな天才肌（はだ）に違いない。

「なあ井川（いがわ）、それで誰がソリっつーのやんの？」

「うん。このふたりしかないと思っているんだ」

教室の中のちょっとした緊張が、廊下まで伝わってきた。

「水野早紀と金田晴美」

「えっ！」

反射的に岳の肩（かた）が跳（は）ね上がった。

晴美の大声が響く、それをスルーして、音心は続けた。

「早紀、ソリの間は指揮をせずに、前を向いて歌うんだ。出来るよね」

いちおう質問形だが、その言葉には有無（うむ）を言わせない迫力（はくりょく）がある。おそらく早紀は、気圧（けお）されてうなずいたのだろう。

「金田もOKだよね。じゃ、早速（さっそく）やってみよう」

ざわついた空気が、すっとおさまった。前奏がまさに始まったとき、晴美が声を上げた。

「ごめん。わたし、やっぱり無理」

音心は演奏を止めた。

今はバスケの練習をしているんだぞ。

自分で自分を鼓舞（こぶ）する。

そのあと、十発打ったが、一発もシュートを決められなかった。

こんなことは初めてだった。

サポーターをした右膝（みぎひざ）をのぞき込（こ）んだ。こないだ＊隼人（はやと）と公園でシュートしたときは、なんの違和感（いわかん）もなかったのに、今日は少しおかしい。

そっと曲げたり伸ばしたりしてみる。やはり、痛みがある。岳はゆっくりとその場に腰（こし）を下ろした。体育館の床（ゆか）はひんやりとしていて、尻(しり)から背筋の方に冷たさが伝っていった。

両膝に顔を埋（うず）めると、ハッカみたいな湿布（しっぷ）の匂(にお)いが鼻をスースーさせた。もう一度顔を上げる。バスケットゴールを見上げた。

先輩（せんぱい）たちにまざって、涼万が放った見事なシュートがよみがえった。

なんであいつのプレーは、あんなにスマートなんだろう。

認めたくはないが、涼万のことを羨（うらや）ましいと思っている自分がいた。

どうしてなんだ、あいつはたいして努力もしていないのに……。

今はまだ、かろうじて力は拮抗（きっこう）している。でも、もし、涼万が本気でやり始めたら、いつかうんと差をつけられてしまうのでは……。

ため息を長く静かに吐（は）いた。息を吐いても、胸はちっとも軽くならなかった。

しばらくぼんやりしていると、体育館の脇（わき）を何人かの生徒が話しながら歩いている声が聞こえた。合唱の朝練に行く生徒たちだろうか。だとすると、間もなくバスケ部員もやって来る時間だ。岳はのっそり立ち上がった。

やがてバスケ部の朝練が始まり、岳は壁（かべ）にもたれて見学していた。先輩たちのプレーを目で追いながらも、気持ちは遠くに離（はな）れていた。岳はこっそり体育館を抜け出した。

もう合唱の練習が始まっているのか、校舎のそこここから、歌声が漏（も）れ聞こえた。合唱の朝練をしているのは、うちのクラスだけではないらしい。晴美のことが気になって、岳の足は自然と教室に向かっていた。

少し緊張しながら校舎の階段を上がる。三階まで上がって、一息ついた。五組は一番手前の教室だから、すぐそこだ。なるべく教室から離れた廊下（ろうか）のすみっこを【　A　】と進んで、びっくりした。教室はからっぽだった。

あれ？　みんなどこ行ったんだ？

首をかしげると同時に、廊下の一番奥(おく)の音楽室から、『ソノリティ』のピアノ伴奏（ばんそう）が聞こえてきた。五組の練習は、音楽室でやっているらしい。

岳は音楽室のそばまでやって来た。幸いにもドアが閉まっているので、中からは見えないはずだ。耳をそばだてる。

こないだ部活の朝練が終わったあと、廊下で聞いたときは、晴美の声がすごく目立っていた。そして、ついオンチのことをばらして

【国　語】（五〇分）〈満点：一〇〇点〉

【注意】字数が決まっている問いについては、「、」や「。」も一字と数えます。

一　次のぼう線部のカタカナを漢字で書きなさい。

①ごちそうを山とツむ。
②キショウダイの予報。
③生徒をヒキいる。
④うさぎのシイク係。
⑤本をヘンシュウする。
⑥雨水が屋根から夕れる。
⑦水分がジョウハツする。
⑧古いチソウを調べる。
⑨遠足でハイクをよむ。
⑩問題にタイショする。

二　次の文章を読んで、後の問いに答えなさい。

　中学校一年生の岳（がく）のクラスは合唱コンクールに向けて練習にはげんでいますが、岳は所属するバスケットボール部の練習を優先し、練習に出ていません。岳の幼なじみの金田晴美は、みんなからキンタと呼ばれ、合唱の練習のまとめ役をしています。先日、岳はキンタが保育園に通っている時に音痴（おんち）とばかにされていたことを友人にばらしてしまいました。そのことを知った晴美は、それに傷つき泣いてしまいました。


　週明け、岳は部活の朝練に向かった。まだ痛みが残っていたので、普通（ふつう）の練習は見学するつもりだったが、ひとりでシュートを打つくらいなら出来（でき）るかと思った。

　本当は安静にした方がよいのかも知れない。でも、部活を休んでいるあいだに、涼万（りょうま）に抜（ぬ）かされるわけにはいかない。絶対に嫌（いや）だ。

　今日も朝練の開始時間のずいぶん前に、体育館に入った。誰（だれ）もいない体育館はしんとして、バスケットシューズが立てる、キュッキュッという足音さえ、天井（てんじょう）に立ち上っていく。

　ゴールの前に身構える。ゴールを見据（す）えて打とうとした瞬間（しゅんかん）、白いバックボードに晴美の顔が現われた。急に力が抜けて、中途半端（ちゅうとはんぱ）になってしまったシュートは、ゴールまで届かずにバウンドしていった。ボールがバウンドしていく音が、胸にずんずんと響（ひび）いた。

　あれからずっとこうだった。

　あの晴美の涙が、何度も何度もフラッシュバックしてきて、どんなに払おうとしても、気づくと晴美のことを考えていた。朝露（あさつゆ）に濡（ぬ）れたうぶ毛の生えた葉っぱに、一粒（ひとつぶ）の大きなしずくがきらりと光っているようだった。

　くそっ。切り替（か）えろ。

2023年度

解　答　と　解　説

《2023年度の配点は解答欄に掲載してあります。》

＜算数解答＞《学校からの正答の発表はありません。》

〔1〕　(1)　100　　(2)　1.55　　(3)　$\frac{9}{4}$　　(4)　$\frac{3}{4}$

〔2〕　(1)　2400円　　(2)　毎時6km　　(3)　2000円　　(4)　234

〔3〕　(1)　4　　(2)　19　　(3)　18

〔4〕　(1)　40cm　　(2)　3.2回転　　(3)　156.56cm^2

〔5〕　(1)　㋐　19　　(2)　㋑　24　　(3)　㋒　$27\frac{1}{3}$

〔6〕　(1)　F　5　　(2)　A　3　　B　2　　C　6　　D　4　　E　1

○推定配点○

〔5〕，〔6〕　各6点×5(〔6〕(2)完答)　　他　各5点×14　　計100点

＜算数解説＞

〔1〕　(四則計算)

(1)　$2023\div119+83=100$

(2)　$1.19-0.5+0.86=1.55$

(3)　$\frac{4}{3}+3\frac{9}{8}-3\frac{5}{24}=\frac{4}{3}+\frac{11}{12}=\frac{9}{4}$

(4)　$\square=(1.3-1)\times\frac{5}{3}+\frac{1}{4}=\frac{3}{4}$

重要〔2〕　(割合と比，相当算，速さの三公式と比，流水算，単位の換算)

(1)　最初の所持金…□　　使った金額…$\square\times\frac{3}{8}-100$

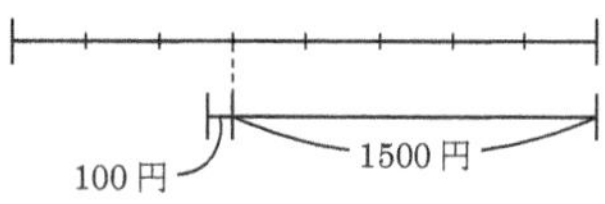

$\square\times\frac{5}{8}$…$1600-100=1500$(円)

したがって，最初の所持金は$1500\div\frac{5}{8}=2400$(円)

(2)　上りの時速…$9.6\div\frac{48}{60}=12$(km)

川の流れの時速…$18-12=6$(km)

(3)　売り値…$\square\times1.25\times0.7=\square\times0.875$

損失…$\square\times(1-0.875)=\square\times0.125=250$(円)

したがって，原価は$250\div0.125=2000$(円)

(4)　2つの数…大，小で表す。

大…小×3＋24

大－小…小×3＋24－小＝小×2＋24＝164

したがって，大きい数は$(164-24)\div2+164=234$

重要〔3〕　(割合と比，倍数算，数列，数の性質)

1番目の数…□　　　11番目の数…□＋10

(1)　□＋10…□×3.5
したがって，1番目の数は10÷(3.5−1)＝4

(2)　11個の数の和…(□＋□＋10)×11÷2＝(□＋5)×11＝264
したがって，1番目の数は264÷11−5＝19

(3)　偶数の和…□＋(□＋2)＋(□＋4)＋(□＋6)＋(□＋8)＋(□＋10)
奇数の和…　(□＋1)＋(□＋3)＋(□＋5)＋(□＋7)＋(□＋9)
したがって，1番目の数は23−5＝18

重要〔4〕 (平面図形，図形や点の移動，概数)

(1)　円の中心が移動した長さ…図1より，(8＋12)×2＝40(cm)

(2)　(1)より，40÷(4×3.14)≒3.2(回転)

(3)　円が通過した部分の面積…図2・3より，12×16−(4×4−2×2×3.14＋4×8)＝192−35.44＝156.56(cm^2)

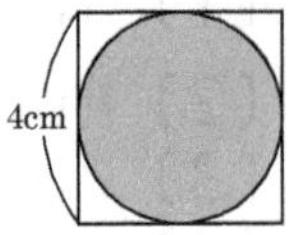

図3

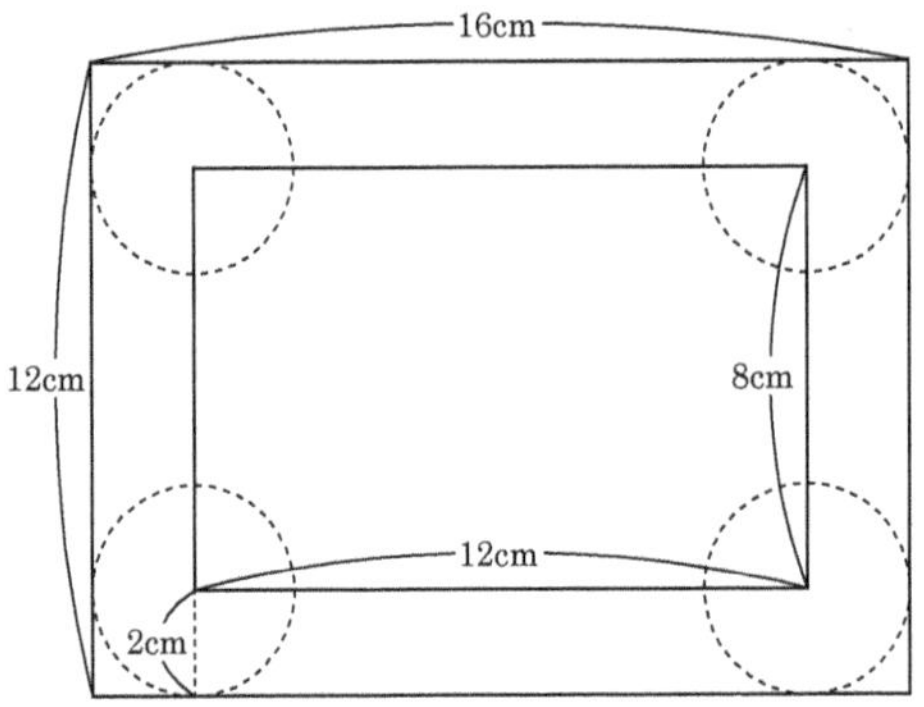

図1

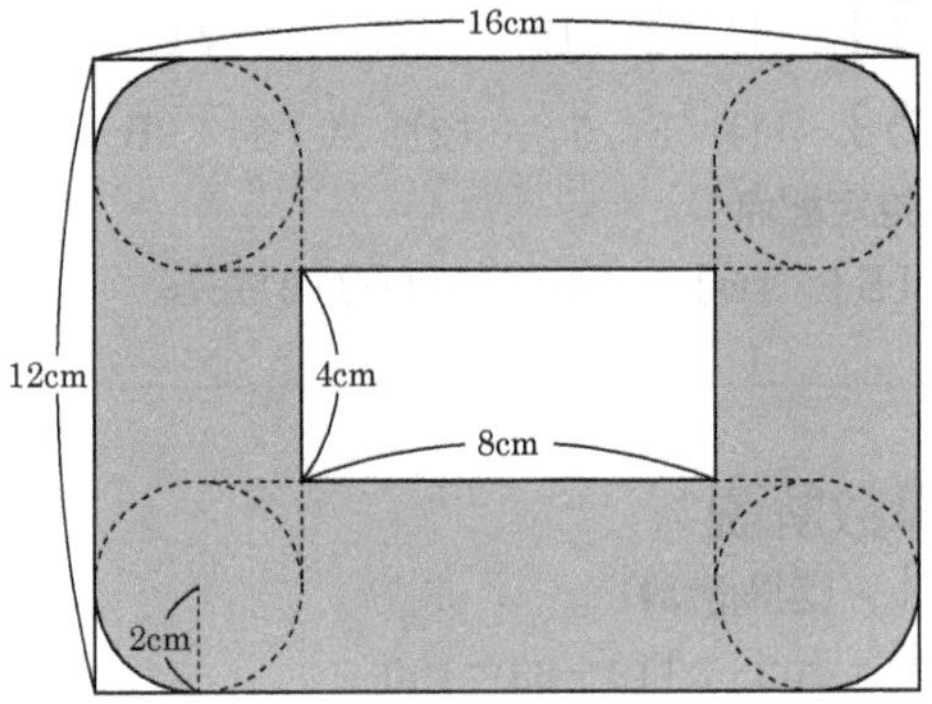

図2

重要〔5〕 (割合と比，グラフ)

満水まで…給水しながら排水する
満水から空になるまで…排水だけする
水そうAの給水量と排水量の比…5：2
水そうBの給水量と排水量の比…4：3

(1)　水そうAに給水する時間と排水する時間の比…2：(5−2)＝2：3
㋐…右図より，4＋(44−4)÷(3×2＋2)×3＝19(分)

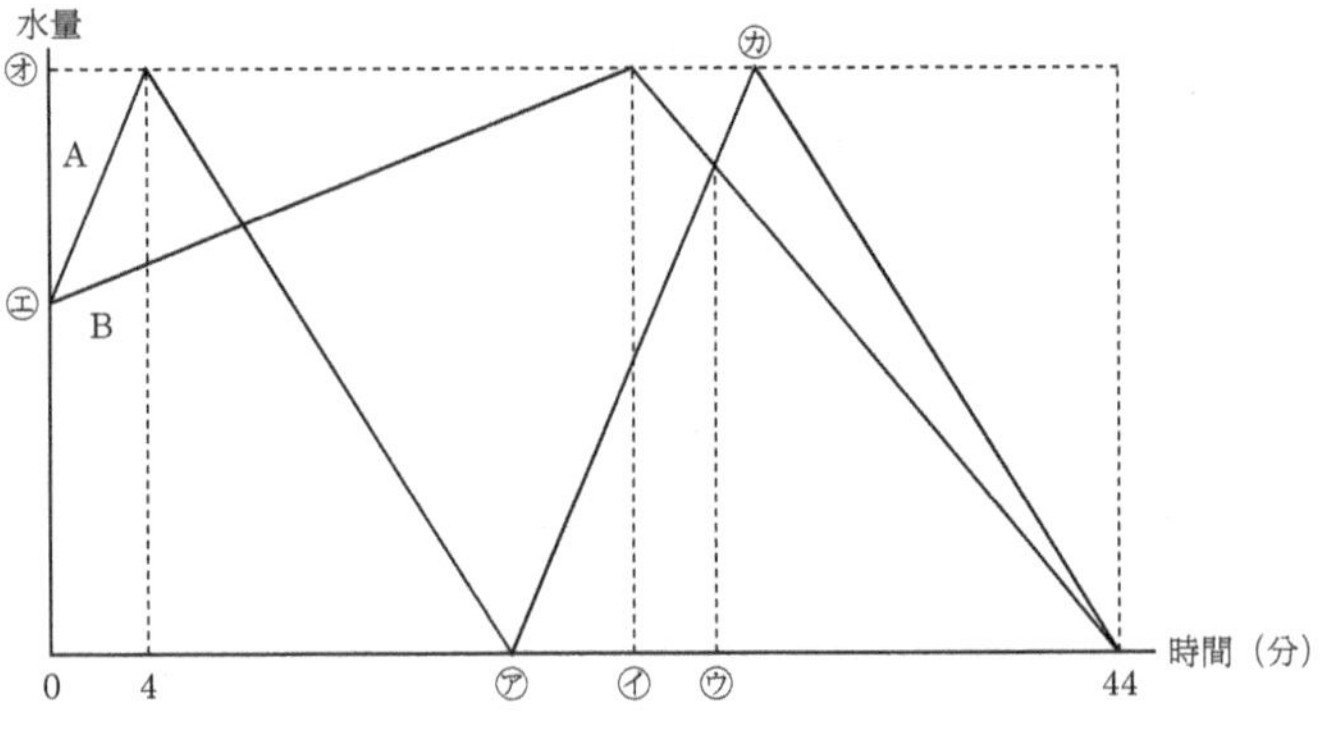

(2)　水そうの容積㋔…㋐より，2×(19−4)＝30
水そうの容積㋔−最初の水量㋓…3×4＝12
水そうBで水量を12増す時間と30減らす時間の比…｛12÷(4−3)｝：(30÷3)＝6：5
㋑…44÷(6＋5)×6＝24(分)

(3)　水そうAが2度目に満水になる時刻㋕…(1)より，19＋4÷12×30＝29(分)

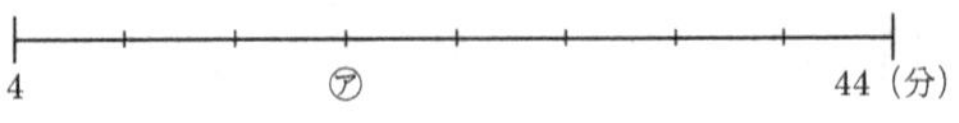

したがって，右図より，頂点Tを共有する2つの三角形の相似比は(44－19)：(29－24)＝5：1，㋒は

$19+(29-19)\div(5+1)\times5=27\frac{1}{3}$(分)

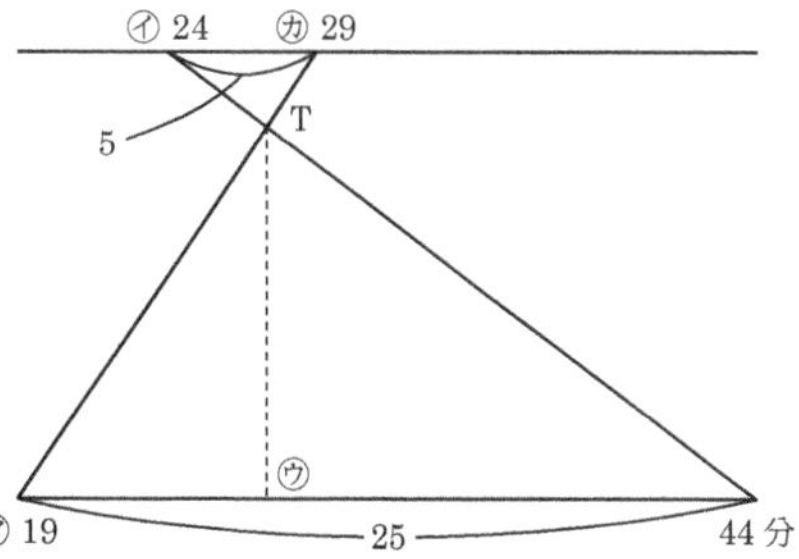

重要〔6〕 **(論理・推理)**

カードが1，5の人…本当のことを言う

カードが2，4の人…うそを言う

Aの発言…カードは1　　Bの発言…カードは4

Cの発言…カードは偶数　　Dの発言…Bの発言は本当

Eの発言…カードは5ではない　　Fの発言…Aのカードは3

(1)・(2)

Aの発言が本当の場合…Aのカードは1，Fのカードは2か4

Fの発言が本当の場合…Aのカードは3，Fのカードは1か5

Bの発言…うそ

Dの発言…うそ

したがって，Bのカードは2，Dのカードは4であり，Fの発言が本当であるからAのカードは3，Eのカードは1，Fのカードは5，Cのカードは6，すなわち，A＝3，B＝2，C＝6，D＝4，E＝1，F＝5

★ワンポイントアドバイス★

〔1〕四則計算の4題，〔2〕の4題，これらで全問正解することを目標にしよう。〔5〕「水量」の問題は(1)で，「水そうAに給水する時間と排水する時間の比」を正解することがポイントになる。〔6〕「カードの数」は簡単ではない。

＜理科解答＞《学校からの正答の発表はありません。》

〔1〕 ① イ　② ウ　③ ウ　④ エ

〔2〕 問1 ① 窒素　② 酸素　問2 ア　問3 エ　問4 液体窒素が手の温度で温められてふっとうしたから　問5 エ

〔3〕 問1 ア　問2 ア　問3 ウ　問4 ア　問5 イ　問6 イとウ

〔4〕 問1 ウ　問2 ア　問3 ア→イ→ウ→エ　問4 ウ　問5 ウ　問6 エ

〔5〕 問1 ① ウ　② エ　③ ア　問2 地面が温まるのに時間がかかるから
問3 記号 ウ　③ 水分　問4 オ　問5 ① くもりから晴れに変わる
② 天気は西から変わるから

○推定配点○

〔1〕 各3点×4　〔2〕 問4 3点　他 各2点×5　〔3〕 各3点×6(問6完答)

〔4〕 各3点×6(問3完答)　〔5〕 問2 3点　他 各2点×8　計80点

＜理科解説＞

〔1〕 (環境と時事－2022年中の自然科学分野の出来事)

① ジェイムズ・ウェッブ宇宙望遠鏡は，2021年12月に打ち上げられた宇宙望遠鏡である。

② 改正された特定外来生物に関する法律では，アメリカザリガニが条件付き特定外来生物に指定された。これまで通り飼うことはできるが，野外に放したり，逃がしたりすることは禁止された。

③ NASAが小惑星に探査機を衝突させる実験を行ったのは，衝突によって小惑星の軌道を変更できるかの実験であった。これは小惑星の地球への衝突を回避するための実験であった。 ④ 「はやぶさ2」が持ち帰った試料から，生命の材料であるアミノ酸が検出された。

〔2〕 (物質の状態変化－液体窒素の性質)

基本 問1 空気の約8割は窒素である。次いで多いのは酸素であり，約2割を占める。

問2 窒素は他の物質と反応しにくい気体である。そのため，ポテトチップスが酸素と反応するのを防ぐために，袋の中に窒素を入れる。

問3 短時間であれば液体窒素に手を付けても害はない。これは手に触れて気体に戻った窒素の泡が手を保護するためである。

問4 液体窒素は，手に触れると温められ沸騰する。このとき状態変化に伴って音がする。

問5 ガラス管の中に入っていた空気の温度によって，液体窒素が沸騰し気体となる。このとき圧力が急激に大きくなるので，液体窒素がガラス管の先から勢いよく出てくる。

〔3〕 (熱の伝わり方－熱の伝わり方)

重要 問1 熱は，温度の高い部分から低い部分に伝わる。

問2 物体の温度が室温より高いと，物体から空気に熱が移動する。逆に物体の温度が室温より低いと，空気から物体に熱が移動する。

問3 体温は室温より高いので，手から物体に熱が移動する。そのため，手でさわった部分の温度が高くなる。

問4 手でさわった部分の温度が周辺より高くなるので，さわった部分から周辺に熱が移動する。

問5 金属は熱を伝えやすいのですぐに熱を失うが，プラスチックは熱の伝わり方が遅いのでなかなか熱を失わない。

問6 体温計の先端部に金属を使うことで，体温をセンサーに伝えやすい。また。鍋の持ち手にプラスチックを使うのは，持ち手が熱くなりにくい点を利用している。

〔4〕 (生物－ダイズのつくり)

基本 問1 図のウの部分は幼根と呼ばれ，成長して根になる。

基本 問2 アが子葉である。子葉に蓄えられた栄養分で種子が成長する。

問3 初めに根が伸び，次に茎がのびて地上に出る。次いで子葉が開いて，その後葉が開く。

問4 ジャガイモはいもを切って植える。いもを切ることで芽の数を減らし，1本当たりの芽にたくさんの栄養がいきわたるようにしている。

問5 サツマイモは，いもから出た芽を「なえ」として植える。

問6 ジャガイモも種から栽培することもできるが，種の場合いもが大きくなるのに時間がかかる。小さいいもができて，それをさらに大きくするので成長に2～3年かかる。種いもから育てると，数か月で大きないもが収穫できる。

〔5〕 (気象－百葉箱)

基本 問1 ① 百葉箱を白く塗るのは，日光を反射し熱の吸収をしにくくするためである。 ② よろい戸にするのは，風通しを良くして熱がこもらないようにするためである。 ③ 扉の向きを北向きにするのは，観測するとき直射日光が南から当たることのないようにするためである。

重要

問2　太陽は正午に最も高くなり太陽光線も最も多くなるが，地面が太陽光線で温められるのに時間がかかるので，少し遅れて気温が最高になる。

問3　空気中の水分が多くなると，昆虫の羽に水分がつき羽が重くなるので低い部分を飛ぶ。ツバメは昆虫をエサにするので，ツバメが低く飛ぶとき湿気が多く天気が悪くなることが多い。

問4　「ねこが顔を洗うと，天気が悪くなる」のは，湿気が多くなるとネコはひげをこすることが多くなるからと言われる。「太陽にかさ雲がかかると天気は悪くなる。」「アマガエルが鳴くと雨が降る」とも言われる。

問5　この日の東京の天気は雨時々曇りで，西の方が晴れているので，翌日は東京もくもりから徐々に晴れてくると思われる。日本付近では，偏西風の影響で天気は西から東に移り変わることが多い。

★ワンポイントアドバイス★

取り上げられる内容が教科書で扱われるものとかなり異なり，文章をしっかり読んで考える読解力といろいろな分野の知識が求められる。

＜社会解答＞《学校からの正答の発表はありません。》

〔1〕　問1　①　(テ)　②　(ケ)　③　(ス)　④　(ウ)　⑤　(オ)　⑥　(タ)
⑦　(ソ)　⑧　(ト)　⑨　(サ)　⑩　(ツ)　問2　A　(キ)　B　(エ)
C　(オ)　D　(ク)　E　(ア)　F　(ケ)　問3　①　フォッサマグナ
②　ハザードマップ　③　ドーナツ化(現象)　④　レアメタル
⑤　ラムサール(条約)

〔2〕　問1　1　持統　2　阿倍仲麻呂　3　足利義満　4　本居宣長　5　北里柴三郎
6　エリザベス　問2　(ウ)　問3　(イ)　問4　(ウ)　問5　禁中並公家諸法度
問6　ターヘル・アナトミア　問7　(例)　政権は朝廷に返すが，新政府での実権を掌握するため。(25字)　問8　(イ)　問9　(エ)　問10　(エ)　問11　大阪府
問12　ウクライナ

〔3〕　問1　A　マクロン　B　50　C　スウェーデン　D　インド　E　1
F　カナダ　G　広島　H　トラス　I　スナク　J　新橋　問2　NATO
問3　X　○　Y　3　問4　X　1945　Y　○　問5　X　○　Y　ない
問6　(例)　有権者の投票の価値が平等である(という原則。)

○推定配点○

〔1〕　各1点×21

〔2〕　問2～問4，問8～問10　各1点×6　問7　3点　他　各2点×10

〔3〕　問1　各2点×10　問6　3点　他　各1点×7　計80点

＜社会解説＞

〔1〕 (日本の地理－日本の自然，産業など)

問1 ① 秋吉台は，山口県中西部の内陸にある石灰岩台地。美祢市に属する。日本で最も規模の大きなカルスト地形が発達し，学術上，観光上，有名。 ② 宍道湖は島根県北東部に位置する湖。日本第7位の面積をもつ汽水湖で，シジミの産地として有名。 ③ 宮島は，広島湾の北西部に浮かぶ島。厳島ともいい，平清盛の信仰などで知られる厳島神社の所在地。松島(宮城県)，天橋立(京都府)ととも日本三景の一つに数えられる。 ④ 偕楽園は，茨城県水戸市にある公園。金沢の兼六園，岡山の後楽園とともに日本三名園の一つに数えられる。梅の名所として有名。 ⑤ 満濃池は，香川県南部，まんのう町にある日本最大のため池。821年，空海が修築したと伝えられる。 ⑥ 東北地方唯一の政令指定都市は宮城県の仙台市。仙台市の七夕祭は，青森市のねぶた，秋田市の竿燈祭とともに東北三大祭の一つに数えられる。 ⑦ 四日市市は，三重県北部に位置する工業都市。第2次世界大戦後，日本で最初の石油化学コンビナートが建設され，工業が発達したが，反面，大気汚染をはじめとする公害が深刻化した。 ⑧ 太地町は，和歌山県南東部，熊野灘に臨む漁港の町。日本の捕鯨発祥地として知られる。 ⑨ 柏崎刈羽原子力発電所は，新潟県柏崎市と新潟県刈羽郡刈羽村にまたがる日本最大級の原子力発電所。 ⑩ 天童市は，山形県東部，山形盆地のほぼ中央部に位置する市。江戸時代，下級武士の内職として始められた将棋駒の製造が有名。

問2 いちごは，栃木県が，47都道府県中，最も収穫量が多く，品種は「とちおとめ」が有名。キャベツは，例年，愛知県と群馬県が激しく1位を争っている。群馬県は浅間山の山麓に位置する嬬恋村が主要な産地。すいか，トマトは，熊本県が，47都道府県中，最も収穫量が多い。にんじんは，北海道が，47都道府県中，最も収穫量が多く，全国の約3割を占めている。ねぎは，千葉県，メロンは茨城県が，47都道府県中，最も収穫量が多い。レタスは，長野県が，47都道府県中，最も収穫量が多く，八ヶ岳の山麓に位置する野辺山原が産地として有名。これに茨城県が次いでいる。

重要 問3 ① フォッサマグナは，本州中央部をほぼ南北に横切る帯状の地溝帯で，西縁は糸魚川－静岡構造線，東側は火山噴出物で不明だが，ほぼ関東山地までの幅があると考えられる。1886年，ドイツの地質学者ナウマンが命名。 ② ハザードマップは，地震・火山活動・水害など各種の災害の被害予測図。災害が発生したとき，適切，迅速な避難ができるよう緊急避難経路，避難場所なども示される。 ③ ドーナツ化現象は，都市の中心部の人口が，都市環境の悪化や地価高騰のために流出して空洞化し，都市周辺部の郊外地域や衛星都市の人口が増加している現象。都心にオフィスビルが建ち，昼間人口は多いが夜間は居住者が少ないので人口は大幅に減少する。 ④ レアメタルは，地球上での存在量が少ないか，純粋な金属として取り出すことが困難な金属。合金・半導体・磁性・超伝導などの材料として用いられ，先端技術産業での需要が高い。コバルト，クロム，モリブデン，リチウム，マンガン，ニッケルなどがある。 ⑤ ラムサール条約は，「特に水鳥の生息地として国際的に重要な湿地に関する条約」の通称。1971年にイランの都市ラムサールで採択された。日本では，釧路湿原，琵琶湖，谷津干潟などが登録されている。

〔2〕 (日本の歴史－年表を題材にした日本の通史)

重要 問1 1 持統天皇(在位686～697年)は7世紀末の女帝。天武天皇の皇后。694年，藤原京に遷都した。 2 阿倍仲麻呂は，奈良時代の遣唐留学生，唐の官吏。717年に吉備真備らとともに入唐。玄宗皇帝に仕え，李白・王維らの文人と交際。753年帰国の途中難破し，唐に戻り，再び唐に仕え，770年その地で没した。 3 足利義満は，室町幕府3代将軍(在職1368～1394年)。南北朝を合一し，幕府の全盛期を築く。明に使者を送って入貢し，日明貿易を始めるとともに，京都の北山に山荘を営み，金閣を建てた。　4　本居宣長は，江戸時代中期の国学者・歌人で，国学の大成者。伊勢(三重県)松坂の生まれ。1798年まで30余年かかって『古事記』を実証的に研究し，『古事記伝』を完成させた。　5　北里柴三郎は，明治～昭和初期の細菌学者。1885年ドイツに留学し，コッホに師事。1889年破傷風菌の純粋培養に成功し，翌年血清療法を発見した。

6　エリザベス女王(エリザベス2世)は，イギリスの女王。ジョージ6世の子。1952年即位。2022年崩御。

やや難　問2　Y(1180年10月20日)→X(1184年2月7日)→Z(1185年2月19日)。

問3　隠岐は，島根県北東部，島根半島の北方約45～90kmの日本海にある島群。島前，島後と約180の小島からなる。後鳥羽上皇，後醍醐天皇などの流刑の地として知られる。

問4　今川義元は，戦国時代の武将。駿河，遠江，三河に勢力を振るうが，1560年，織田信長と戦って桶狭間で討死。

問5　禁中並公家諸法度は，1615年，江戸幕府によって制定された法令。17条。第1条に天子(天皇)は学問を第一とすべきことを述べ，朝廷の権威に対して武家の権威を確立した基本法である。

基本　問6　『ターヘル・アナトミア』は，『解体新書』の原本で，ドイツのJ・A・クルムス著『解体図譜』のオランダ語訳書の日本における呼称。

やや難　問7　徳川慶喜は，1867年，統治権を朝廷に返上した。ただし，慶喜は政権の全面的放棄を考えていたのではなく，新政権のもとであらためて実権を掌握する構想を秘めていた。

問8　井上馨は明治時代の政治家。長州藩出身。1879年外務卿，1885年に外務大臣となり，鹿鳴館を中心に欧化政策をとって条約改正にあたったが失敗し，1887年辞職した。

問9　X：奉天会戦ではなく，日本海海戦。Y：イギリスではなく，アメリカ合衆国。

問10　X：盧溝橋事件ではなく，柳条湖事件。Y：明ではなく，清。

基本　問11　1970年に開かれた「日本万国博覧会」の通称は「大阪万博」。大阪府吹田市の千里丘陵で開かれたアジア初の万国博覧会で，基本テーマは「人類の進歩と調和」。

問12　チョルノービリ(チェルノブイリ)は，ウクライナの首都キーウ(キエフ)北方の地名。1986年，同地の原子力発電所で，炉心の融解，建屋破壊事故が起き，多数の死傷者が出たほか，欧州諸国など広い範囲に放射能汚染をもたらした。

〔3〕 (政治－時事問題，日本の政治のしくみ，国際政治など)

やや難　問1　A　マクロン(エマニュエル・マクロン)はフランスの政治家。同国第25代大統領に2017年5月14日就任。　B　沖縄返還協定が発効し，沖縄が日本に復帰したのは1972年5月15日。　C　スウェーデンは，北ヨーロッパ，スカンディナヴィア半島の東部を占める立憲王国。首都はストックホルム。　D　クアッドは，戦略的同盟を形成する日本，アメリカ合衆国，オーストラリア，インドの4か国間における会談。日米豪印戦略対話，または4か国戦略対話と訳す。　E　2022年6月9日，国連総会で，安全保障理事会の非常任理事国のうち，5か国が改選され，日本が加盟国最多の12回目の当選を果たした。なお，2番目に多いのはブラジルで過去11回。　F　G7サミット(主要国7か国首脳会議)の参加国は，ヨーロッパのイギリス，イタリア，ドイツ，フランス，北アメリカのアメリカ合衆国，カナダ，アジアの日本の計7か国である。　G　2023年のG7サミットは，5月19日～21日，広島市で開催。　H　トラス(リズ・トラス)はイギリスの政治家。同国第78代首相(在任2022年9月6日～2022年10月25日)。　I　スナク(リシ・スナク)は，イギリスの政治家・実業家。同国第79代首相。イギリス史上，初のアジア系首相。　J　鉄道敷設計画は，大隈重信，伊藤博文らが中心となって進め，1872年，新橋と横浜間に開通した。

基本　問2　NATOは，North Atlantic Treaty Organizationの略称で，北大西洋条約機構と訳す。北大西洋条約に基づき1949年に結成された西欧諸国とアメリカ合衆国，カナダの加盟する集団安全保障機構。冷戦終結後，旧東欧諸国なども加盟した。

問3　X：憲法の解釈をめぐる争いを裁く権限は，裁判所に与えられている。とりわけ最高裁判所は，最終的な判断を決定するので，「憲法の番人」とよばれる。Y：多くの場合，5回目ではなく，3回目の裁判を担当する。

やや難　問4　X：1955年ではなく，1945年。Y：1971年の国連総会で，中華人民共和国政府が中国国連代表権をもつことが決議され，中華民国政府(台湾)の代表権は否認された。

問5　X：2023年2月現在，衆議院の議員定数は465人，参議院の議員定数は248人。Y：解散という制度があるのは衆議院だけ。参議院には解散という制度はない。

やや難　問6　平等選挙は，選挙人の投票の価値をすべて平等に取り扱う制度。全員が一人1票ずつ同じ内容の選挙権を行使する場合は，平等選挙といえる。

★ワンポイントアドバイス★

〔3〕で，時事的な問題が数多く出題された。したがって，意識して新聞を読んだり，テレビのニュースを見たりする必要がある。

＜国語解答＞《学校からの正答の発表はありません。》

一　①　積　②　気象台　③　率　④　飼育　⑤　編集　⑥　垂　⑦　蒸発
⑧　地層　⑨　俳句　⑩　対処

二　問一　イ　問二　ウ　問三　どんぐり　問四　ア　問五　バスケの部活でスマートにシュートを決めるように，さりげなくキンタを勇気づける言葉を言う涼万にたちうちできないと感じている　問六　素直になれず，こそこそ様子をうかがうみじめな姿を見られるのはいたたまれない　問七　エ　問八　ウ　問九　(岳が)キンタを傷つけ後悔する中，許しを感じるキンタの対応に接し，キンタへの好意に気づく

三　問一　自分が考える友達の定義から外れているのに，SNSに登録していること。友達は「申請」してなるものではないと思っているのに，申請がくると友達として承認していること。　問二　ライブの集客に利用しているから　問三　ウ　問四　・おたがいに　・取り巻いて　問五　イ，エ　問六　ウ　問七　C　利害性　D　経済性　問八　ウ

○推定配点○

一　各2点×10　　二　問五・問六・問九　各6点×3　他　各3点×6
三　問一・問二　各5点×3　問四・問五・問七　各4点×5　他　各3点×3
計100点

＜国語解説＞

一　(漢字の書き取り)

重要　①「積」は全16画の漢字。3画目と16画目はとめる。　②「象」は全12画の漢字。6画目は，3・4画目の左右に出ない。　③「率」は全11画の漢字。6～9画目の向きに注意する。　④「飼」は

全13画の漢字。「食」ではないので気をつける。　⑤「編」は全15画の漢字。10画目を左右に出さない。　⑥「垂」は全8画の漢字。8画目の上にもう一本横画を入れた全9画の漢字にしないようにする。　⑦「蒸」は全13画の漢字。6画目は一筆で，7・8画目は2画で書く形である。　⑧「層」は全14画の漢字。「目」にしない。　⑨「俳」は全10画の漢字。「排水」の「排」と混同しないようにする。　⑩「処」は全5画の漢字。3画目は長くはらう。

二　**(物語－心情・情景，細部の読み取り，空欄補充，慣用句，記述力)**

問一　A　だれかに見つからないようにかくれた行動をとっている。直前も「すみっこ」なので，「そろそろ」と歩いているのだ。　D　振り払うように，必要もないのにわざととる行動である。踏みしめるように「ドスドス」歩いたのである。

問二　かくれて合唱の練習を見に来たのは，自分が言ったキンタへの悪口が，キンタ自身に影響が出ていないかを確かめたいからだ。聞いているとキンタの声が聞こえてこないので，間違いなくキンタがオンチと言った自分の言葉に傷ついていると思ったのだからウである。

基本　問三　似たりよったりという意味の言葉は「どんぐりの背比べ」である。

重要　問四　ソロで歌うことを指名されたキンタは結局「自分には無理，みんなに迷惑をかける」と言い出したのを聞いた岳である。「晴美の涙顔がフラッシュバック」というのは，自分のせいで，いつも明るいキンタが消極的になってしまったと考えているのだからアである。

やや難　問五　波線3の「涼万か……」は，涼万の発言が晴美を勇気づけたのだと実感した感想として名前を出している場面だ。これ以前に，涼万のことが出ているのは，先輩たちにまざってスマートにシュートを決めることに対して「羨ましい」と感じると自覚する場面である。シュートのときのスマートさと同じように，しり込みしている晴美にさりげない発言で勇気づけることができる涼万に，たちうちできないなという気持ちになっているのである。

問六　キンタを傷つけたと思っても，素直に謝ることもできず，コソコソと様子を見に来たら，自分が参加していなくてもみんなが協力してすばらしい合唱を作りあげている。その様子をうかがうようなみじめな姿を，練習後の達成感を感じているだろうみんなに見られるのはたまらなかったのである。

問七　気を紛らわそうとバスケをやっても，集中できず，だからといって，合唱の練習は，こそこそ見ているだけ，決して自分で望んだ立場にいるわけでもないのに，どこにも居場所がないような気持ちになり，「俺は何をやってんだろ」と自問しているのだからエである。

問八　やっとの思いで謝罪の言葉を口にした岳である。こっそり見ていた合唱の練習の様子から考えても，また，謝罪の言葉を聞いて「一瞬固まった」ということから考えても，晴美がまったく気にしていないわけではないことがわかる。しかし，一瞬の間をおいて，いつもどおりの晴美でいてくれているのだ。晴美の思いやりをこめた行動は目立つことが好きで明るい晴美ということでウである。

やや難　問九　岳の変容のきっかけを考えると，晴美に謝り，晴美が受け入れてくれる行動をしてくれたという出来事になる。「出来事」以前が大変長く，以降は「キンタの汗がついたタオルにうっとりしたり，想いを振り払うような行動をした」というだけだ。この点から，まず，「出来事⇒その後」をまとめる。「キンタの思いやりのある態度で自分のキンタに対する好意に気づいた」とした。これをまとめにするとなると，大変長く，いろいろな話題がつまっている前半も，キンタを傷つけて思い悩んでいた程度にしかまとめられない字数制限である。

三　**(論説文－細部の読み取り，空欄補充，記述力)**

やや難　問一　「矛盾」とは，つじつまが合わないこと。「そうした僕から～」で始まる段落と，続く「フェイスブックに～」で始まる段落にある，「僕」が考えていることと，実際の行動を比べてみる。

まず,「デジタル友達」は「僕の友達の定義には当てはまらない」と明言しているのに,ＳＮＳに登録していることが矛盾する。また,友達は「申請」してなるものではないとはっきり言っているのに,友達申請がくれば,友達として承認していることが矛盾である。

問二　直後にある「ああ,煩悩の～」に着目する。「煩悩」とは,人が生きる時に感じる苦しみの原因になるということだが,一般的にはさまざまな「欲(よく)」を指すことが多い。文中で言えば「あわよくばライブにお越し願いたい」という欲のことである。筆者はライブの告知をフェイスブックで行って,集客したいという欲があるから捨てきれないと言っているのだ。

基本　問三　「その通りだ」という気持ちを表す慣用句として「ひざを打つ」がある。

やや難　問四　「具体例を示す」という条件に注意する。エンターテイメントとは,人の心をはずませる楽しいことを指す言葉で,遊び・娯楽・余興・演芸などの意味をふくんでいる。波線3では,実際に行われているのはパーティーだが,「筆者の心をはずませるような」具体的な出来事が繰り広げられているということになる。「人間に対する興味は～」で始まる段落にあるように,「人の行動の観察」が筆者にとってはおもしろいのだから,パーティー出席者が「おたがいに深々と～」が楽しんでいることの一つだ。また,「取り巻いている人たちと取り巻かれている人との～」などがスキだと述べている。

重要　問五　「僕の場合～」で始まる段落に着目する。年齢を重ねると興味関心が確立してくるため「ストライクゾーン」が狭くなる。大人になると本当に気の合う人が少なくなると言っているので,イとエを選択する。

基本　問六　直前が「するどく」であり,本の内容に納得しているのだ。本質をしっかりとらえていることを「するどく『えぐる』」と表現する。

問七　筆者が名著だと思っている『友達の作り方』によると,友達は,偶然性,超利害性,超経済性という条件を満たしているものと定義していると紹介している。「超」であるから,利害がない,経済的関係がないということだ。仕事を通じての出会いは多少とも「利害性」・「経済性」が絡んでくるということになる。

問八　「異なもの」とは,この場合「異なったもの」や「面白みがないもの」というのではなく「不思議なもの」という意味である。したがってウを選択する。アは「不思議なもの」と表記があるが,「しっくりとはこない」が不適切。

★ワンポイントアドバイス★

物語文を一文でまとめるという設問に代表されるように,短くまとめる記述の練習をしておこう。

2022年度

★★★★★★★★★★★★★★★★★★★★★★★

入　試　問　題

2022年度

学習院中等科入試問題

【算　数】（50分）　＜満点：100点＞

【注意】 式や考え方を指定された場所に必ず書きなさい。

〔１〕 次の $\square$ に当てはまる数を入れなさい。

(1) $(77-7\times3)\div4-253\div23=\square$

(2) $12\div0.6-3.1\times3.9-14.4\div2.5=\square$

(3) $4\frac{7}{8}-3\frac{1}{4}\div2\frac{3}{5}+2\frac{1}{10}\times3\frac{4}{7}-5\frac{3}{4}=\square$

(4) $4\frac{2}{3}-\left(0.5-\square\right)+\left(1.4-1\frac{1}{9}\div4\frac{1}{6}\right)\div1.7=2$

〔２〕 次の $\square$ に当てはまる数を入れなさい。

(1) 180m離《はな》れた２本の木の間に９本の木を植えます。同じ間隔《かんかく》で植えるとき，木と木の間隔は $\square$ mです。

(2) 45人のクラスで野球とサッカーについて好きか嫌《きら》いかを調べました。野球が好きな生徒が22人，サッカーが好きな生徒が18人，両方とも好きな生徒が６人であるとき，両方とも嫌いな生徒は $\square$ 人です。

(3) 長さ $\square$ mの秒速20mで走る電車があります。長さ1260mの鉄橋を渡り始めてから渡り終わるまでに69秒かかりました。

(4) 220を割ると10余《あま》る整数は $\square$ 個あります。

〔３〕 図１は角Aが90°，角Bが60°，BCの長さが12cmの直角三角形ABCの点Aから先端《せんたん》をPとする糸を角PABが90°になるようにぴんと張った図です。図２のように反時計回りに糸をぴんと張ったまま直角三角形ABCに巻きつけていったところ，AB，BCの順に巻きついた後，AC上の点Cから６cmの点DにPが重なりました。

（図１）

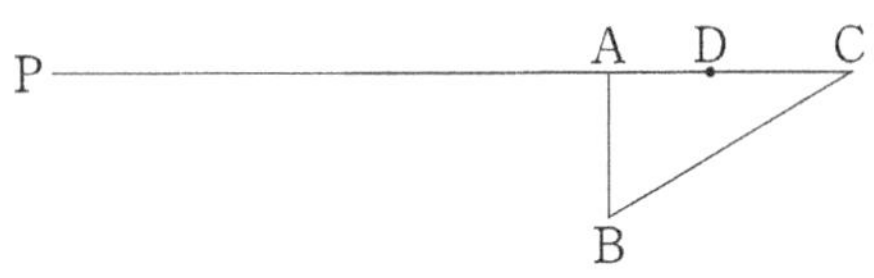

（図２）

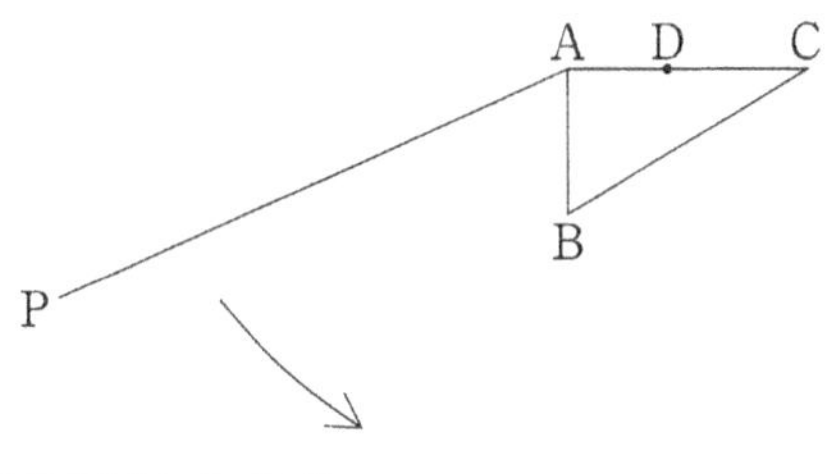

このとき，次の問いに答えなさい。ただし，円周率を3.14とします。

(1) 糸の長さ（APの長さ）を求めなさい。

(2) 糸の先端Pが通った経路の長さを求めなさい。

(3) 糸が通った部分の面積を求めなさい。

〔4〕 次のような順に分数が並んでいます。

$\frac{15}{22}$, $\frac{17}{31}$, $\frac{19}{40}$, $\frac{21}{49}$, $\frac{23}{58}$, $\frac{25}{67}$, ……

このとき，次の問いに答えなさい。

(1) 30番目の分数を求めなさい。

(2) 分母が400である分数の分子を求めなさい。

(3) $\frac{1}{4}$と等しい分数は何番目か求めなさい。

〔5〕 太郎はA地点を出発しB地点へ，学は太郎より10分遅《おく》れてB地点を出発しA地点へそれぞれ歩いて向かいました。太郎の歩く速さは毎分60mで，出発してから42分後に学と出会いました。そこで太郎は忘れ物に気づいたので，走ってA地点に戻り，すぐに走ってB地点に向かいました。学は太郎と出会った地点で5分休み，再びA地点へ向かいました。太郎がB地点に着いた時刻と，学がA地点に着いた時刻は同じでした。

下の図は，太郎が最初にA地点を出発してからの時間と太郎と学の間の距離《きょり》の関係を表したものです。

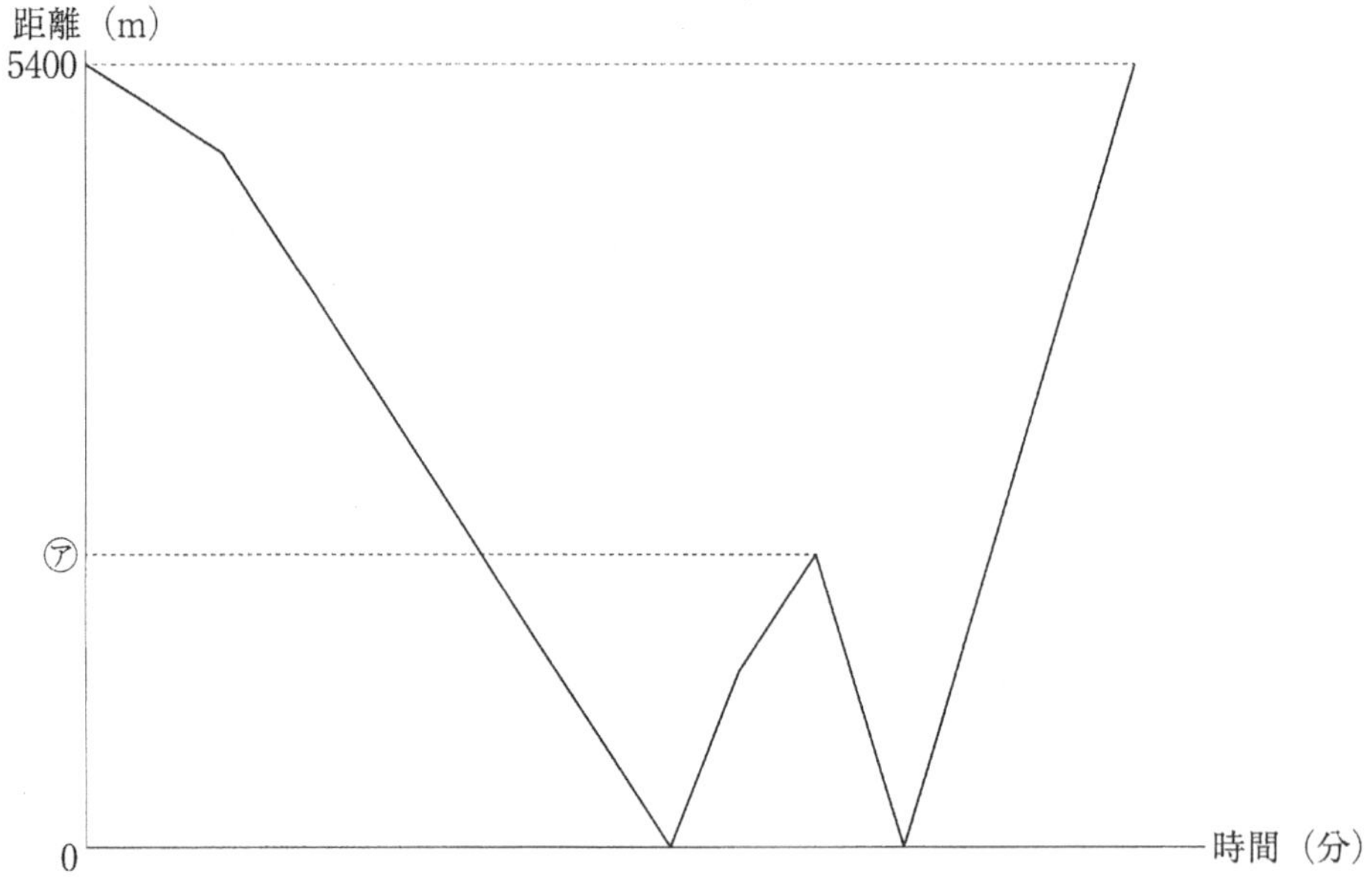

このとき，次の問いに答えなさい。ただし，学の歩く速さと太郎の走る速さはそれぞれ一定であるとします。

(1) 学の歩く速さを求めなさい。

(2) 太郎の走る速さを求めなさい。

(3) ㋐に当てはまる数を求めなさい。

〔６〕　１組から５組までの５つの野球チームが，次のようなトーナメント戦で試合を行い順位を決めます。まずくじ引きで，１組から５組までの各チームが図のＡ，Ｂ，Ｃ，Ｄ，Ｅのどこかに入ります。ｃでは，ｂで勝ったチームとＥのチームが試合をして，負けたチームを３位とします。ｄでは，ａで勝ったチームとｃで勝ったチームが試合をして，１位と２位を決めます。ｅでは，ａで負けたチームとｂで負けたチームが試合をして，４位と５位を決めます。

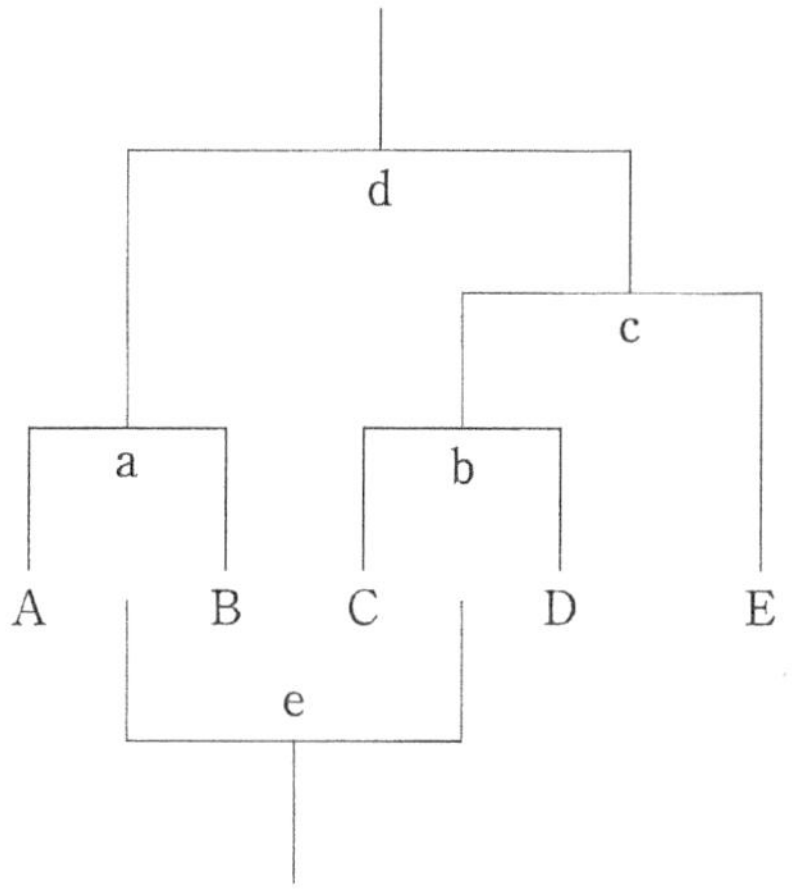

以下は，すべての試合が終わった後の各チームの選手のコメントです。

か　　い君　「５組に勝ててよかった。１組との試合も盛り上がって楽しかった。」
さかもと君　「４組と試合がしたかったな。」
むらかみ君　「３組に負けたのは残念だったけど，２回勝てたのはとてもうれしかった。」
もりした君　「むらかみ君のチームに勝ててよかった。」
や ま だ君　「僕のチームは１試合しかできなかったぞ！」

このとき，次の問いに答えなさい。

(1)　１位は誰《だれ》のチームで何組か答えなさい。

(2)　２位から５位はそれぞれ何組か答えなさい。

【理　科】（40分）　＜満点：80点＞

〔１〕 2021年中に話題になった自然科学分野の出来事について答えなさい。

①　新型コロナウイルスが体内で増しょくするのを防ぐためにいくつかのこう体を混ぜ合わせた薬ざいを体内に注入する治りょう方法を選びなさい。

ア．こう体ウイルスりょう法　　イ．こう体カクテルりょう法

ウ．こう体スパイクりょう法　　エ．こう体ワクチンりょう法

②　７月に世界初の宇宙旅行が成功しました。このとき，打ち上げから着陸まで約10分間の旅行でした。宇宙空間とはどのくらいの高度からか選びなさい。

ア．10km　　イ．100km　　ウ．1000km　　エ．10000km

③　ノーベル物理学賞を真《ま》鍋《なべ》淑《しゅく》郎《ろう》博士が受賞した理由を選びなさい。

ア．原子時計より正確な光格子《こうし》時計を発明したことについて。

イ．ネオジム磁石を開発したことについて。

ウ．気候の研究を世界に広めたことについて。

エ．気候の研究の基そとなる予測モデルを作ったことについて。

④　７月に静岡県熱海《あたみ》市で大雨にともなう災害が発生しました。どのような災害だったか選びなさい。

ア．落石災害　　イ．てい防の決かい　　ウ．津波災害　　エ．土石流災害

〔２〕 おふろあがりに手の指先を見ると，たくさんのしわができていました。うでなど他の部分はしわになっていません。不思議に思ったので本やインターネットで調べました。

人間の皮ふは，いくつかの層になっていることが分かりました。一番外側の層は，死んだ皮ふの集まりで，（　①　）。そうすると，（　②　）が大きくなります。皮ふの下の層では何も変化が起きないため，（②）に差ができてしわが生じるようです。指先だけにしわが生じるのは，（　③　）があるからです。皮ふが広がろうとした結果，（③）で広がれなくなり，しわになるそうです。

私たちが生きている間は，皮ふの水分量はおおよそ一定に保たれているそうです。暑い日やかんそうした日などでも水分が保たれるため，生きていけます。海で泳ぐと皮ふがどうなるかを考えました。海の塩分のう度は約3.5％で，私たちの体の塩分のう度は約0.9％です。自然界の原則として，のう度差をなくすため，のう度のうすい方からこい方に水が移動します。生きている間は，この効果を体が調整してくれています。これらのことから，海水浴後の皮ふは，おふろの時よりしわが少なくなるのではないかと考えました。

（問１）　文章中の（①）に最も適する文を選びなさい。

ア．そこに水分が吸収されていきます

イ．そこから水分が放出されていきます

ウ．そこに新しい皮ふがくっついていきます

エ．そこの古い皮ふからはがれていきます

（問２）　文章中の（②）に最も適する語を選びなさい。

ア．圧力　　イ．温度　　ウ．体積　　エ．のう度

（問３）　文章中の（③）に最も適する体の部分を答えなさい。

(問4)　指先のしわは，しばらくすると元通りになります。その理由を説明しなさい。

(問5)　文中の下線部のように考えた理由として最も適するものを選びなさい。

ア．海から皮ふにわずかな水分が移動するが，その量が少ないため。

イ．皮ふから海にわずかな水分が移動するが，皮ふの外側の層が水を少しは吸収するため。

ウ．海から皮ふにわずかな塩分が移動し，体の塩分のう度を保つために水分量が増えたから。

エ．皮ふから海にわずかな塩分が移動し，その分の量が減ったから。

(問6)　川に住む多くの魚は，海だと生活ができなくなり，死に至ることが多いです。その理由について，体の水の移動にふれて説明しなさい。川に住む魚の体の塩分のう度は，人間とほとんど同じです。

〔3〕 昨年のオリンピックを見ていると，高飛込（たかとびこみ）という種目がありました。プールにせり出した台から飛びこみ，水面にとう達するまでの短い時間に，ひねりや回転などの技を行います。台の高さは10mあり，ビルの3階くらいに相当します。

この台をまねて装置を作り，遊んでみました。

[遊び方]

・太さが一様で長さ1m，重さ600gの細長い板を用意する。
・底面が直径3㎝の円で，高さが9㎝の円柱の形をしたおもりを用意する。
・床に水そうを置いておく。
・図のように，机からせり出すように板を置き，手でおさえておく。
・A点（板の片方のはし）におもりを置く。
・板をおさえていた手を放す。
・おもりをそっとおし，B点（板の反対側のはし）に向けて転がす。
・おもりが板の上をゆっくりと転がっていく。
・おもりがB点を通過し，水そうに落下する。

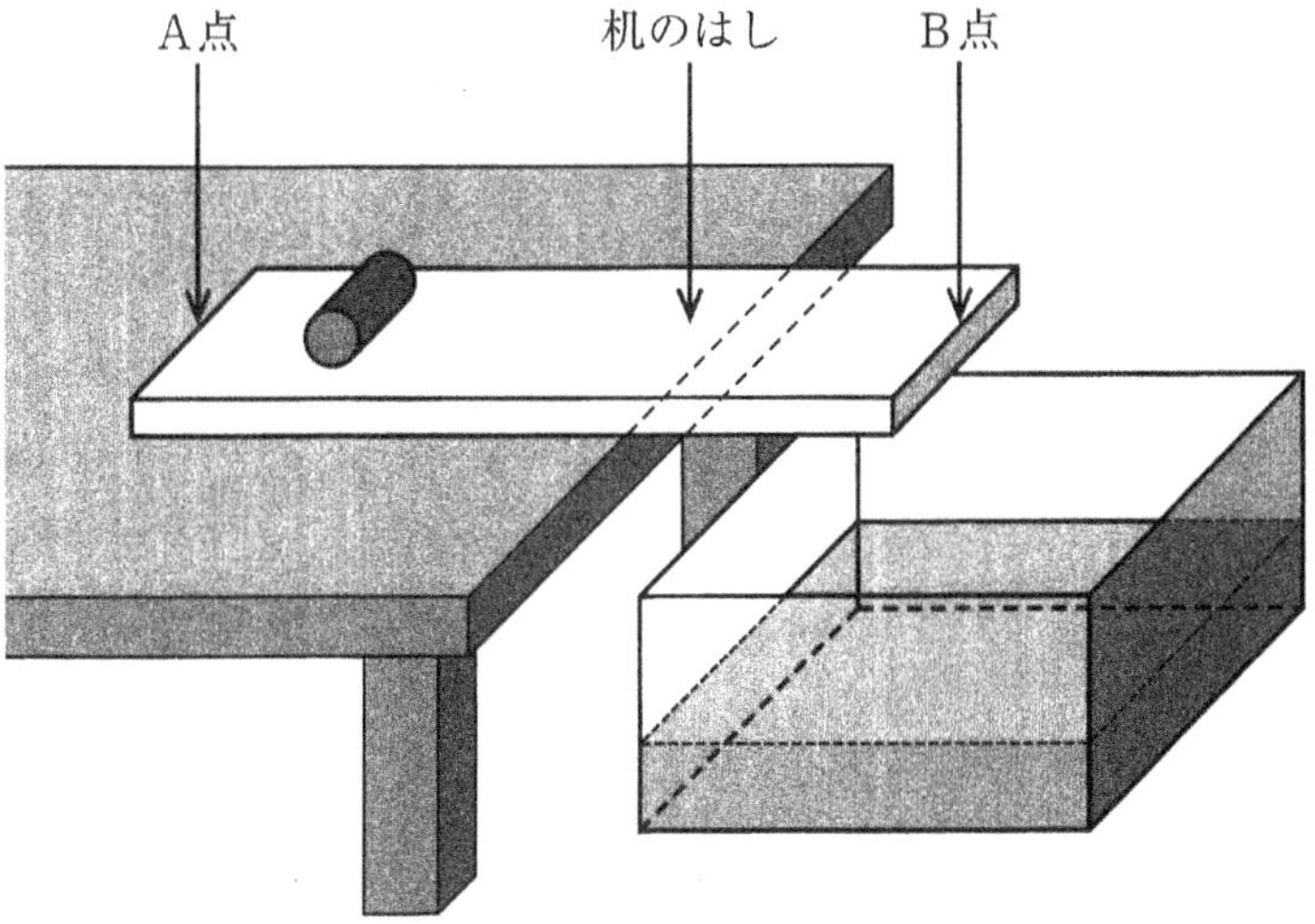

(問1)　おもりはB点から水中に落下した後，うかんできました。何回も試していると，おもりが水に入るときにできる水しぶきが，大きかったり小さかったりすることに気がつきました。オリ

ンピックの高飛込でも，大きな水しぶきができる選手もいれば，小さな水しぶきができる選手もいました。なぜこのようなちがいができるのか知りたくなり，よく観察しました。その結果，水に入るときのおもりの向きが縦だったり横だったりしていて，この向きが関係していることがわかりました。

水に入るときのおもりの向きが縦のときに比べ，横のときはどのようになりますか。最も当てはまるものを選びなさい。

ア．大きな水しぶきになり，深くしずんでから，ういてくる。
イ．大きな水しぶきになり，浅くしずんでから，ういてくる。
ウ．小さな水しぶきになり，深くしずんでから，ういてくる。
エ．小さな水しぶきになり，浅くしずんでから，ういてくる。

（問２） 机のはしからＢ点までの長さを変えて，試してみました。また，いろいろな重さの円柱の形をしたおもりを用意して，試してみました。しかし，おもりがＢ点にとう達する前に，板が机から落ちてしまうことがありました。さらに，板から手を放したとたんに，板が落ちてしまうこともありました。どのようにすればうまくいくか調べました。

表の①～④で，うまくいくかどうか調べました。板が落ちないでおもりがＢ点を通過するものには，「○」を答えなさい。板から手を放したとたんに，板が落ちてしまうものには，「×」を答えなさい。おもりが転がっていると中で板が落ちてしまうものには，板が落ちるまでの間におもりがＡ点から移動した長さを答えなさい。

（注意）答えが「○」と「×」のときは，移動した長さは答えません。

	机のはしからＢ点までの長さ（cm）	おもりの重さ（g）
①	22	400
②	44	200
③	55	300
④	66	100

（問３） 机からできるだけ長く板がせり出すようにしました。板が落ちないでおもりがＢ点を通過するときに，机のはしからＢ点までの長さを最大でどれだけにできるか調べました。結果を表すグラフ（次のページ）を選びなさい。

ア.

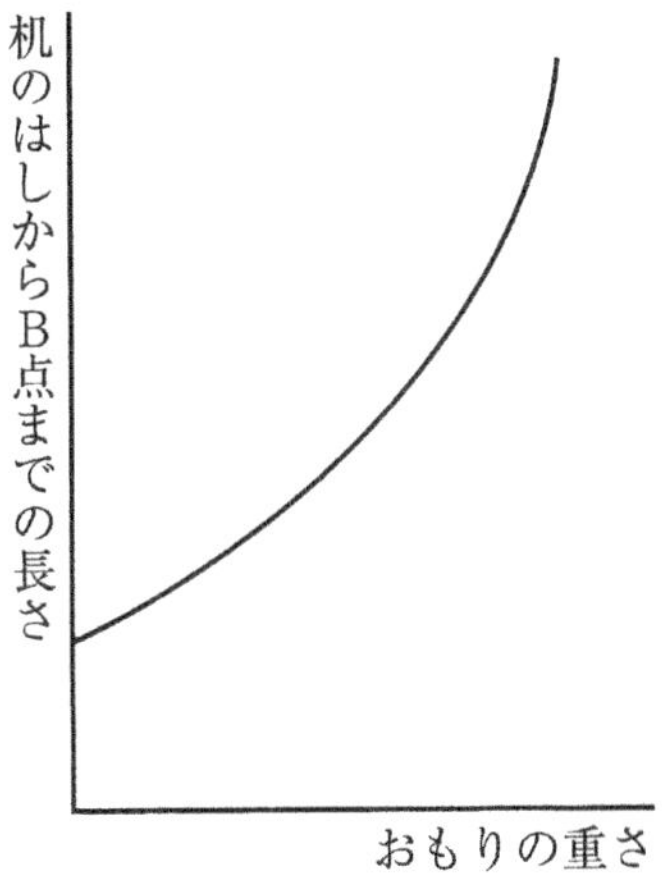

イ.

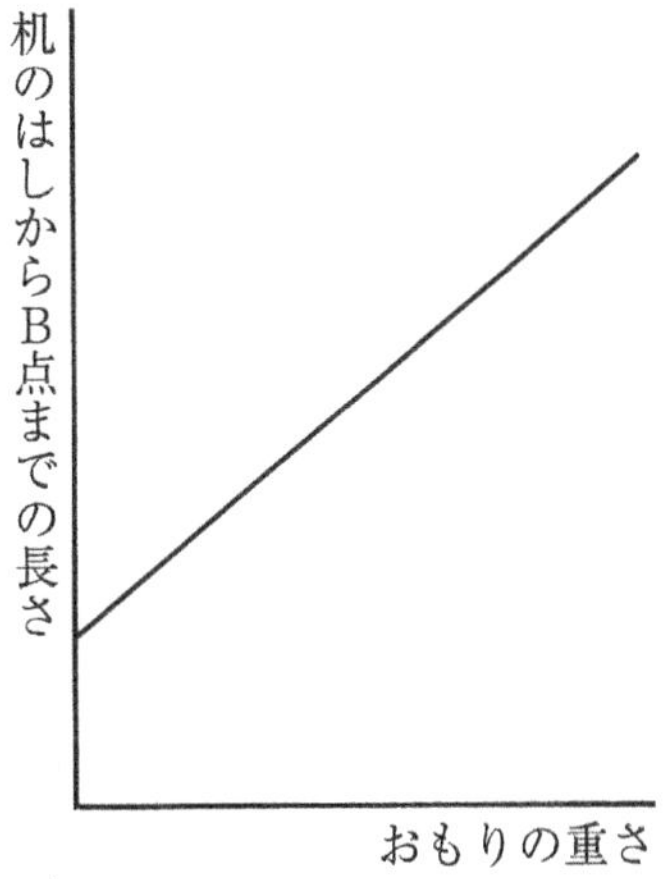

ウ.

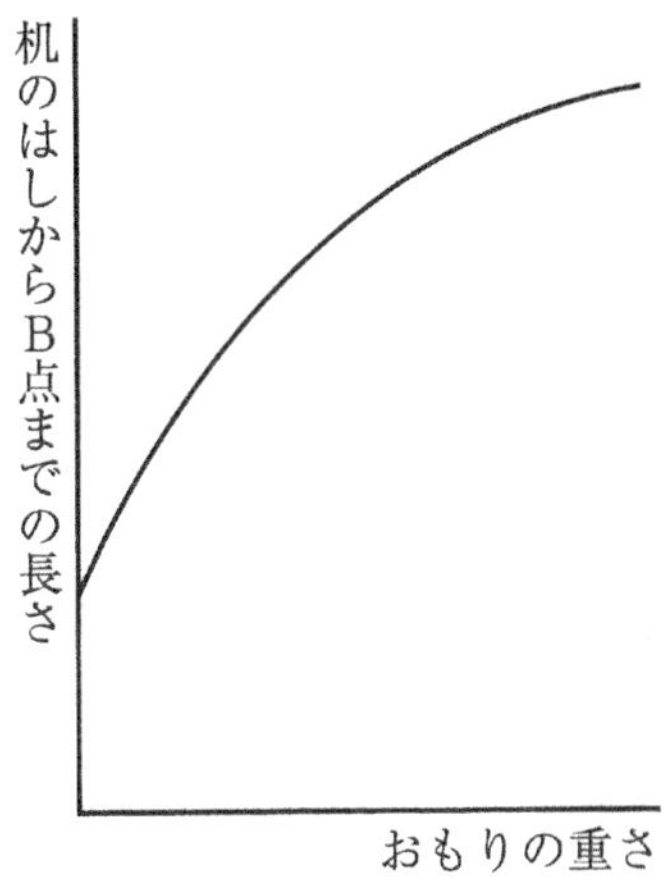

エ.

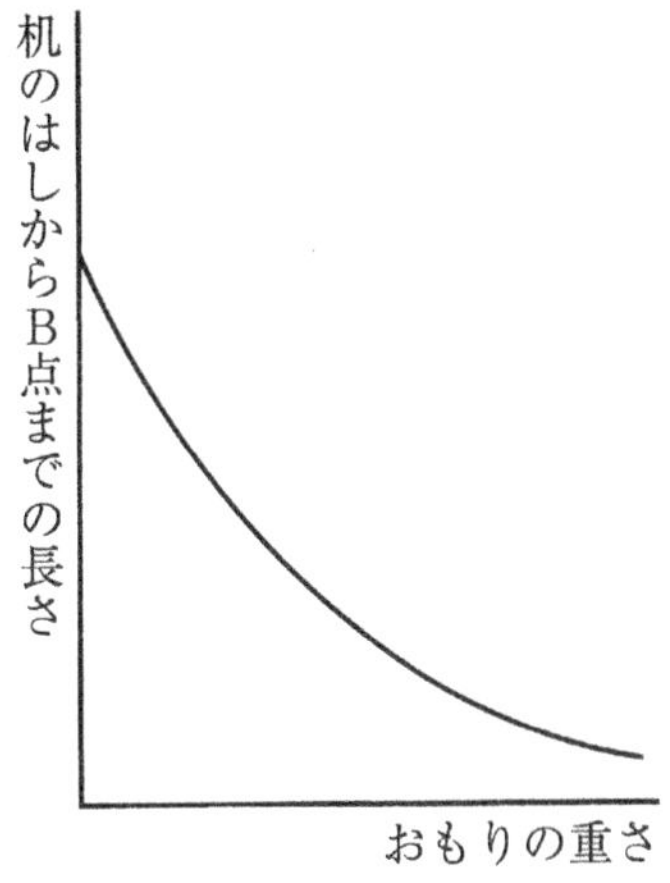

〔４〕 次は背骨がある動物の進化について書かれたものです。

最も古いものは４億年以上前に登場した魚の仲間です。魚類は水にとけた酸素を，えらを通して血液中に取りこみます。水にとけている酸素が少ないと水面に上がり口をパクパクさせているのを見ることがあります。このとき口から入った空気はうきぶくろにためられます。うきぶくろは主にうきしずみに利用されます。

3.6億年ほど前になると，カエルのような動物＝両生類へと進化したものが登場します。初期の両生類は胸びれを使ってどろの上などをはい回る魚から進化したと考えられています。両生類は幼体の時期は魚類と同じような体のつくりですが，成体になると空気にふくまれる酸素を，肺を通して血液中に取りこみます。しかし，後から作られた肺や肺呼吸のための心臓のつくりはヒトに比べて簡素なので，十分な量の酸素を体中に送ることができず，皮ふから多くの酸素を取りこんでいます。また，あしが左右２対生えてきますが，前あしは体の横に向かってついているので，はうような歩き方になります。

3.2億年ほど前になると，カメやトカゲのような動物＝は虫類へと進化したものが登場します。

は虫類には陸上で生活できるようにはじめから肺があります。肺や心臓のつくりはヒトに比べると不完全なのであまり活発に動き回れません。前あしも体の横に向かってついているので，はうような歩き方になります。

2.2億年ほど前になるとヒトのような乳をのんで育つ動物＝ほ乳類へと進化したものが登場します。ほ乳類の体内には横かくまくという仕切りがあり，胸と腹に分かれています。胸の部分は密閉されていて，肺の周りの気圧は体の周りの気圧よりも低くなっています。うでやあしの関節は動くはん囲が広く，運動する上で自由度が高くなっています。

1.5億年ほど前になると鳥の仲間へと進化したものが登場します。鳥類の肺の周りには気のうとよばれるふくろがあり，気のうから常に肺に空気が送られるため，息をはく時にも肺はしぼみません。

(問１)　肺のもととなる魚の仲間の体内の部分を答えなさい。

(問２)　両生類やは虫類の肺や心臓のつくりが簡素であったり不完全であったりすることからいえることは何ですか。最も適するものを選びなさい。

ア．体重を軽くできるので，素早い動きができる。

イ．酸素が足りないので，体温を一定に保ちにくい。

ウ．酸素が足りないので，陸上に長くいられない。

エ．体重を軽くできるので，葉の上などで生活できる。

(問３)　ほ乳類の胸の部分が気圧よりも低くなっていることからいえることは何ですか。最も適するものを選びなさい。

ア．病原きんが入りにくくなる。　　イ．息をはきやすくなる。

ウ．息を吸いやすくなる。　　エ．せきが出るのを少なくできる。

(問４)　図はいろいろな動物の心臓を表したものです。適する組み合わせを選びなさい。

A　　　　B　　　　C

ア．A魚類　　B両生類　　Cほ乳類

イ．A両生類　　B魚類　　Cほ乳類

ウ．Aほ乳類　　B魚類　　C両生類

エ．Aほ乳類　　B両生類　　C魚類

(問５)　次の①，②に関連が深いものを後から全て選びなさい。

①　前あし　　②　後あし

ア．手　　イ．つばさ　　ウ．肺　　エ．しっぽ　　オ．えら

カ．うきぶくろ　　キ．背びれ　　ク．胸びれ　　ケ．腹びれ　　コ．しりびれ

サ．あぶらびれ　　シ．尾びれ

〔5〕 地球の表面はかたい岩ばんでおおわれています。この岩ばんは1枚だけではなく，大小十数枚に分かれているそうです。このように分かつされた岩ばんをプレートとよんでいます。図1は世界にあるプレートを示したもので太線はプレート同士の境界を表しています。図2は世界で発生した比かく的大きな地しんの場所を●で示したものです。

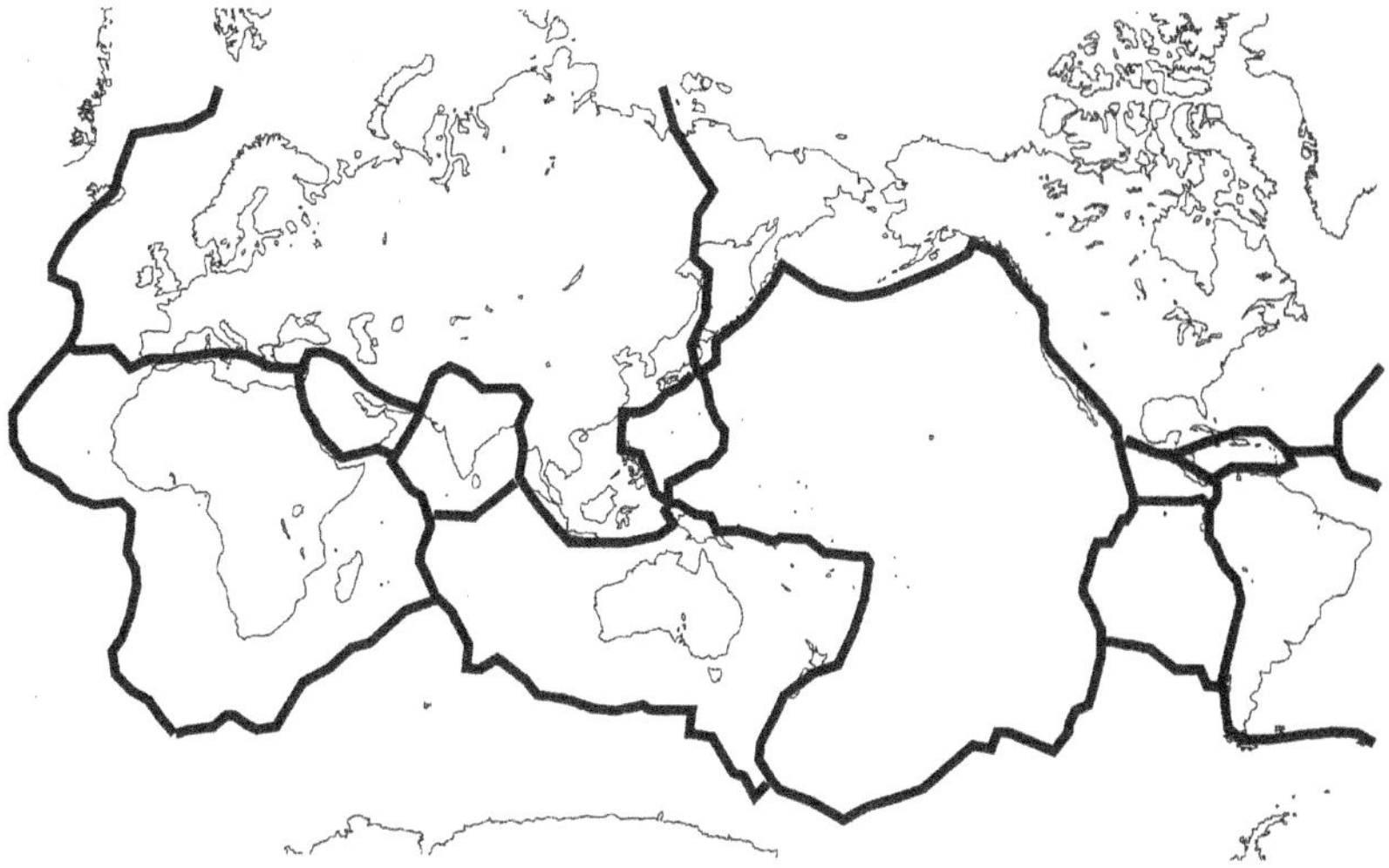

図1　世界にあるプレート

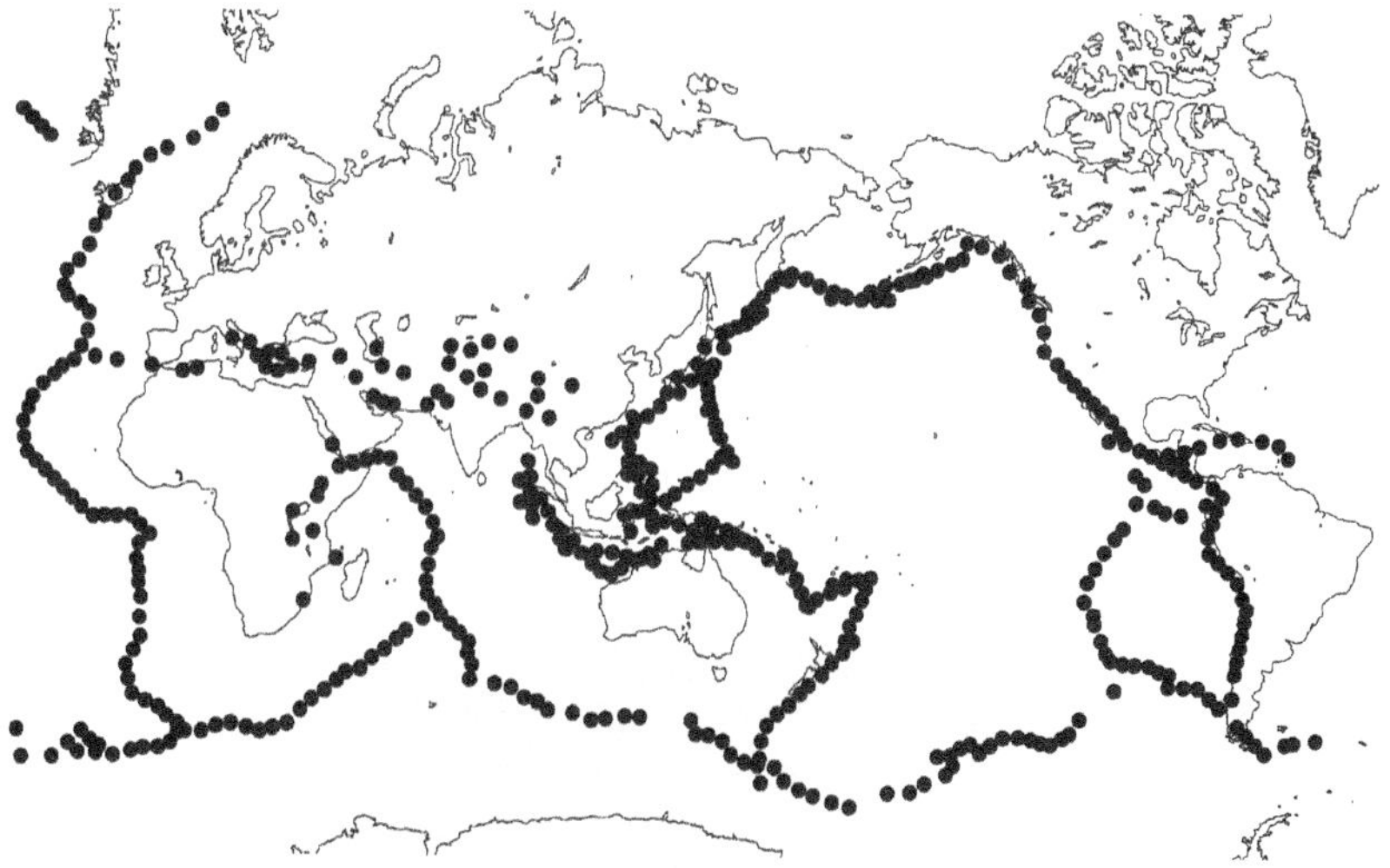

図2　世界で発生した比かく的大きな地しんの場所

(問1)　プレートのはん囲と地しんの発生場所についてどのようなことが言えますか。誤っているものを全て選びなさい。

ア．海底では地しんは発生していない。

イ．地しんの発生場所は列になっていることが多い。

ウ．地しんが発生する地域とない地域がはっきりしている。

エ．地球上で一様に地しんが発生している。

オ．小さいプレートのまわりでは地しんが発生していない。

カ．プレートの内部でも地しんが発生している。

（問２） 地しんのゆれによる災害で地ばんの液状化というものがあります。地しんのゆれで砂のつぶとつぶの間にすき間ができ，そこに地下水がわき出して地ばんが液状になる現象です。このときに下水管などがうき上がることがあります。この現象を次の材料と手順で再現するときに，下水管の代わりとしてうかび上がらせるものは何か適しているか，ア～オから全て選びなさい。また，適している理由を答えなさい。

［材料］

プラスチックの水そう，つぶのそろった砂，水，下水管の代わりのもの

［手順］

1．水そうに砂を入れる。

2．砂の量よりやや少ない水を入れ，全体をまぜる。

3．水がしみこんだ後，下水管の代わりのものを砂にうめる。

4．水そうのかべを外側から手で軽くたたいて，砂にしん動を与える。

5．液状化が発生し，砂の表面に水がしみ出してくる。

6．水といっしょに下水管の代わりのものがうくかどうかを確認する。

ア．大きさ３㎝ほどのレンズのかけら

イ．大きさ３㎝ほどのガラス製のビー玉

ウ．大きさ３㎝ほどのプラスチック製のボール

エ．大きさ３㎝ほどのベアリングボール（鉄の球）

オ．大きさ３㎝ほどの木製の球

（問３） 地しんのゆれによる災害は，地しんが発生する場所によっても異なります。「平地（内陸）の住宅地を散歩しているとき」「砂浜で遊んでいるとき」にそれぞれどのような災害が考えられますか。三つずつ選びなさい。なお，同じ記号をどちらに答えてもかまわないものとします．

ア．こう水　　イ．高潮　　ウ．液状化　　エ．がけくずれ　　オ．地割れ

カ．つ波　　キ．落石　　ク．とっぷう　　ケ．建物やブロックべいのとうかい

（問４） 図はピクトグラムといい言葉を使わずに意味を伝えるシンボル（絵文字）です。このピクトグラムは地しんによるある災害に関するものです。その意味を一つ答えなさい。

【社　会】（40分）　＜満点：80点＞

【注意】 問題に漢字で書くことが指定されていれば正しい漢字で書きなさい。

〔１〕 あとの問いに答えなさい。

問１　下の資料は，「日本の農産物の生産額の比率（％）（2018年）」を示したものです。資料の中のＡ～Ｄに最も適する農産物を以下の(あ)～(か)から一つずつ選び，記号で答えなさい。

(あ)　くだもの　　(い)　米　　(う)　花　　(え)　豆類　　(お)　麦類　　(か)　野菜

【資料】

Ａ：25.6　　Ｂ：19.2　　乳牛：10.1　　にわとり・卵：9.5

Ｃ：9.3　　肉牛：8.4　　ぶた：6.7　　Ｄ：3.7

（「農林水産省　農業総産出額及《およ》び生産農業所得」）

問２　下の表は，「日本の食品工業の工場数（30人以上の工場）・働く人の数・生産額」を示したものです。表の中のＡ～Ｄに最も適することばを以下の(あ)～(え)から一つずつ選び，記号で答えなさい。

(あ)　飲料　　(い)　砂糖　　(う)　パン・菓子《かし》　　(え)　みそ

	工場数（2018年）	働く人の数（万人）（2018年）	生産額（億円《おくえん》）（2017年）
Ａ	1488	21.6	46648
水産食料品	1124	8.6	22088
Ｂ	584	5.3	54624
肉製品	543	6.9	23976
乳製品	312	4.0	26621
野菜・くだもの・かんづめ	177	1.5	3417
精穀・製粉	133	0.9	7815
しょうゆ	49	0.4	1172
Ｃ	36	0.3	939
Ｄ	20	0.2	1649

（「経済産業省　工業統計2018」）

問３　次のページの表は，「日本の工業地帯・工業地域別の出荷額の比率（％）」を示したものです。表の中のＡ～Ｅに最も適することばを以下の(あ)～(お)から一つずつ選び，記号で答えなさい。

(あ)　北九州　　(い)　京浜　　(う)　中京　　(え)　東海　　(お)　阪神

	A	B	関東内陸	瀬戸内	C	D	北陸	京葉	E
1980年	11.7	14.1	8.4	9.7	17.5	4.4	4.0	4.6	2.7
1990年	13.6	12.4	10.3	8.2	15.7	5.0	4.0	3.8	2.4
2000年	14.1	10.7	10.0	8.0	13.2	5.5	4.2	3.8	2.5
2010年	16.6	10.3	10.0	10.1	8.8	5.5	4.1	4.3	2.8
2017年	18.0	10.2	10.0	9.6	8.0	5.3	4.3	3.8	3.1

（「経済産業省　工業統計表」）

〔２〕 下の年表を読み，以下の問いに答えなさい。

西暦《せいれき》	できごと
710年	都が平城京①にうつされる。
806年	空海②が唐《とう》から帰国する。
1053年	関白の（　1　）が宇治に平等院鳳凰堂《びょうどういんほうおうどう》を建てる。
1167年	平清盛③が武家で初めて太政大臣となる。
1232年	執権《しっけん》の（　2　）が御成敗《ごせいばい》式目（貞永《じょうえい》式目）を定める。
1334年	後醍醐《ごだいご》天皇が天皇と公家中心の政治を進める④。
1489年	足利義政⑤が東山山荘《さんそう》に銀閣を建てる。
1536年	戦国大名の伊達《だて》氏が『塵芥集《じんかいしゅう》』⑥を定める。
1603年	（　3　）が征夷《せいい》大将軍となる。
1787年	松平定信が寛政《かんせい》の改革⑦をはじめる。
1792年	ロシア使節の（　4　）が根室に来航し、通商を求める。
1824年	ドイツ人の（　5　）が長崎郊外《こうがい》に鳴滝塾《なるたきじゅく》を開く。
1868年	戊辰《ぼしん》戦争⑧がはじまる。
1873年	地租《ちそ》改正⑨がおこなわれる。
1877年	アメリカ人動物学者の（　6　）が大森貝塚の発掘《はっくつ》にとりかかる。
1925年	普通《ふつう》選挙法が成立する⑩。
1939年	ヨーロッパで第二次世界大戦⑪がはじまる。

問1　前のページの年表中の（1）~（6）に適する人物名を答えなさい。ただし，（1）~（3）は漢字で，（4）~（6）はカタカナで答えなさい。

問2　下線部①の「平城京」について，【X】【Y】の文章の正誤の組み合わせとして正しいものを以下の(ア)~(エ)から一つ選び，記号で答えなさい。

【X】桓武《かんむ》天皇が平城京に都をうつした。

【Y】平城京は唐の都長安にならってつくられた。

(ア)【X】正【Y】正　(イ)【X】正【Y】誤

(ウ)【X】誤【Y】正　(エ)【X】誤【Y】誤

問3　下線部②の「空海」が唐から伝え，開いた宗派の名前を漢字3字で答えなさい。

問4　下線部③の「平清盛」の説明として最も正しいものを以下の(ア)~(エ)から一つ選び，記号で答えなさい。

(ア)　守護・地頭を置くことを朝廷《ちょうてい》に認めさせた。

(イ)　日本と明との間の国交を樹立して，勘合《かんごう》貿易を実現させた。

(ウ)　太閤《たいこう》検地や刀狩などで全国統一をおし進めた。

(エ)　大輪田泊《おおわだのとまり》を修築し，日宋《にっそう》貿易を拡大させた。

問5　下線部④の「後醍醐《ごだいご》天皇が天皇と公家中心の政治を進める」について，鎌倉幕府の滅亡後，後醍醐天皇によって進められた政治を何というか，答えなさい。

問6　下線部⑤の「足利義政」のころの東山文化の説明として最も正しいものを以下の(ア)~(エ)から一つ選び，記号で答えなさい。

(ア)　雪舟《せっしゅう》が水墨画《すいぼくが》を大成した。

(イ)　観阿弥《かんあみ》・世阿弥《ぜあみ》親子が能を発展させた。

(ウ)　近松門左衛門が人形浄瑠璃《じょうるり》や歌舞伎《かぶき》の脚本《きゃくほん》を書いた。

(エ)　紀貫之《きのつらゆき》らが『古今和歌集』を編集した。

問7　下線部⑥の「『塵芥集』」のように，戦国大名が家臣団の統制など領国を支配するために定めた法を何というか，漢字3字で答えなさい。

問8　下線部⑦の「寛政の改革」の説明として最も正しいものを以下の(ア)~(エ)から一つ選び，記号で答えなさい。

(ア)　人返しの法を出し，農村を再建しようとした。

(イ)　幕府の学校で朱子学《しゅしがく》以外の講義を禁じた。

(ウ)　有能な人材の登用（官職などに人材を選び用いること）と支出の抑制《よくせい》（おさえること）をはかるために足高の制を定めた。

(エ)　大名が参勤交代で江戸に滞在《たいざい》する期間を半年にするかわりに，石高1万石につき米100石を幕府に納めさせる政策をはじめた。

問9　下線部⑧の「戊辰戦争」について，以下の【X】～【Z】は戊辰戦争の過程に関する事がらである。【X】～【Z】を時期の古い順に並び替《か》えたときの組み合わせとして正しいものを以下の(ア)~(カ)から一つ選び，記号で答えなさい。

【X】五稜郭《ごりょうかく》の戦い　【Y】鳥羽・伏見《ふしみ》の戦い　【Z】江戸城の無血開城

(ア)【X】→【Y】→【Z】　(イ)【X】→【Z】→【Y】

(ウ)　【Y】→【X】→【Z】　(エ)　【Y】→【Z】→【X】

(オ)　【Z】→【X】→【Y】　(カ)　【Z】→【Y】→【X】

問10　下線部⑨の「地租改正」について，地租を貨幣《かへい》で納めさせたことで政府にはどのような利点があったか，25字以内で答えなさい。ただし，句読点は1字に数えます。

問11　下線部⑩の「普通選挙法が成立する」について，このときの首相を以下の(ア)～(エ)から選び，記号で答えなさい。

(ア)　伊藤博文　(イ)　加藤高明　(ウ)　原敬　(エ)　吉田茂

問12　下線部⑪の「第二次世界大戦」中のリトアニアで，ナチス・ドイツによって迫害《はくがい》（苦しめること）されていたユダヤ人にビザ（入国許可証の役割をはたすもの）を発給し，亡命を助けた日本人外交官を以下の(ア)～(エ)から選び，記号で答えなさい。

(ア)　小村寿太郎《じゅたろう》　(イ)　杉原千畝《ちうね》　(ウ)　寺内正毅《まさたけ》　(エ)　陸奥《むつ》宗光

〔3〕　下の文章を読み，次ページの問いに答えなさい。

2021年は，東日本大震災《だいしんさい》の発生から10年の節目の年となりました。2011年3月11日，宮城県沖を震源とする巨大な地震が発生し，東北地方をはじめ日本各地に大きな被害が出ました。当時の日本政府は①自衛隊の派遣《はけん》や，（　A　）庁の設置などをおこないました。また，関係する②地方公共団体とも協力しながら多くの対応にあたりました。この（　A　）庁は当初2021年を期限として設置されましたが，さらに10年間延長して2031年まで設置されることになっています。③この震災は津波による被害が大きく，福島県の発電所も大きな被害を受けました。

2001年には，アメリカで同時多発テロが発生しました。これを受けてアメリカは，報復のための戦争を開始し，（　B　）に攻め込みました。これにより，（　B　）のタリバン政権は一時壊滅《かいめつ》しましたが，2021年8月には再びタリバンが（　B　）全土の支配を宣言し，混乱が起こりました。

1991年には，湾岸戦争がはじまりました。これは，クウェートに攻め込み占領を続けた④イラク軍と，アメリカを中心とする多国籍軍《たこくせきぐん》との間の戦争で，多国籍軍の勝利に終わりました。同じ年には（　C　）連邦《れんぽう》が解体されました。これにより，国際連合安全保障理事会常任理事国など，（　C　）連邦の役割の多くが⑤ロシアへと引き継がれました。

1971年には，アメリカのニクソン大統領がドルと金の交換《こうかん》停止を発表し，それを原因として世界経済に重大な影響《えいきょう》が出ました。ドル・ショック（またはニクソン・ショック）などと呼ばれます。これを受けて，日本においても「1ドル＝360円」で固定されていた為替《かわせ》相場が「1ドル＝308円」となりました。1973年からは変動相場制となり，⑥現在では為替相場は常に変動しています。

1951年には，日本は二つの重要な条約を結びました。一つが，日本が連合国側と結んだ第二次世界大戦の講和条約である（　D　）条約で，もう一つが（　E　）条約です。（　E　）条約によって，日本はアメリカ軍の日本駐留《ちゅうりゅう》（軍隊などが，一時的にある場所にとどまること）を認め，駐留アメリカ軍は日本の防衛や治安維持《いじ》などにあたることが決められました。その後，1960年に（　E　）条約は改定されました。

1941年にアジア太平洋戦争がはじまりました。最終的には連合国側が日本の無条件降伏《こうふく》などを求めた（　F　）宣言を発し，日本がそれを受け入れたことで，1945年（　G　）に国民に終戦を伝えるラジオ放送がおこなわれました。

問１　文中の（A）～（G）に適することば・数字を答えなさい。ただし，（A），（E）については漢字で，（B）については一般的な国名をカタカナ７字で，（C），（F）についてはカタカナで，（G）については月日を数字で答えなさい。

問２　下線部①の「自衛隊」について述べた以下の【X】【Y】の文章について，下線部のことばが正しければ「○」を，正しくなければ正しいことばを解答欄《らん》に書きなさい。

【X】自衛隊の最高の指揮監督《かんとく》権を持つのは，内閣総理大臣である。

【Y】のちに自衛隊となる警察予備隊は，ベトナム戦争をきっかけとして1950年につくられた。

問３　下線部②の「地方公共団体」とは都道府県や市区町村のことです。その「地方公共団体」について，以下の問いに答えなさい。

(1)「地方公共団体」も住民から税金を集めていますが，人口が少ないなどの理由で多くの税金が集まらないところもあります。そのような「地方公共団体」に対して足りないお金を補うために，国はどのようなことをおこなっているか，30字以内で答えなさい。ただし，句読点は１字に数えます。

(2)「地方公共団体」について述べた以下の【X】【Y】の文章について，下線部のことば・数字が正しければ「○」を，正しくなければ正しいことば・数字を解答欄に書きなさい。

【X】その地方公共団体の中だけで通用する決まりのことを政令という。

【Y】都道府県議会や市区町村議会の議員の選挙の際，投票できるのは満18歳以上の住民である。

問４　下線部③の「この震災は津波による被害が大きく，福島県の発電所も大きな被害を受けました」について，この時の津波によって特に大きな被害を受けた福島県の発電所は，どのような発電所でしたか。以下の(ア)～(エ)から一つ選び，記号で答えなさい。

(ア)　火力発電所　　(イ)　原子力発電所　　(ウ)　水力発電所　　(エ)　風力発電所

問５　下線部④の「イラク」について述べた以下の【X】【Y】の文章について，下線部のことばが正しければ「○」を，正しくなければ正しいことばを解答欄に書きなさい。

【X】イラクは極東と呼ばれる地域に位置する国である。

【Y】イラクをはじめとするアラブ諸国では，多くの人々がイスラム教を信じている。

問６　下線部⑤の「ロシア」の現在の大統領の名前をカタカナで答えなさい。

問７　下線部⑥の「現在では為替相場は常に変動しています」について，例えば為替相場が「１ドル＝100円」から「１ドル＝120円」になったとします。この場合は円高か円安のどちらになったといえますか。以下の(ア)または(イ)から選び，記号で答えなさい。

(ア)　円高　　(イ)　円安

＊慈愛…いつくしみ、かわいがるような情愛。

＊具象…はっきりとした姿、形をそなえていること。

問一　波線（1）のように筆者が考える理由を、三十字以上四十字以内で書きなさい。

問二　【A】に入る言葉として最も適当なものを次から選び、記号を書きなさい。

ア　言語は思考とあまり関係がない

イ　思考が言語に支えられている

ウ　言語は一か国語にした方がよい

エ　思考は母語によってのみできる

問三　波線（2）は、どのようなことですか。説明として最も適当なものを次から選び、記号を書きなさい。

ア　他人が言ったことを理解できずに考えがまとまらないこと。

イ　思っていたこととまったくちがうことを言ってしまうこと。

ウ　自分が何をしているのかまるでわからなくなってしまうこと。

エ　自分が考えていることを言葉でしっかりと理解できないこと。

問四　波線（3）について、筆者はなぜこのようなことをおすすめするのですか。二十字以上二十五字以内で書きなさい。

問五　【B】に入る言葉として最も適当なものを次から選び、記号を書きなさい。

ア　読解力　　イ　説得力　　ウ　表現力　　エ　理解力

問六　波線（4）の意味として最も適当なものを次から選び、記号を書きなさい。

ア　心配すること　　イ　おびえること

ウ　からかうこと　　エ　共感すること

問七　波線（5）について、このようなことを続けているとどうなってしまうと筆者は考えていますか。次の【　】に当てはまる言葉を文章中から探し、七字で書きなさい。

【　　　　　　】ができなくなってしまう。

問八　波線（6）『枕草子』「うつくしきもの」を筆者が引用した理由を、文章中の言葉を用いて二行で書きなさい。

います。それを読むうち、彼女（かのじょ）が何を「うつくし」と思っていたのか、その感性がわかってきます。

　ここでは、よりわかりやすくなるよう、改行を多く入れて読んでみましょう。

うつくしきもの。

瓜（うり）にかきたるちごの顔。

雀（すずめ）の子の、ねず鳴きするにをどり来る。

二つ三つばかりなるちごの、いそぎてはひ来る道に、いとちひさき塵（ちり）のありけるを目ざとに見つけて、いとをかしげなるおよびにとらへて、大人などに見せたる、いとうつくし。頭（かしら）はあまそぎなるちごの、目に髪（かみ）のおほへるをかきはやらで、うちかたぶきて物など見たるも、うつくし。

　最初は、瓜に描（えが）いた子どもの顔。甘（あま）くみずみずしい瓜と、あどけない子どもの顔は、ほほえましい組み合わせです。次から描写（びょうしゃ）がどんどん具体的になっていきます。

　まずは、雀の子がネズミのように鳴いてピョンピョン近づいてくる様子。

　次に、二、三歳の子どもが急いでバイバイしてくる途中（とちゅう）で小さなチリがあるのを目ざとく見つけて愛らしい指でつまんで大人に見せる様子。

　最後に、おかっぱ頭の子どもが目に髪がかぶっているのを手で払（はら）わず、そのすきまから顔を傾（かたむ）けて物を見ている様子。「頭はあまそぎなるちご」は、髪を払いあげもしないのですから、まだ幼さの残る少女でしょう。「あまそぎ」は、肩のあたりで切りそろえた尼（あま）さんのヘアスタイルですが、五、六歳の少女もこの髪型をしました。

　これらを読むと、どれも情景がうかんできます。そして、そこから清少納言の「うつくし」は、あどけない存在が一生懸命（けんめい）に何かしようとしている様子をいうと理解できます。

　順番にも注目してみましょう。雀の子、二、三歳の幼児、おかっぱ頭の少女と、小さい順に並べられているのに気づいたでしょうか。何となく列挙されているのではなく、よく考えられた文章だとわかりますね。

　この「うつくし」は抽象的な言葉です。「抽象的」とは、具体的なものごとに共通する性質を抜き出して意味内容を一般的にとらえるさま。

　この章段は、具体例をあげながら、清少納言の感性がとらえた「うつくしきもの」をあらわしています。つまり、「うつくし」のような抽象的な言葉も、具体的なものと結びつければ、自分だけの表現になるというわけです。

　たとえば、あなたが「かわいい」と感じるものを選んで、どこが、どのように、なぜ、かわいいのかを考えてみてください。清少納言にならって四つ選び、「かわいい」と思う理由をできるだけ具体的に書いてみる。そうするうちに、自分だけの感じかたが見えてきて、それをどう描くかも考えたくなるでしょう。こうやって抽象と*具象の間を行き来する中で表現力が鍛えられるのです。

（平野多恵の文章による）

*母語…生まれて最初に身につける言語。
*抽象…ある物事から要素や性質を抜き出して把握すること。
*語彙…ある言語で使われる単語の集まり。

は興奮して気を荒（あら）くする意のほか、叱（しか）るという意味もあります。「いかる」には叱る意味はありませんが、「おこる」にはない角張っているという意があり、「肩（かた）をいからせて歩く」などと使います。「むくれる」は怒ってプンとする、「ふくれる」は機嫌（きげん）を悪くして、ぷうっとした顔をする。「憤る」は恨（うら）んで怒る、そこに悲しみが加わったのが「悲憤」です。「怒り」の表現も、いろいろありますね。

　こうやって、似た意味の言葉を見ているだけでも、自分の「むかつく」の正体を考える手がかりになるのではないでしょうか。言葉が、心を育てるのです。

　言葉は今を生き抜く武器。その鍛（きた）えかたを、感情にまつわる動詞「むかつく」を例に説明しました。その力を磨（みが）くには、具体的に語ることも欠かせません。ありふれた言葉が【　B　】を持つようになるからです。

　世界の共通言語となった形容詞「Kawaii（カワイイ）」を例に考えてみましょう。Kawaiiは、日本のアニメ、ファッション、キティちゃんなどのキャラクターを通して、今や世界中で使われています。写真を共有するSNSのInstagram（インスタグラム）で、二〇二一年五月現在、「#（ハッシュタグ）かわいい」は一三一二万件、「#Kawaii」は五一一四万件もの投稿（とうこう）がヒットします。アニメ、イラスト、動物、若い女性、コスプレをする人、キャラクター商品、お菓子（かし）、お花など、色とりどりの写真がずらりと並んで壮観（そうかん）です。

　和英辞典で「かわいい」を調べると、cute, lovely, pretty, little といった単語が出てきます。一方、「#Kawaii」には、真っ黒な服に身を包んだ神秘的な人や、モンスターの絵のタトゥー、水着姿の女性なども含（ふく）まれているので、「#Kawaii」の意味する範囲のほうが広いとわかります。

　「かわいい」は、若い女の子は何を見ても「かわいい」しか言わないと(4)揶揄（やゆ）されるくらい便利な言葉です。(5)でも使いやすいからといって、それだけを連発していてよいのでしょうか。

　このひとことで、わかったつもり、言ったつもりになってしまいますが、考えないで済む、楽な言葉ばかり使っていると、武器は決して強くなりません。

　「かわいい」の先に進んで、自分なりの感じかたを知り、しっくりくる言葉をつかむには、どうしたらよいでしょうか。

　そのヒントが、千年以上前に書かれた清少納言（せいしょうなごん）の『枕草子（まくらのそうし）』にあります。国語の教科書でもおなじみの「うつくしきもの」の章段です。

　古語「うつくし」の意味を確認しておきましょう。「うつくし」は、古くは妻や子どもなど、家族へのいつくしみの情愛を意味しました。時代とともに語義が広がり、いとおしいという*慈愛（じあい）の気持ちから、幼い者や小さいもののかわいらしさ、さらには自然や物などの美一般、きちんとして整っている状態や好ましい印象のものにも使われるようになりました。意味する範囲が広く、小さくてかわいらしいものに使う点で、現代語の「かわいい」に通じますね。

　(6)『枕草子』「うつくしきもの」は、「～もの」ではじまり、様々なものごとを列挙する「物づくし」の章段です。清少納言が「うつくし」と感じるものが書き連ねられているだけですが、とても具体的に書かれて

出して傷つきたくなかったのですね。ふりかえってみると、当時のわたしには(1)目に見えない気持ちや考えを言語化する力がなかったのです。だから、人に悩みを打ち明ける勇気もありませんでした。

　自分のことなのに言葉にできないのは、なぜでしょう。

　それは、自分の気持ちがわからないからです。わからなければ言語化できるはずがありません。でも、それをなんとか表現しようと試行錯誤（さくご）する中で理解できることもあるでしょう。チャレンジする価値はあります。

　ダブル・リミテッドという言葉を聞いたことがありますか。子どもの頃（ころ）に複数の言語を使用する環境（かんきょう）で育ち、＊母語の習得が十分でない場合に、深い思考ができなくなってしまう問題です。日本で生まれ育った日本人を両親にもち、九歳（さい）の時に親の仕事の都合でアメリカにやってきて、現地で高校生になった人がいます。家では日本語、外では英語を話し、日英のバイリンガル。うらやましいと思うかもしれませんが、母語の習得が十分でないと、もう一方の言語の力も育ちにくく、日常的なことはわかっても、ものごとを深く考え抜（ぬ）いたり、＊抽象（ちゅうしょう）的で難解な問題を思考したりできなくなる場合があります。

　これは、【　A　】ことを示しています。人間は、言葉を通してものごとを考えます。だから、自分が使う言葉の範囲（はんい）をこえては思考できないのです。

　どんな言語でも、自分の言葉が確立されていないと、(2)心もぼやけてしまう。その一方で、目の前の言葉と日々格闘（かくとう）していけば、自分が育てられていくのです。

　たとえば、何かにむかついたとしましょう。自分の中に「むかつく」という言葉しかなければ、それ以上の気持ちは把握（はあく）できません。だから、気持ちを抑（おさ）えきれずにキレてしまう。＊語彙（ごい）力があれば、自分がなぜむかついたのかを分析（ぶんせき）し、どんな気持ちか伝えられるのではないでしょうか。

　「太ってるね」と人から言われてむかついた場合を考えてみましょう。スタイルのよい人から言われたのなら、その人に嫉妬（しっと）して不愉快（ゆかい）に思ったのかもしれません。太っているのを気にしていると相手が知っているなら、わざわざ言うなんてひどい、傷つけようとしていると感じて憤慨（ふんがい）したのかもしれません。そんなことを面と向かって言う人を軽蔑（けいべつ）する気持ちもあるでしょう。

　このように、なぜ「むかついた」のかを把握できたら、それを相手に伝えて、そんなふうに言わないでほしいと伝えることもできるのです。

　この時、言葉は、あなたの武器になります。では、武器をレベルアップするには、どうしたらよいでしょうか。

　(3)おすすめは、辞書、とくに類語辞典を使って語彙力を増やし、表現の幅（はば）を広げることです。まず、「むかつく」を類語辞典で調べてみましょう。「むかつく」は、「しゃくに障（さわ）る」、気に入らないことがあって腹が立つという意です。近い意味の語に、「おこる」「いかる」「気に障る」「むくれる」「ふくれる」「気色ばむ」「腸（はらわた）が煮（に）えくり返る」「腹の虫が承知せぬ」「八つ当たり」「激怒（げきど）」「憤（いきどお）る」「悲憤（ひふん）」「嘆（なげ）く」などがあります。

　「おこる」と「いかる」は、どちらも「怒る」と書きますが、「おこる」

「最後になんかいうことあるか、トール?」

それが仲直りのラストチャンスなんだって、ぼくにはわかっていた。

でもぼくは、泣きじゃくりたいのを必死におさえていった。

「べつに」

それがせいいっぱいの、ぼくの強がりだった。

ドスドス足音を立てて大樹は帰っていき、「ボクも帰る」「あたしも」と、旬や万千まで帰ってしまった。

ぼくはチョコレートケーキと、ひとりぼっちで向かい合っていた。

大仏の顔を、指でぐちゃぐちゃにした。なみだがボロボロ落ちてきて、ぼくは手づかみでケーキをむさぼった。

手はべとべとで、真っ黒で、ドロドロだった。

ぼくのウラガワは、きっとこんな感じなんだろう。

（佐藤まどかの文章による）

＊ポーカーフェイス…気持ちを表情に表さないこと。

問一　波線（1）について、「旬」は「テツヨン」をどのように思っていましたか。一行でまとめて書きなさい。

問二　【A】【B】に入る言葉として最も適当なものをそれぞれ次から選び、記号を書きなさい。

ア　ハッとした　　イ　カチンときた　　ウ　シラーッとした

エ　スカッとした　　オ　ホッとした

問三　波線（2）が表す内容を、二十字以上三十字以内で書きなさい。

問四　波線（3）とはどのような「いいかた」ですか。最も適当なものを次から選び、記号を書きなさい。

ア　これまでの関係を否定するような、失礼ないいかた。

イ　自分たちの問題点を正確に言う、するどいいいかた。

ウ　万千との考え方のちがいがはっきりする、悲しいいいかた。

エ　実際の様子と大きく異なる、おおげさないいかた。

問五　【C】に入る言葉として最も適当なものを次から選び、記号を書きなさい。

ア　どうどうと　　イ　ジロジロ

ウ　ゆっくり　　エ　おそるおそる

問六　波線（4）と考えた「ぼく」の気持ちとして最も適当なものを次から選び、記号を書きなさい。

ア　一生続く親せきという関係になったことを喜んでいる。

イ　考えたこともない親せきという表現におどろいている。

ウ　友だちなのに親せきという表現をされておこっている。

エ　親せきという変な表現を使ったのでおもしろがっている。

問七　波線（5）を「ぼく」がした理由を五十字以上六十字以内で書きなさい。

問八　この物語を「ぼく（トール）が～物語。」という一文でまとめなさい。ただし、「～」に入る言葉は三十字以上四十字以内とします。

三　次の文章を読んで、後の問いに答えなさい。

あなたは、悩（なや）みがある時、人に相談できますか?　それとも相談せずに、もしくは相談できずに一人で悩むタイプですか?

高校生のわたしは、相談できないタイプでした。相談しても、はぐらかされたり、悩んでいることを笑われたりして、真面目（まじめ）に受け止めてもらえないだろうと思っていました。要するに、自分をさらけ

「まーしょうがないよね。永遠に続くはずないんだしさ」

万千までそんなことをいった。

「……だよな」と、大樹があいづちを打つ。

「でも、今日だってこうやって会ってるんだし。たまに会いたいときに会えばいいじゃん。しゅみとかちがっても、なつかしい話もあるしさ。ボクらってさ、おたがい小さいころから知ってて、ほら、なんての、親せきみたいな感じだよね!」と、旬。

親せきだって? (4)じょうだんだろ?

頭がくらくらしていると、「親せき、ウケるー」って、万千が笑った。

はじめて、万千の笑顔をにくらしく感じた。

「ま、たまには集まろうぜ」と、大樹もうす笑いしながらいった。

なんだよ、これ。ぼくはぜんぜん笑えない。

まるでしめし合わせたみたいに、丸くおさめて解散か?

せっかくはりきって大樹の歓迎会を用意したのに、解散会なのか?

テツヨン、テツヨンってはしゃいでいたのは、ぼくだけなのか?

自分だけがテツヨンにこだわっていたことが、はずかしかった。みんなはそれぞれの方向へどんどん進んでいるのに、足踏(ぶ)みしていたのはぼくだけだった。まるで片思いみたいに、ぼくの気持ちは一方通行だったんだ。

「そうなんだ。ふーん。わかった」

ぼくは立ち上がり、かべに貼(は)ってあったテツヨンのマークをはがし、まっぷたつに引きさいた。

「おいおい、なにもやぶるこたーないだろ!」

大樹がどなった。

「なんで? 親せきづきあいに、いちいちマークなんていらないじゃん」

ぼくは*ポーカーフェイスで、ちょっとカッコつけてそういった。弱みを見せるのは、きらいなんだ。

「テツヨンは解散なんだろ? だからすてる。それだけのことだよ」

ぼくはせいいっぱい、強がって、へらへら笑った。

「ひっでえな! おまえにとって、テツヨンはたいせつな思い出じゃないのかよ?」

大樹が立ち上がった。

「ボクだって、そのマークはまだ部屋の引き出しにあるぞ」

「あたしもー」

なんだよ、こいつら。

〈引き出し〉の中に入れていたのか!

「いっとくけどさ、年寄りがなつかしむみたいなそんな思い出、いらないから。白紙にもどそう。ぼくは、今を生きてるんだから。テツヨンを解散するなら、もうこんなのいらないよ」

心にもないことをつぎからつぎへといっていた。なみだが出そうなほど悲しいのに、ぼくはふてぶてしく、マークをさらに半分に引きさいて、(5)ゴミ箱にポイっとすてた。

「見そこなったぞ! いらないなんて、よくいえたもんだ。オレたちがいっしょに過ごした年月を、白紙になんかできるわけないだろっ。もっとハートの熱いヤツだと思ってたのにさ! オレ、ムカついた。帰る! じゃな、シュン、マチ」

大樹は立ち上がって、数歩進んで部屋の入口で、ふりむいた。

はぐつぐつと煮（に）えくり返っている。長い間ずっと仲間だったのに、(3)ずいぶんないいかたじゃないか。

「まあ、たしかに、だんだん共通の話題がなくなると、正直ずっといっしょにはおられんようになるよなぁ」

と、大樹がうなずいたから、ぼくはますますムカついた。

「なんだよ、ダイキまで。テツヨンがくずれたのは、もとはといえば、ダイキのせいで」

って、うっかり口がすべってから、ハッと口をつぐんだ。

大樹がぼくをじろっと見た。

「オレのせいか」

「あっ、いや、せいじゃなくて、ダイキが引っこしたのをきっかけに、っていうつもりだったんだけど」

大樹はぼくをじーっと見ている。

「でもな、トール。自分の話は聞いてもらえん、相手の話を聞いててもつまらん、話題もしゅみもちがう、ってなったら、だんだんはなれていくもんだろ。それ、オレがいてもいなくても、同じなんじゃね？」

返す言葉がない。

たしかに、それはそうかもしれない。けど……。

「そうそう。ボクら、たがいに興味のあることがちがいすぎ、話も合わなすぎ。だからチャットも続かなくなっちゃったんだと思うな」

と、旬があいづちを打つ。

「いや、あんときはあれだろ、オレがグチばっかいってたから、おまえらイヤになったんだろ。気持ちはわかる。けどオレ、あのころマジできつくてさ、ついつい……」

「……そっか、ごめん……」と、ぼくはつぶやいた。

「あ、ぼくもわるかった。けどさ、大樹はいつも元気でえらそーで明るいやつだったから、グチとかいわれると、なんかこう、イメージダウンしちゃって、うまく受け入れられなかったんだよね」

旬が首をすくめていった。

「あたしもー。それにさ、ダイキがマジに悩（なや）んでるとは思わなかったんだよー。ごめんごめん」

万千は大樹の頭をなでなでした。昔から万千は、だれかが泣いたりおこったりすると、こうやって頭やせなかをなでるクセがある。

「なーんか、ダイキのこの頭、タワシみたーい」

なんて万千がおどけていうと、大樹は万千の手を、うっとうしそうに払（はら）いよけた。

「もうガキじゃないんだから、なでなではないだろ、マチ。とにかくさ、みんな気にすんな。おかげでオレ、グチグチいってないで、もっと今の学校になじめるようにがんばろって思ったんだ。ふっきれたっていうか、小学校と同時にテツヨン卒業って感じでさ。今じゃオレもすっかり大阪っ子だよ」

なんか大樹の「テツヨン卒業」っていう言葉に、ぼくはショックを受けた。

「卒業って……？」

ぼくは【　C　】三人を順番に見た。

「卒業っていうか、とりあえず解散かなぁ。ダイキが遠くなっちゃったんだし」

旬がいった「解散」っていう言葉に、ぼくはもっとショックを受けた。

大樹は、まるで別人だった。体つきから言葉づかいにいたるまで、なにからなにまでちがっていた。

万千と旬は「セントにダイキ?」と、疑うような目つきで大樹をじーっと見た。

「そうやて。しっかしおまえらは変わらんなーっ」

ぼくたち四人は、ろうかを無言で歩いた。

部屋に入ったとたん、ケーキを見て大樹はすごくよろこんで旬をほめた。

「めっちゃすげえやん、このチョコレートケーキ! おまえの腕(うで)、たいしたもんやなぁ」

「まあね。ザッハトルテっていうんだよ、このタイプのケーキは」

旬がそういうと、大樹は旬をひじでついた。

「オレにとっちゃ、どっちでも同じや! けど、もうこの絵みたいな大仏じゃあらへんで!」

それからごうかいに笑った。笑いかただけは、変わっていない。

大樹は、必死に大阪(おおさか)弁をマネしていたら、だんだんしゃべれるようになったらしい。でも、少し話していると、前の大樹のしゃべりかたにもどってきて、ぼくは内心【　A　】。あまりにも見かけも話しかたもちがうと、まるで別の人みたいだったから。

「で、なに、おまえら、まだ三人だけでつるんでんの?」

って大樹がいったとき、正直ちょっと【　B　】。

「っていうか……クラスも同じだし……」

ごにょごにょとぼくが答えていると、ケーキを切り分けようとしながら旬が「つるんでないよ」なんて、あっけらかんといった。

「もう公園に集まるのはやめたよ。はっきりいって、話すこともないし、遊ばずしゃべらずなら、時間のムダだし」

時間のムダだって?

と旬をにらみつけていると、今度は万千が「そうそう」なんていった。

「あたしもさ、ジャングルジムとか、ガキっぽいことやってる場合じゃなくなったしね。ま、年とったのかなあ!」

ムカーッときた。

「時間のムダとか、ガキっぽいとか、どういういいぐさだよ」

「そりゃそうだよ。楽しくないなら、家で料理の練習をしているほうがいいよ。あたりまえだろ? トールだって、ボクとただジャングルジムにすわって天気のことを話すくらいなら、一人でゲームしたり宇宙の本を読みたいだろ?」

「いや、ぼくは……」

「あたしも、もうジャングルジムとかサッカーとか、ムリ。しょうがないじゃん。トールだってさ、幼稚園のときみたいに、どろんこ遊びしたい?」

「えっ?」

そんなことを聞かれると思っていなかったぼくは、いい返せなかった。

「ほら、したくないでしょ? (2)それと同じことだよ。成長したってこと」

「いや、そりゃ遊びの内容は変わってもいいかもしれないけどさ、テツヨンの集まりは、年齢(ねんれい)関係ないだろっ」

ぼくはなるべくおちついた声で抗議(こうぎ)した。けど、腹のなか

【国　語】〈五〇分〉〈満点：一〇〇点〉

【注意】字数が決まっている問いについては、「、」や「。」も一字と数えます。

一　次のぼう線部のカタカナを漢字で書きなさい。

① なかなかメが出ない。　② 今日はケイロウの日だ。

③ 心がユタかになる。　④ 負担がケイゲンされる。

⑤ 合唱部にショゾクする。　⑥ 小さな胸をイタめる。

⑦ 基本的ジンケンの尊重。　⑧ シゲンが少ない日本。

⑨ 水不足のタイサク。　⑩ シシャ五入にする。

二　次の文章を読んで、後の問いに答えなさい。

「ぼく」（トール）・大樹（ダイキ）・旬（シュン）・万千（マチ）は、幼稚園（ようちえん）のころから仲の良い四人組で、自分たちを「テツヨン」と呼んでいました。大樹が引っこしをしてしまいましたが、小学校の卒業式後の春休みに一度帰ってくることになりました。大樹と一番仲が良かったぼくは、大樹のために歓迎（かんげい）会を開きました。

ぼくらは、大雨の日に小学校を卒業した。大樹がいないのはさびしかったけど、二日後に会えるから、あまり気にはならなかった。雷（かみなり）や雨のせいもあって、ちっとも盛りあがらない卒業式だったけど、ぼくの気分は快晴だった。

待ちに待ったその日。

午後三時。集合場所はぼくの部屋。

「おかえりダイキ！」なんて画用紙にハデな色のマジックで書いて、部屋もきれいにかたづけて、ノリのいい音楽なんかをかけて。

最初に来たのは万千。それから箱を持った旬。

「ちょっと本気出して朝から作っちゃったよ。ブラックチョコを使ったザッハトルテ」

と、旬が見せてくれたのは、黒っぽい色のチョコレートケーキ。クリームで、大仏のイラストがかいてあった。

「わ、すごっ。シュン、めっちゃうまそうじゃん。ほとんどプロみたい！」

とほめると、(1)旬がひさびさに満面の笑顔（えがお）を見せた。

こんなにうれしそうな顔をするなら、旬の料理話をもっと聞いてあげればよかったな。

そのとき、ブザーが鳴った。大樹だ！

走って玄関（げんかん）にむかえにいって、おどろいた。

大樹は、すっかり変わっていた。

たった六か月の間に、ぼくたちの大仏は、ただのスポーツ少年になっていた。まん丸かった顔が長くなって、背が高くなり、ちぢれた髪（かみ）は短くかられていた。

「ひさしぶりやなーっ！」

といいながら、大樹はくつをぬいだ。

「お、おかえり。だれかと思っちゃったよ」

ぼくはつぶやくような声でいった。

「そうやろ。オレ、三キロやせたし、背は七センチのびたんや。どうや、スマートやろ。向こうでサッカーチームに入ってん」

2022年度

解 答 と 解 説

《2022年度の配点は解答欄に掲載してあります。》

<算数解答>《学校からの正答の発表はありません。》

〔1〕 (1) 3 (2) 2.15 (3) $5\frac{3}{8}$ (4) $\frac{3}{14}$

〔2〕 (1) 18m (2) 11人 (3) 120m (4) 9個

〔3〕 (1) 24cm (2) 91.06cm (3) 838.38cm^2

〔4〕 (1) $\frac{73}{283}$ (2) 99 (3) 39番目

〔5〕 (1) 毎分90m (2) 毎分240m (3) 2025

〔6〕 (1) 誰の もりした君 組 3組

(2) 2位 1組 3位 4組 4位 2組 5位 5組

○推定配点○

〔2〕,〔6〕(1) 各6点×5 他 各5点×14(〔6〕各完答) 計100点

<算数解説>

〔1〕 (四則計算)

(1) $14-11=3$

(2) $20-12.09-5.76=2.15$

(3) $4\frac{7}{8}-\frac{5}{4}+7\frac{1}{2}-5\frac{3}{4}=12\frac{3}{8}-7=5\frac{3}{8}$

(4) $\square=\frac{1}{2}-\left(2-\frac{2}{3}\right)\times\frac{3}{14}=\frac{3}{14}$

重要 〔2〕 (植木算，割合と比，集合，速さの三公式と比，通過算，数の性質)

(1) $180\div(9+1)=18$(m)

(2) $45-(22+18-6)=11$(人)

(3) $20\times69-1260=120$(m)

(4) $220-10=210$の約数で10より大きい数…14，15，21，30，35，42，70，105，210 したがって，9個。

重要 〔3〕 (平面図形，図形や点の移動)

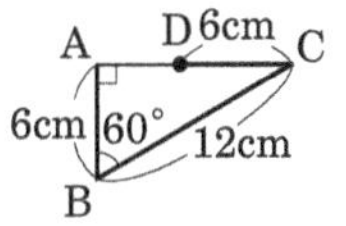

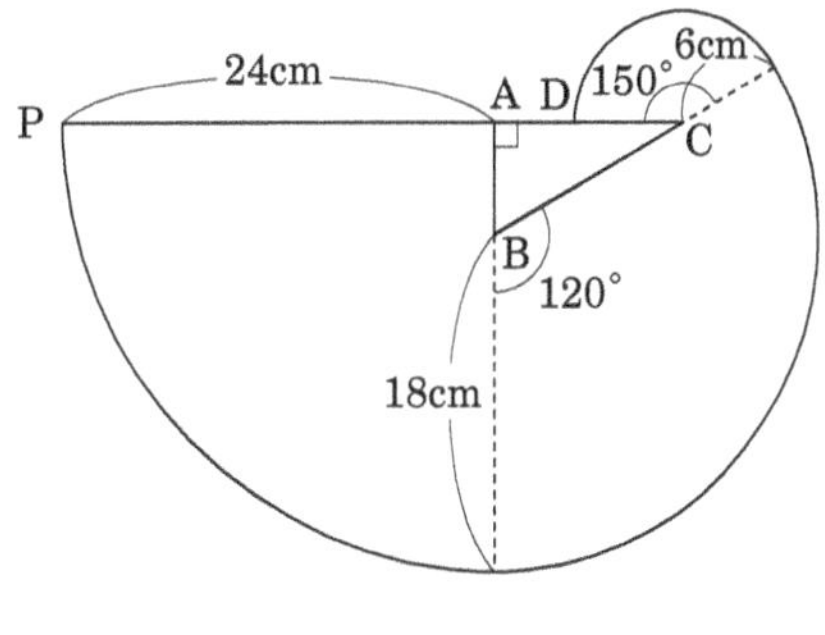

(1) 右図より，糸の長さは，
$6\times2+12=24$(cm)

(2) 右図より，$(48\div4+36\div3+12\div360\times150)\times3.14$
$=29\times3.14=91.06$(cm)

(3) 右図より，
$(24\times24\div4+18\times18\div3+6\times6\div360\times150)\times3.14$
$=267\times3.14=838.38$(cm^2)

重要〔4〕（数の性質，規則性，割合と比，消去算）

（1） 30番目の分数の分子…2×30＋13＝73　30番目の分数の分母…9×30＋13＝283　したがって，$\frac{73}{283}$

（2） (1)より，9×□＋13＝400，□＝(400−13)÷9＝43(番目)　したがって，分子は2×43＋13＝99

（3） (1)より，2×□＋13と9×□＋13が1：4のとき，2×□＋13の4倍，8×□＋52が9×□＋13に等しい。したがって，□は52−13＝39(番目)

重要〔5〕（速さの三公式と比，グラフ，割合と比）

（1） 学の分速…(5400−60×42)÷(42−10)＝(5400−2520)÷32＝90(m)

（2） 学がA地点に着いた時刻…(1)より，10＋5＋5400÷90＝75(分後)　したがって，太郎が走る分速は，(2520＋5400)÷(75−42)＝240(m)

（3） 太郎がA地点にもどった時刻…(2)より，42＋2520÷240＝52.5(分後)　したがって，(1)より，㋐は，2520−90×(52.5−47)＝2025(m)　【別解】 90×(75−52.5)＝2025(m)

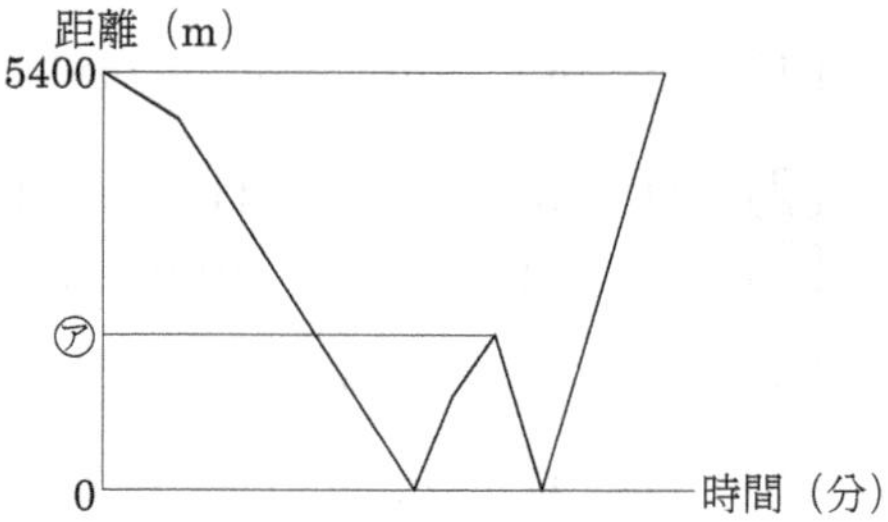

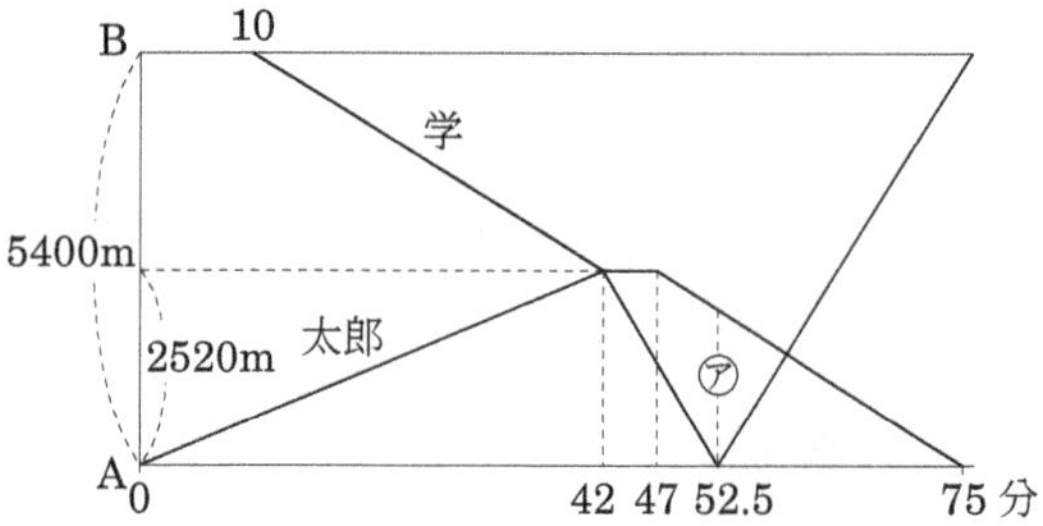

やや難〔6〕（論理・推理）

（1） むらかみ君…3回試合して決勝戦で3組に負けて2位。もりした君…むらかみ君に勝ったので3組が1位。したがって，もりした君の3組が1位。

（2） やまだ君…初戦で負けて3位。5位のチームと対戦がなく4組。かい君…5組に勝ったので4位。さかもと君…5位で5組。したがって，2位1組・3位4組・4位2組・5位5組。

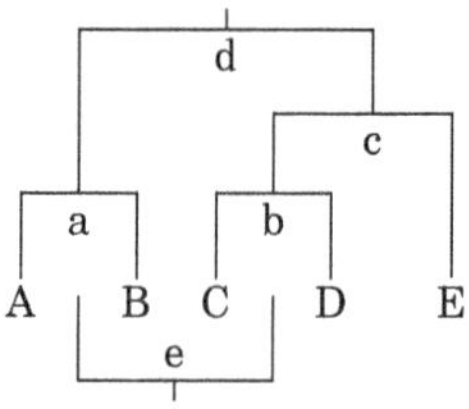

★ワンポイントアドバイス★

基本レベルの問題が並んでいるわけではないが，それほど難しいレベルの問題が出題されているわけでもない。問題をよく読み，解きやすい問題を優先することがポイントである。〔1〕・〔2〕で，全問正解することを目標にしよう。

＜理科解答＞《学校からの正答の発表はありません。》

〔1〕 ① イ　② イ　③ エ　④ エ

〔2〕 問1 ア　問2 ウ　問3 血管　問4 吸収した水分が蒸発するため　問5 イ
問6 体の中から外へ水分が移動し，体内の水分が少なくなるため

〔3〕 問1 イ　問2 ① ○　② 74cm　③ 35cm　④ ×　問3 エ

〔4〕 問1 うきぶくろ　問2 イ　問3 ウ　問4 イ　問5 ① ア，イ，ク
② ケ

〔5〕 問1 エ，オ　問2 （記号） ウ，オ　（理由） 大きさがほぼ同じなので，密度の小さいものが浮く。　問3 （平地） ウ，オ，ケ　（砂浜） ウ，オ，カ
問4 津波が来るときに，避難できるビルの位置を知らせる。

○推定配点○
〔1〕 各3点×4　〔2〕 問1，問2　各2点×2　他　各3点×4　〔3〕 各3点×6
〔4〕 問2，問3　各2点×2　他　各3点×4　〔5〕 各3点×6　計80点

＜理科解説＞

〔1〕 (環境と時事―2021年中の自然科学分野の出来事)

① いくつかの抗体を混ぜ合わせて注射する療法を，抗体カクテル療法という。

② 宇宙空間は，地表から100km以上の空間である。この空間では重力が弱まって，大気がほとんどない。

③ 真鍋淑郎博士は，気候の研究の基礎となる予測モデルを作ったことが評価されてノーベル物理学賞を受賞した。二酸化炭素の増加が与える気候への影響を，初めて物理法則に基づいて明らかにした。

④ 静岡県熱海市で降った大雨により，盛り土が崩壊して土石流が発生し死者の出る災害となった。

〔2〕 (人体―指先のしわの原因)

問1 一番外側の皮ふの層は角質層と呼ばれ，水分が吸収される。

基本 問2 水分を吸収した部分は，体積が膨張する。

問3 皮ふの下側を通る血管は水分を吸って膨張しないため，指先だけにしわができる。

問4 しばらくすると，水分が蒸発するため指先はもとに戻る。

問5 水分は塩分濃度のうすい方から濃い方に移動する。海水の塩分濃度が体内より高いので，皮ふから海にわずかに水が移動する。そのため，体内で吸収される水分が少なくなる。

問6 淡水魚(川に住む魚)は海水中では体内の水分が外に出てしまうため，水分が失われて死に至ることが多い。

〔3〕 (てこ・てんびん・滑車・輪軸―てこ)

問1 横向きの方が，水に接する面積が大きくなり大きな水しぶきが上がる。水に接する面積が大きいので，水からの抵抗力も大きくなり浅く沈んでから浮いてくる。

重要 問2 ① 机のはしを支点とするてんびんになる。板の重さは重心の位置に働く。板の長さが1mなので，重心はB点から50cmの位置になる。おもりがB点に達したとき，おもりの重さと支点からの距離をかけた値は，400×22＝8800になる。このとき，板の重さと支点から重心までの距離をかけた値は，600×28＝16800になり，8800より大きいので板が落ちないでおもりがB点を通過

する。

② おもりが机のはしから□cmだけB側にきたとき板が落ちてしまうとすると，支点(机のはし)から板の重心までの距離が50－44＝6cmなので，落ちる瞬間には600×6＝200×□ □＝18cmになる。このときおもりはA点から50＋6＋18＝74cm移動している。

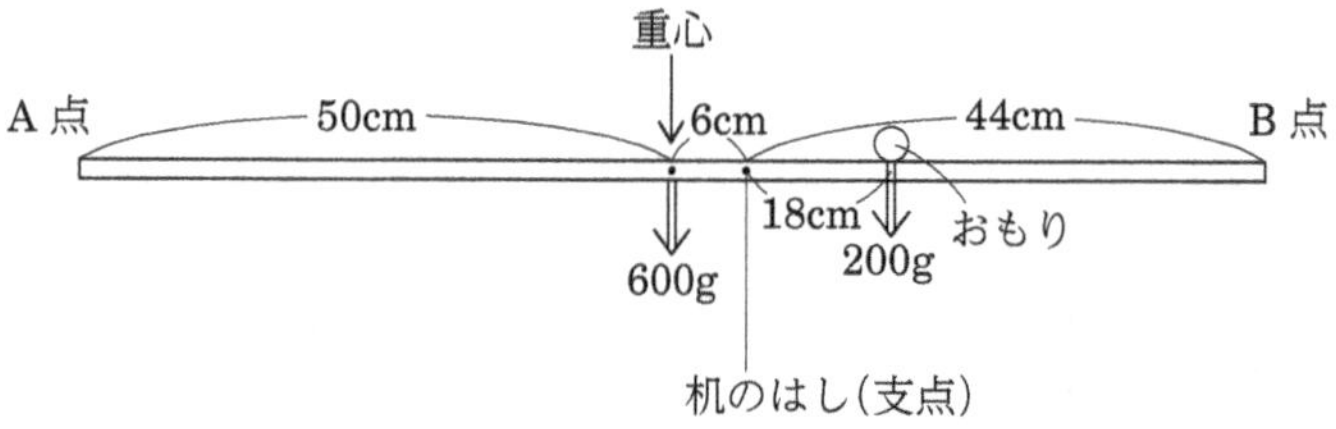

③ 机のはしからB点までの距離が50cmを越えているので，おもりが板の重心よりA点側にあるときに板が落ちてしまう。机のはしから□cmのときに板が落ちるとすると，支点から板の重心までの距離が55－50＝5cmなので，300×□＝600×5 □＝10cmである。おもりの移動距離は100－(55＋10)＝35cmである。

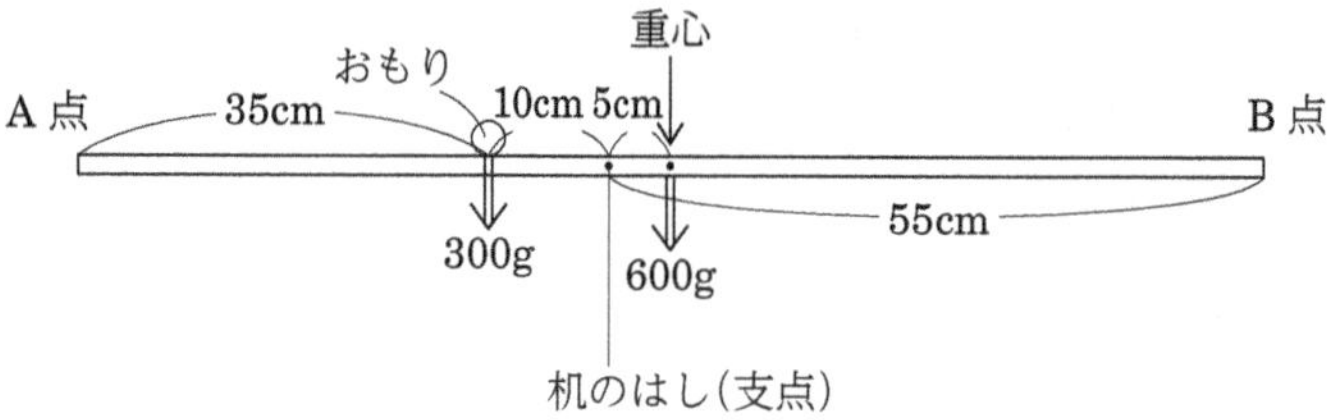

④ おもりがA点にあるとき，支点からの距離は34cmであり，支点から板の重心までの距離は16cmである。このとき，100×34＝3400，600×16＝9600であり，3400＜9600より，手を放したとたんに板が落ちてしまう。

問3 おもりの重さを大きくしていくと，机のはしからB点までの距離が短くなっていく。この関係になるのはエのグラフだけである。

〔4〕 (動物―進化と心臓のつくり)

問1 ダーウィンは「種の起源」の中で，魚のうきぶくろが肺に進化したと述べた。

問2 体温を維持するには，取り入れた食物を酸素を使って分解し，その時に発生するエネルギーを用いる必要がある。肺や心臓のつくりが簡素であったり不完全であると，十分な酸素を体内に取り入れられないので，体温を一定に保ちにくい。

問3 肺の圧力が外圧より低いので，空気を吸い込みやすくなっている。

重要 問4 魚類は1心房1心室，両生類は2心房1心室，ほ乳類は2心房2心室である。

問5 形やはたらきは異なるが，もともと同じ器官であったと思われる器官を相同器官という。

① 前足，手，つばさ，胸びれは相同器官である。 ② 後ろ足は腹びれから進化したと考えられている。

〔5〕 (流水・地層・岩石―地震)

問1 図2より，地震はプレートの境界面付近で多く発生し，海底でも発生していることがわかる。さらに，地震のよく起きる地域とあまり起きない地域があることがわかる。また，プレートのまわりでも地震が起きていることもわかる。

問2 液状化で密度の小さいものは浮かび上がる。それぞれの大きさがほぼ同じなので，密度の小さいプラスチックのボールや木製の球は浮く。

問3 平地(内陸)では，地震による地割れが生じることがある。また，造成地などでは液状化が生じることもある。さらに建物やブロック塀が倒壊する危険もある。砂浜では，津波に注意する必要がある。また，液状化や地割れの被害も考えられる。

問4　右下の絵は津波を表し，左上の建物は避難可能なビルを示す。津波が発生したときに避難が可能なビルの場所を教えるピクトグラムである。

★ワンポイントアドバイス★

取り上げられる内容が教科書で扱われるものとかなり異なり，文章をしっかり読んで考える読解力といろいろな分野の知識が求められる。

＜社会解答＞《学校からの正答の発表はありません。》

〔1〕 問1　A　(か)　　B　(い)　　C　(あ)　　D　(う)
問2　A　(う)　　B　(あ)　　C　(え)　　D　(い)
問3　A　(う)　　B　(お)　　C　(い)　　D　(え)　　E　(あ)

〔2〕 問1　1　藤原頼通　　2　北条泰時　　3　徳川家康　　4　ラックスマン
5　シーボルト　　6　モース　　問2　(ウ)　　問3　真言宗　　問4　(エ)
問5　建武の新政　　問6　(ア)　　問7　分国法　　問8　(イ)　　問9　(エ)
問10　(例)　物納と異なり，安定した財源を確保することができた。　　問11　(イ)
問12　(イ)

〔3〕 問1　A　復興　　B　アフガニスタン　　C　ソビエト　　D　サンフランシスコ平和
E　日米安全保障　　F　ポツダム　　G　8(月)15(日)　　問2　X　○　　Y　朝鮮戦争
問3　(1)　(例)　貧しい地方公共団体には多くの地方交付税交付金を配分している。
(2)　X　条例　　Y　○　　問4　(イ)　　問5　X　中　　Y　○　　問6　プーチン
問7　(イ)

○推定配点○

〔1〕　各1点×13　　〔2〕　問10　3点　　問11・問12　各1点×2　　他　各2点×14
〔3〕　問3(1)　3点　　問7　1点　　他　各2点×15　　計80点

＜社会解説＞

〔1〕 (日本の地理―日本の農業，工業)

問1　A　野菜の農業生産額に占める比率は，1980年では18.6%であったが，2018年には25.6%となっている。　B　米の農業生産額に占める比率は，1980年では30.0%であったが，2018年には19.2%となっている。　C　くだものの農業生産額に占める比率は，1980年では6.7%であったが，2018年には9.3%となっている。　D　花の農業生産額に占める比率は1.7%であったが，2018年には3.7%となっている。

やや難　問2　A・B　食品工業のうち，パン・菓子の製造業は，働く人の数がトップクラス。しかし，生産額は飲料が上回る。これは，パン・菓子の製造業は多くの人手が必要であるが，飲料は自動化が進んでいて，人手がそれほどいらないことによる。　C・D　砂糖製造業，みそ製造業は，工場数，働く人の数では大差がない。一方，生産額は砂糖製造業が多く，これに比べてみそ製造業は少ない。これは，砂糖製造業は大企業が多く，みそ製造業は中小企業が多いことを反映していると考えられる。

基本　問3　A　中京工業地帯は，豊田市を中心に自動車工業が盛ん。このため，2017年現在，工業出荷額が最も大きい。　B　阪神工業地帯は，戦前は日本最大の工業地帯であったが，戦後は伸び悩み，2017年現在，工業出荷額は中京工業地帯に次いで第2位である。　C　京浜工業地帯は，戦後長い間，日本最大の工業地帯であったが，現在は伸び悩み，2017年現在，中京工業地帯，阪神工業地帯，関東内陸工業地域，瀬戸内工業地域についで第5位である。　D・E　Eの北九州工業地域の工業出荷額はごく少なく，2017年現在，9つの工業地帯，工業地域の中で工業出荷額は最小である。残ったDが東海工業地域である。

〔2〕（日本の歴史ー年表を題材にした日本の通史）

重要　問1　1　藤原頼通は，平安時代中期の貴族で，道長の長子。後一条，後朱雀，後冷泉の三天皇52年間，摂政や関白を務めた。1053年，宇治に平等院鳳凰堂を建て，1067年に隠退した。　2　北条泰時は，鎌倉幕府第3代執権。1221年，承久の乱に際し，幕府軍の大将として上洛し，叔父時房とともに京都に攻め上り，鎮撫の後，初代六波羅探題となる。1232年，御成敗式目を制定するなど，武家政権確立につとめた。　3　徳川家康は，江戸幕府初代将軍。1603年に征夷大将軍に任命され，徳川氏を頂点とする新しい政治秩序である幕藩体制の基礎を築いた。三河国岡崎の生まれ。　4　ラックスマンは，ロシアの軍人。1792年，女帝エカチェリーナ2世の命により，通商交渉を目的に大黒屋光太夫らの漂流民を伴い，根室に来航。翌年，松前で幕吏と交渉。通商は拒否されたが，長崎入港を許可する証明書を受けて帰国した。　5　シーボルトは，江戸時代後期に日本に来日したドイツの医師・博物学者。1823年，オランダ商館の医師として長崎に来日。鳴滝塾を開いて，高野長英，小関三英らに医学などを教授，蘭学の発展に貢献した。

6　モースは，アメリカの動物学者。1877年に来日し，2年間東大で生物学を講義し，進化論を紹介した。また，大森貝塚の調査と研究を通じて，日本の考古学にも貢献した。

問2　X：平城京に都を移したのは元明天皇。　Y：平城京は，唐の長安を模倣し，東西南北に走る大路・小路によって整然と碁盤目状に区画されていた。

問3　真言宗は，9世紀の初めに空海によって伝えられた密教の一派。高野山の金剛峯寺，京都の東寺を根本道場とし，大日如来の悟りの世界を目指して即身成仏を説く。

問4　大輪田泊は神戸港の古名。奈良時代に行基がつくったといわれる五泊の一つで，のちに平清盛が日宋貿易振興のために修築工事を行い，宋船が入港できるようになった。アは源頼朝，イは足利義満，ウは豊臣秀吉。

基本　問5　建武の新政は，1334～36年にかけて，後醍醐天皇らが鎌倉幕府を倒して行った天皇親政の復古政治。しかし，武士の不満を呼び，足利尊氏の離反により3年たらずで崩壊した。

問6　足利義政は室町幕府第8代将軍(在職1449～1473年)。雪舟は室町時代中期の画僧。1467年に明に渡り，画法を学び，1469年に帰国。以後，主に山口に住み，雄大で安定感のある独自の水墨画を完成した。イは室町幕府第3代将軍足利義満(在職1368～1394年)のころ，ウは江戸時代初期，エは平安時代前期。

基本　問7　分国法は，戦国大名が領国(分国)統治のために制定した法令。御成敗式目を母法にしたものが多く，大名の家の私的な家訓がそのまま領国内の法とされた。喧嘩両成敗や大幅な連座制などが注目される。

問8　1790年，老中松平定信は，幕府の教育機関では，朱子学のみを教授することを命じ，他の学問の教授を禁止した(寛政異学の禁)。アは水野忠邦が主導した天保の改革の一つ。ウ，エは徳川吉宗が主導した享保の改革の一つ。

問9　X(1868年1月27日)→Z(1868年4月11日)→Y(1869年5月)。

重要　問10　地租改正は，明治新政府が行った土地・租税改革。政府は財源の安定をはかるため，1873

年，地租改正条例を発布し，それまでの現物年貢を改め金納とし，地租を地価の3%と決め，地主から徴収することにした。

やや難 問11　1925年，第一次加藤高明内閣のとき，いわゆる普通選挙法が制定され，納税額による制限は撤廃され，25歳以上の男子全員に選挙権が与えられた。

問12　杉原千畝は，昭和時代前期の外交官。1940年，リトアニアの首都カウナスの日本領事館領事代理のとき，ナチスの迫害を逃れたユダヤ人らに，日本通過のビザを発給。1969年，イスラエル政府から「イスラエル建国の恩人」として表彰された。

〔3〕 **(総合—戦後の歴史，日本の政治のしくみ，時事問題など)**

問1　A　復興庁は，東北地方太平洋沖地震からの復興に関する施策を司る国の行政機関。2011年6月に施行された東日本大震災復興基本法に基本方針が規定され，2012年2月に新設された。復興に関する行政事務の円滑かつ迅速な遂行をはかり，内閣官房とともに内閣を補助することを任務とする。　B　2001年10月，アメリカ合衆国，イギリスの両軍は，同時多発テロ事件の報復として，テロ組織アル＝カーイダの本拠地アフガニスタンを攻撃し，2か月でイスラム過激派のタリバン政権を崩壊させた。しかし，2021年には再びタリバン政権がアフガニスタン全土の支配を宣言した。　C　1991年8月，保守派のクーデター失敗(8月政変)を機に，ソ連共産党は解散。9月にバルト三国が独立，12月に独立国家共同体が創設され，ゴルバチョフソ連大統領が辞任して，ソ連が解体・消滅した。　D　サンフランシスコ平和条約は，1951年9月，日本と連合国48か国との間で結ばれた講和条約。明治時代以降，日本が併合した全領土の放棄，軍備撤廃，賠償金の支払いなどが定められた。日本は独立を回復したものの，沖縄，小笠原諸島などはアメリカ合衆国の施政権下におかれることになった。　E　日米安全保障条約は，1951年9月，サンフランシスコにおける講和条約調印と同時に締結された日米間の軍事的関係を規定した条約。講和後も米軍が安全保障のために日本に駐留し，また日本が基地を提供することを定めた。　F・G　ポツダム宣言は，1945年7月，ベルリン郊外のポツダムにおけるアメリカ合衆国・イギリス・ソ連の会談を機会に，アメリカ合衆国，イギリス，中華民国の名で出された日本に降伏を求めた宣言(文書)。軍国主義の絶滅，領土制限，民主化促進，日本軍の無条件降伏などを条件として列挙した。日本政府は，8月14日にこれを受諾し，翌15日に天皇のラジオ放送(玉音放送)で国民に終戦を伝えた。

やや難 問2　X：自衛隊は，日本の安全を保つための，直接および間接の侵略に対する防衛組織。内閣総理大臣が最高指揮監督権を有し，防衛省が管理・運営する。　Y：警察予備隊は，朝鮮戦争をきっかけに1950年につくられた。

やや難 問3　(1)　地方交付税交付金は，地方公共団体の一般財源として交付されている資金。財源が豊かな地方公共団体とそうでない団体との調整と，財源が不足している地方公共団体へ必要な財源を配分するために設けられた。　(2)　X：その地方公共団体の中だけで通用する決まりは条例。なお，政令は内閣が定める決まりである。　Y：現在，日本で実施される公の選挙の際，投票できるのは満18歳以上の男女全員である。

基本 問4　2011年3月11日，東日本大震災での地震と津波によって，東京電力福島第一発電所から大量の放射性物質が飛散。この事故により，土壌汚染，海洋汚染，風評被害，住民の避難など様々な問題が発生した。

問5　X：イラクは中東と呼ばれる地域に位置している。　Y：イラクをはじめとするアラブ諸国では，多くの人々がイスラム教を信仰している。例えば，イラクでは国民の96%がイスラム教の信者である(2000年)。

基本 問6　プーチンは，ロシアの政治家。KGB職員として東ドイツで勤務。ソ連崩壊後，1999年ロシア連法の首相となる。2022年2月現在，大統領の職にある。

重要　問7　「1ドル＝100円」から「1ドル＝120円」になったということは，ドルに対する円の価値が下がったということである。ドルに対する円の価値が下がることを「円安」という。

★ワンポイントアドバイス★

〔1〕で，統計資料を使った問題が出題されることが多い。よって，統計資料には，できるだけ接しておきたい。

＜国語解答＞《学校からの正答の発表はありません。》

一　①　芽　②　敬老　③　豊(か)　④　軽減　⑤　所属　⑥　痛(める)
⑦　人権　⑧　資源　⑨　対策　⑩　四捨

二　問一　(例)　テツヨンは興味のあることも話も合わないので，一緒にいても時間のムダだと思っている。　問二　A　オ　B　イ　問三　(例)　どろんこ遊びのような幼い遊びはもうしたくないということ。　問四　ア　問五　エ　問六　ウ
問七　(例)　自分だけがテツヨンにこだわっていたことがわかり，悲しさとくやしさでいっぱいだったが，みんなに弱みを見せたくなかったから。　問八　(例)　(ぼく(トール)が)友だち関係の変化を受け入れられない気持ちを抱えたまま，仲間からも孤立してしまう(物語。)

三　問一　(例)　自分の気持ちがわからず，自分の気持ちを伝える言葉が確立されていなかったから。　問二　イ　問三　エ　問四　(例)　自分の気持ちの正体を考える手がかりになるから。　問五　イ　問六　ウ　問七　自分だけの表現(ができなくなってしまう。)　問八　(例)　抽象的な言葉を具体的なものと結びつけることで表現力が鍛えられ，自分なりの感じかたやしっくりくる言葉をつかむヒントになるから。

○推定配点○
一　各2点×10　二　問一・問三・問八　各6点×3　問七　10点　他　各3点×5
三　問一・問四　各6点×2　問八　10点　他　各3点×5　計100点

＜国語解説＞

一　(漢字の書き取り)

①の音読みは「ガ」。熟語は「発芽」など。②は老人を敬って大切にすること。③の音読みは「ホウ」。熟語は「豊作」など。④は減らして軽くすること。⑤はある団体や組織にその一員として加わっていること。⑥の「胸を痛める」はひどく心配すること。⑦の「基本的人権の尊重」は日本国憲法の三原則の一つ。⑧の「源」の部首は「氵(さんずい)」であることに注意。⑨はある状況に対応するための方法や手段。⑩の「四捨五入」は端数の最初の位が四以下のときは切り捨て，五以上のときは切り上げること。

二　(小説一主題・心情・情景・細部の読み取り，空欄補充，記述力)

問一　この後，大樹が加わった場面で，テツヨンについて「『つるんでないよ』『……話すこともないし，……時間のムダだし』」と旬が話していることをふまえ，テツヨンに対する旬の心情を説

明する。

基本 問二　Aには安心した様子を表すオ，Bには腹が立ったことを表すイが入る。

問三　波線(2)は「『幼稚園のときみたいに，どろんこ遊び』」を「『したくないでしょ？』」と同じことだということなので，これらの万千のせりふをふまえて指定字数以内にまとめる。

問四　波線(3)は，万千たちがテツヨンを否定するようなことを言うことに対するものなのでアが適当。「ずいぶんないいかた」＝失礼な，ひどいいいかたであることを説明していない他の選択肢は不適当。

問五　Cには不安などを感じてこわがりながら行う様子を表すエが入る。

問六　テツヨンを「『親せきみたいな感じ』」と言われて，「ぼく」は波線(4)のように思い，(4)後でも「『親せき，ウケるー』」と笑う万千を「にくらしく感じ」ていることから，ウが適当。おこっていることを説明していない他の選択肢は不適当。

やや難 問七　自分だけが「テツヨンにこだわっていたこと」がわかったこと，「泣きじゃくりたいのを必死におさえて」いること，「弱みを見せるのは，きらい」なこと，こうしたことが理由で，「ぼく」はテツヨンのマークを波線(5)のようにしているので，(5)前後で描かれている「ぼく」の心情をふまえて説明する。

重要 問八　この物語は，テツヨンに対する思いが違うことで，「ぼく」と他の三人の関係も今までとは違うものになっているが，そうした友だち関係の変化を「ぼく」は受け入れられないまま，三人からも孤立してしまうことが描かれている。テツヨンの「ぼく」と他の三人との関係に着目してまとめる。

三　**(論説文一要旨・大意・細部の読み取り，空欄補充，ことばの意味，記述力)**

問一　波線(1)の理由として(1)後で，「自分の気持ちがわからないから」であること，さらに後で「自分の言葉が確立されていないと，心もぼやけてしまう」ことを述べているので，これらの内容を指定字数以内にまとめる。

問二　A直後で「人間は，言葉を通してものごとを考えます」と述べていることからイが適当。A直後の内容をふまえていない他の選択肢は不適当。

問三　「自分の言葉が確立されていないと」波線(2)になる，ということなのでエが適当。(2)のある文脈をふまえていない他の選択肢は不適切。

問四　「こうやって，……」で始まる段落で，波線(3)の結果として，「自分の『むかつく』の正体を考える手がかりになるのではないでしょうか」と述べているので，この段落内容を(3)の理由として指定字数以内にまとめる。

問五　B前までで，相手に伝える言葉をレベルアップするための方法を具体的に述べていることから，Bには相手を納得させたり受け入れさせたりする力という意味のイが適当。

基本 問六　波線(4)は，からかい，あざけること。

重要 問七　波線(5)以降で『枕草子』の「うつくしきもの」の章段を引用しながら，(5)の問題提起に対する筆者の考えを述べていることから，【　】には「この章段の……」で始まる段落の「自分だけの表現」が当てはまる。

やや難 問八　「自分なりの感じかたを知り，しっくりくる言葉をつかむ」ためのヒントとして『枕草子』の「うつくしきもの」の章段を引用しており，最後の2段落で，「『うつくし』のような抽象的な言葉も，具体的なものと結びつければ，自分だけの表現になる」こと，「抽象と具象を行き来する中で表現力が鍛えられる」ことを述べているので，これらの内容を『枕草子』の「うつくしきもの」を筆者が引用した理由としてまとめる。

★ワンポイントアドバイス★

小説では，登場人物の心情の変化を，その根拠とともに読み取っていこう。

2021年度

入　試　問　題

2021年度

2021年度

学習院中等科入試問題

【算　数】（50分）　＜満点：100点＞

【注意】 式を必ず指定された場所に書きなさい。

〔1〕 次の □ に当てはまる数を入れなさい。

(1) $(17\times9-21)\div12+15\times134=\square$

(2) $1.5\times2.4-1.33\div0.7+16\times0.6=\square$

(3) $4\frac{7}{12}\times3\frac{3}{11}-2\frac{1}{3}-3\frac{1}{2}+2\frac{5}{9}\div3\frac{1}{15}=\square$

(4) $\left(\frac{5}{7}-0.5\right)\times2\frac{1}{3}-\left(\square\div3.5-\frac{1}{7}\right)\times2\frac{4}{5}=0.3$

〔2〕 次の □ に当てはまる数を入れなさい。

(1) あめを何人かの子どもに分けます。1人に7個ずつ分けると30個余《あま》り，1人に10個ずつ分けても6個余るとき，あめは □ 個あります。

(2) 今，太郎と父の年齢《ねんれい》の和は51歳《さい》です。7年後に父の年齢が太郎の年齢の4倍になります。今の太郎の年齢は □ 歳です。

(3) 40人のクラスの算数のテストの平均点は73.2点です。そのクラスの男子の平均点が72点，女子の平均点が75点であるとき，男子の人数は □ 人です。

(4) A君1人では9日，A君，B君2人では6日かかる仕事があります。この仕事をB君1人ですると，□ 日かかります。

〔3〕 4桁《けた》の整数を3つの数12，18，42で割るとき，次の問いに答えなさい。

(1) これらのどの数でも割り切れる4桁の整数のうち，最も小さいものを求めなさい。

(2) これらのどの数で割っても1余《あま》る4桁の整数のうち，最も大きいものを求めなさい。

(3) 12で割ると11余り，18で割ると17余り，42で割ると41余る4桁の整数のうち，5000に最も近いものを求めなさい。

〔4〕 次のページの図は，半径が3㎝の円を6つと，半径が6㎝の円を1つ組み合わせたものです。

このとき，次の問いに答えなさい。ただし，円周率を3.14，1辺が3㎝の正三角形の高さを2.59㎝とします。

(1) 図1の斜《しゃ》線をつけた部分の周の長さの和を求めなさい。

(2) 図1の斜線をつけた部分の面積の和を求めなさい。

(3) 図2の影《かげ》をつけた部分の面積の和を求めなさい。

図1

図2

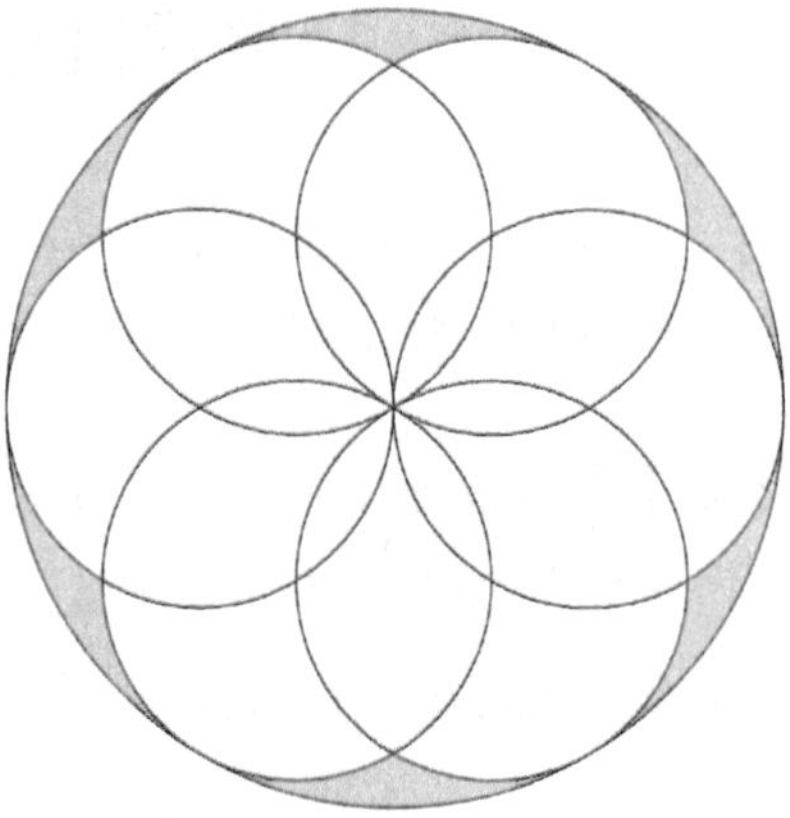

〔5〕 太郎と一郎の家は2㎞離《はな》れています。ある日，2人はそれぞれの家を結ぶ一本道の途《と》中にある公園で会うことにしました。太郎が出発してから6分後に一郎が出発し，その12分後に2人は同時に公園に着きました。何分か公園で2人で過ごした後に，2人は同時に公園を出発して，行きとは異なる速さでそれぞれの家に帰りました。

下の図は，この時の2人の様子を表したものです。

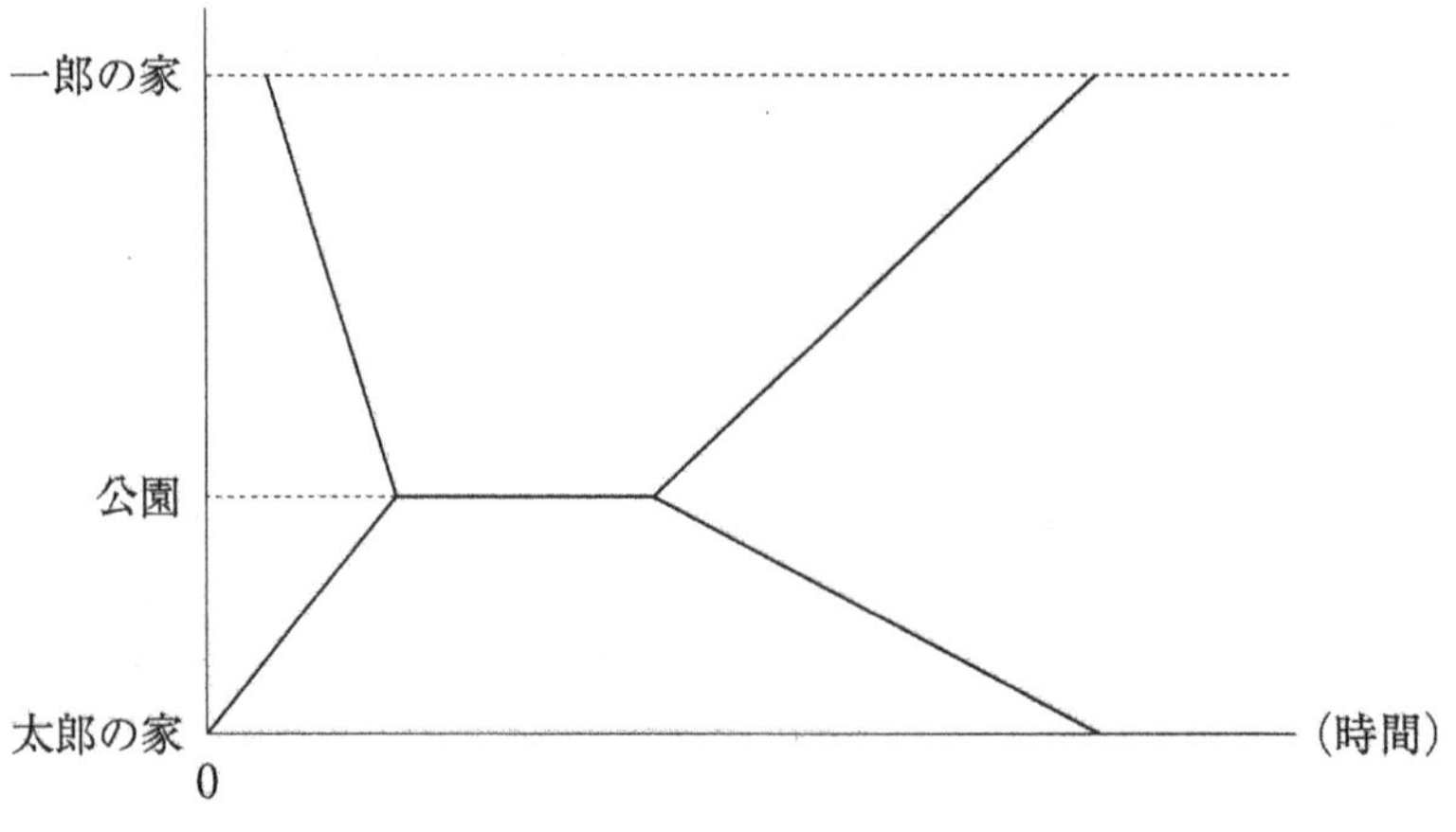

このとき，次の問いに答えなさい。ただし，2人の行きと帰りの進む速さはそれぞれ一定であるとし，行きの太郎の進む速さは行きの一郎の進む速さの$\frac{3}{8}$倍とします。

⑴ 太郎の家から公園までの距離《きょり》を求めなさい。

⑵ 一郎の行きに進む速さは毎時何㎞か求めなさい。

⑶ 帰りは2人同時にそれぞれの家に着きました。このとき，帰りの太郎の進む速さは帰りの一郎の進む速さの何倍であるか求めなさい。

〔6〕 1から4までの数字が書かれた4枚のカードをA，B，C，Dの4人に1枚ずつ配りました。配られたカードの数字を自分以外の3人にだけ見えるように持ったところ，A，B，Cの3人がそれぞれ次のように言いました。

A「僕から見える３枚のうち，奇数のカードは１枚だけだ。」

B「僕から見える３枚のうち，Cのカードの数が１番大きい。」

C「僕から見える３枚のうち，Dのカードの数が１番大きい。」

このとき，次の問いに答えなさい。

(1)　A，B，Cの３人が本当のことを言っているとき，４人のカードの数を答えなさい。

(2)　D「僕から見える３枚のうち，Bのカードの数が１番小さい。」

今，Dは本当のことを言っています。また，A，B，Cの３人のうち，２人がうそをついていて，1人だけが本当のことを言っています。A，B，Cのうち，本当のことを言っているのは誰か答えなさい。さらに，このときの４人のカードの数も答えなさい。

【理　科】（40分）　＜満点：80点＞

〔１〕 次は2020年に話題となった自然科学分野の出来事です。

① ノーベル化学賞2020の授賞理由として適切なものを選びなさい。

ア．ゲノムの編集方法を発見　　イ．DNAの編集方法を発見

ウ．染色体の編集方法を発見　　エ．遺伝子の組換《くみか》え方法を発見

② 新型コロナウイルスの検出にPCR検査が利用されています。かん者の体内にいる新型コロナウイルスのＤＮＡ量だと検出が難しいのですが，PCR検査ではウイルスのDNAにある工夫をすることで検出できるようにしています。その工夫として最も適切なものを選びなさい。

ア．形成　　イ．切断　　ウ．増幅《ぞうふく》　　エ．培養《ばいよう》

③ ７月に千葉《ちば》県習志野《ならしの》市で空からの落下物が話題となりました。その落下物を選びなさい。

ア．隕石《いんせき》　　イ．彗星《すいせい》　　ウ．人工衛星　　エ．巨大な風船

④ ９月に数か国の研究チームによって，金星の大気に生命が存在する物質を発見したと発表されました。その物質を選びなさい。

ア．酸素　　イ．水蒸気　　ウ．アミノ酸　　エ．ホスフィン

〔２〕 私たちの体に塩分は欠かせません。塩分は地表や地中，海にふくまれています。地表や地中では塩分が得られやすい場所とそうでない場所があるようです。自由研究で，海水から採れる塩の量に地域差があるかを知るために，海水から塩を得る方法を調べて実験をしました。まず，海水をろ過しました。ろ過した海水をなべに移し，強火でかき混ぜながらにつめました。海水の量が10分の１程度になったら，再びろ過を行いました。ろ過した海水をなべにもどしてにつめました。結しょうが出始めたら火を弱め，水分がなくなる前に加熱をやめ，ろ過しました。ろ紙を広げて天日干しにすると塩が回収できました。表は，取ってきた５地点の海水の量と回収できた塩の量です。

地点	A	B	C	D	E
海水[g]	100	250	500	300	50
回収した塩[g]	3.2	①	16	9.3	1.7

（問１） 下線部を行った理由を答えなさい。

（問２） 右図のろ過のしかたで，誤っているところが一か所あります。どのようにすれば正しくなるか答えなさい。

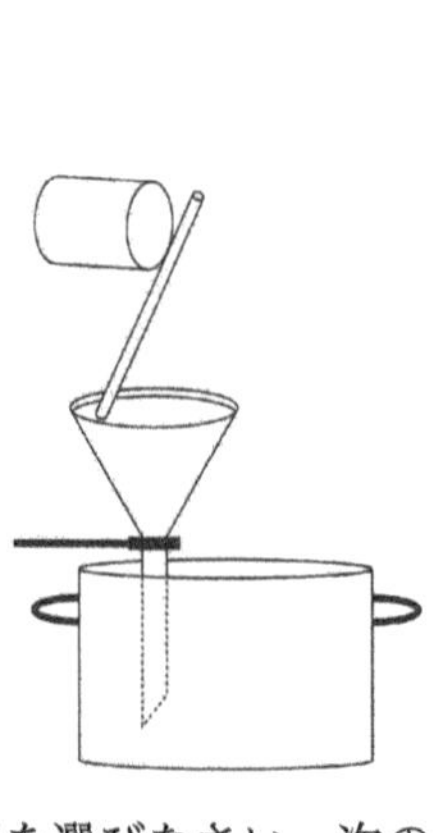

（問３） なべの中での結しょうのでき方として，最も正しい様子を表した図を選びなさい。次のページの図中の✦は，現れた結しょうです。

ア.

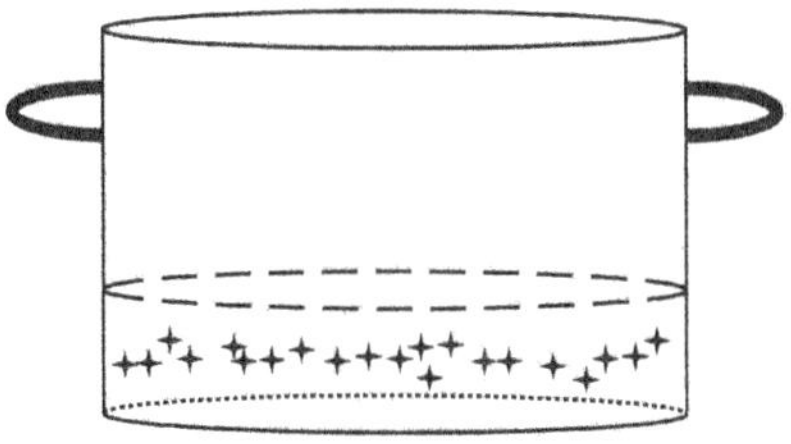

イ.

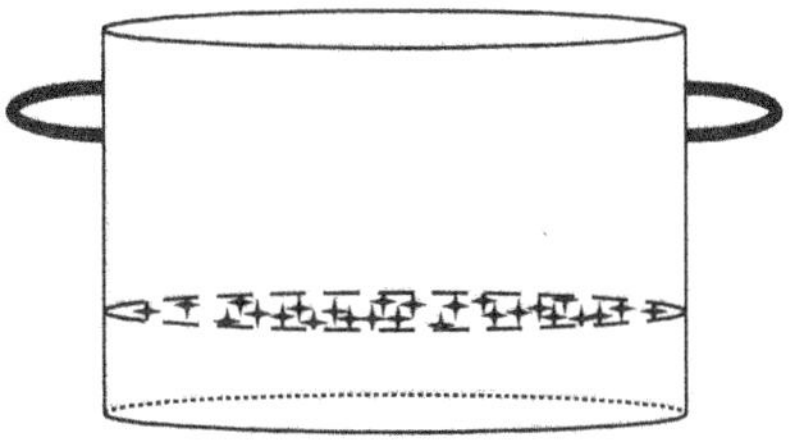

ウ.

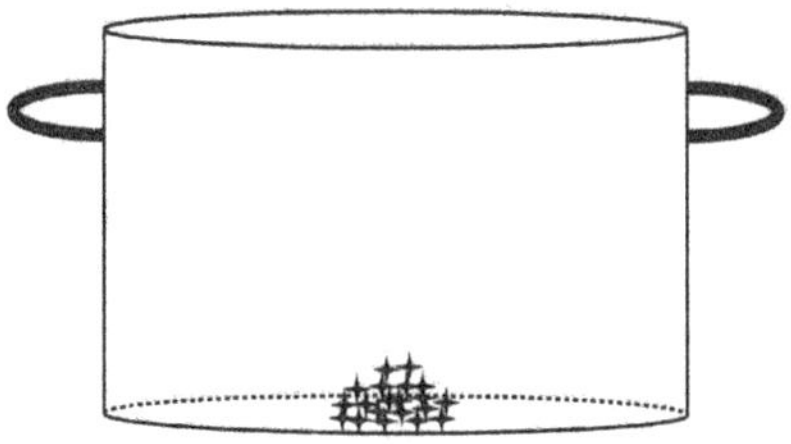

エ.

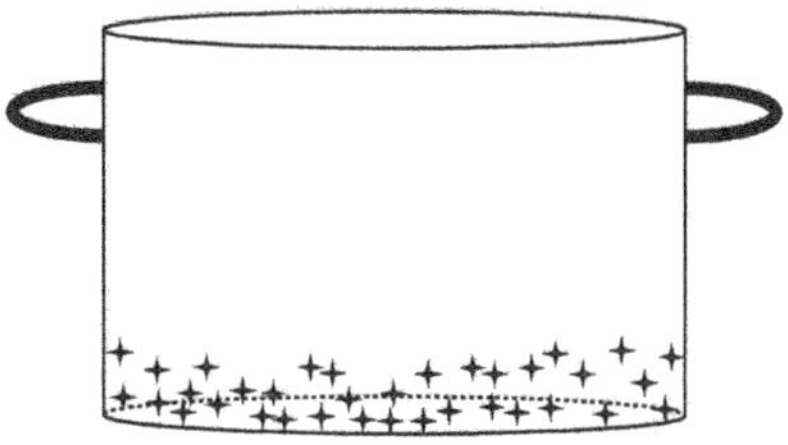

（問４） 海水の塩分のう度は，これからどのように変化していくと考えられますか。現在の地球かん境が保たれるという仮定のもとで，最も適切な文章を選びなさい。

ア．海上での降雨によって，海水の塩分のう度が年々下がっていくと考えられている。

イ．風雨によって地表や地中にふくまれている塩分が海に運ばれることで，海水の塩分のう度は年々上がっていくと考えられている。

ウ．風雨によって地表や地中にふくまれている塩分が運ばれることと，海上での降雨による効果では，海水の塩分のう度に大きな変化は起こらないと考えられている。

エ．風雨によって地表や地中にふくまれている塩分が運ばれることで，海水の塩分のう度が上がる期間と，海上での降雨によって，海水の塩分のう度が下がる期間とが数億年ごとにくり返されると考えられている。

（問５） 表中①に最も当てはまる数として最も適切なものを選びなさい。

ア．3.5

イ．7.5

ウ．35

エ．75

（問６） アサリを使った料理を作るときに砂ぬきをします。砂ぬきに適した食塩水を全て選びなさい。

ア．水297ｇに塩３ｇをとかす。

イ．水290ｇに塩10ｇをとかす。

ウ．水325ｇに塩５ｇをとかす。

エ．水320ｇに塩10ｇをとかす。

オ．水447ｇに塩33ｇをとかす。

カ．水435ｇに塩15ｇをとかす。

〔３〕 つつを水で満たした水鉄ぽう，半分だけ水を入れて残りは空気が入っている水鉄ぽう，空気しか入っていない空気鉄ぽうを作り，ゴム製の玉を使いました。使ったつつやおし棒，玉は各鉄ぽうとも同じものです。

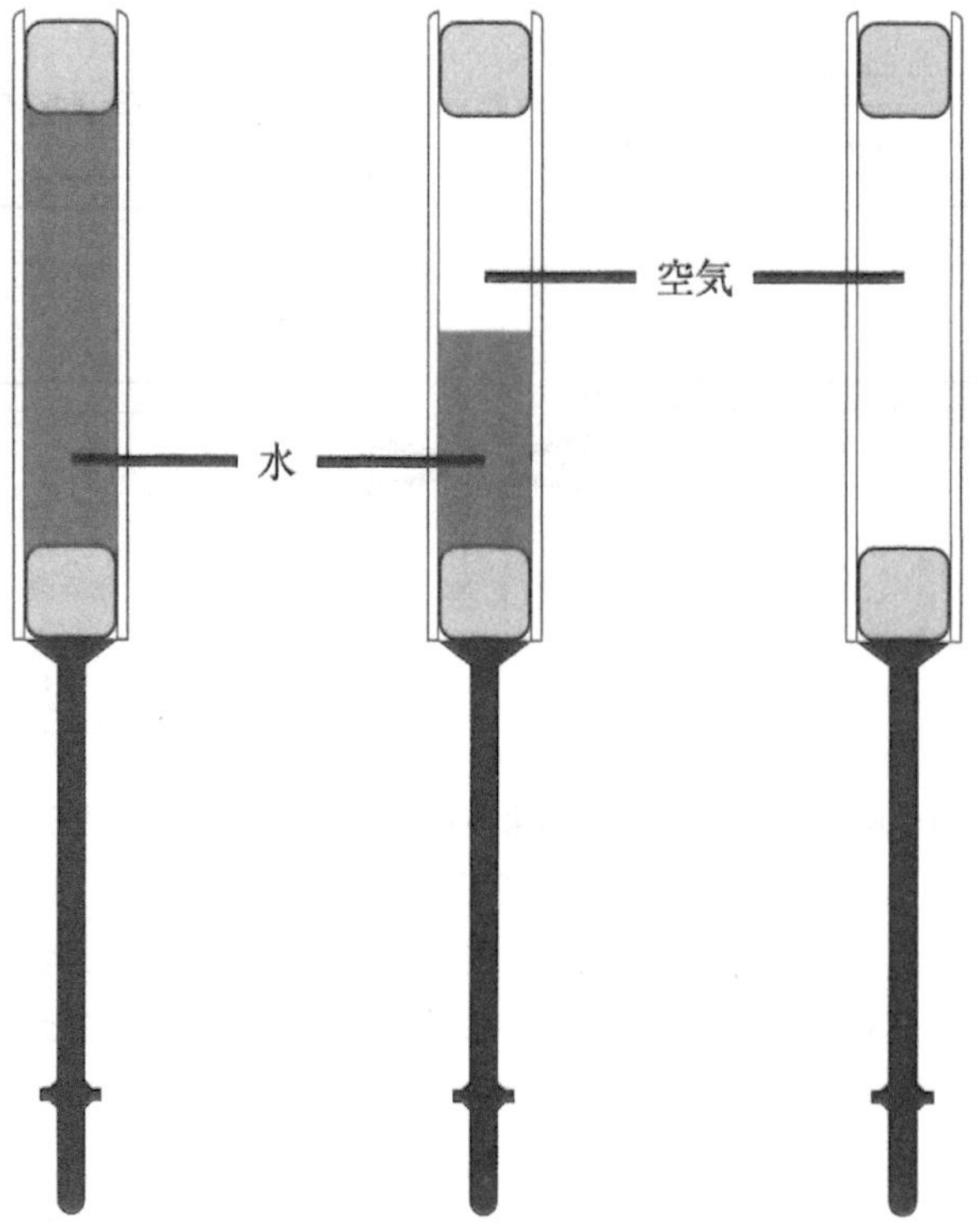

(問１) それぞれの鉄ぽうを水平に向けておし棒を勢いよくおしこんだとき，前玉が最も遠い所まで飛ぶものを次から選びなさい。

ア．水で満たした水鉄ぽう　　イ．水と空気が半分ずつの水鉄ぽう　　ウ．空気鉄ぽう

(問２) それぞれの鉄ぽうを真上に向けておし棒を勢いよくおしこんだとき，玉が最も高い所まで飛ぶものを次から選びなさい。

ア．水で満たした水鉄ぽう　　イ．水と空気が半分ずつの水鉄ぽう　　ウ．空気鉄ぽう

(問３) 次の文が正しい説明になるように，(A) ～ (C) に当てはまる語句を選びなさい。

水で満たした水鉄ぽうでは，おし棒がおしこまれた時の勢いを水が (A) 玉に伝える。空気しか入っていない鉄ぽうでは，おし棒がおしこまれた時の勢いで空気が (B)。その後空気が (C) 時の勢いを玉に伝える。

ア．そのまま　　イ．変わらない　　ウ．強くなって

エ．弱くなって　　オ．大きくなる　　カ．小さくなる

(問４) このような水鉄ぽうや空気鉄ぽうの仕組みを利用したものに次のページの図のようなペットボトルロケットがあります。ペットボトルロケットは，ペットボトルに水と空気を入れて飛ばします。

① ペットボトルロケットに使うペットボトルとして最も適切なものを次から選びなさい。

ア．炭酸飲料用　　イ．ホット飲料用　　ウ．ミネラルウォーター用

② ペットボトルに水を入れる目的を答えなさい。

③ ペットボトルに空気を入れる目的を答えなさい。

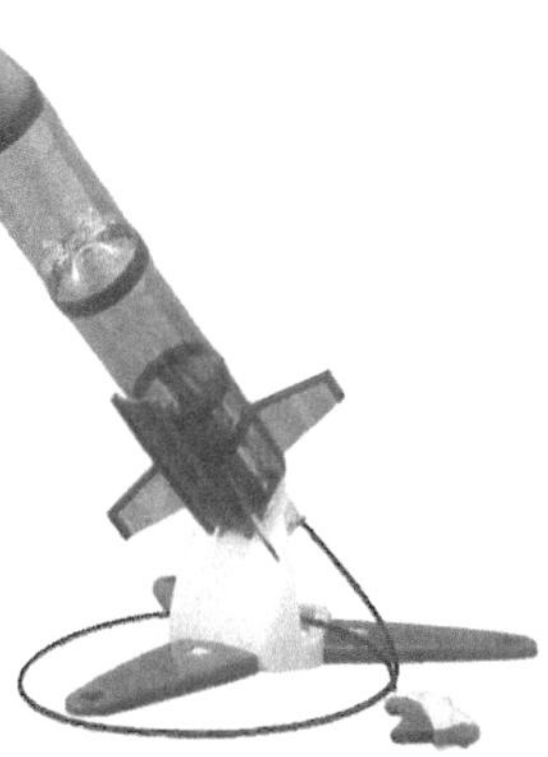

株式会社タカギのカタログより

〔4〕 東京の夜空に見える星や星座について問いに答えなさい。

(問1) ①，②の文章は北の夜空に見える代表的な星座について説明したものです。それぞれ星座の名前を答えなさい。

① この星座の明るい星をつなげると，「W」や「M」の形に見えます。名前は古代エチオピアの王ひの名前からつけられています。

② この星座の明るい星をつなげると，ひしゃくのような形に見えます。ある動物の形に似た星座です。

(問2) 図は北の夜空に見える星Aとその周りに見える二つの星座をスケッチしたものです。星Aは昔から航海に利用されてきました。その理由を答えなさい。

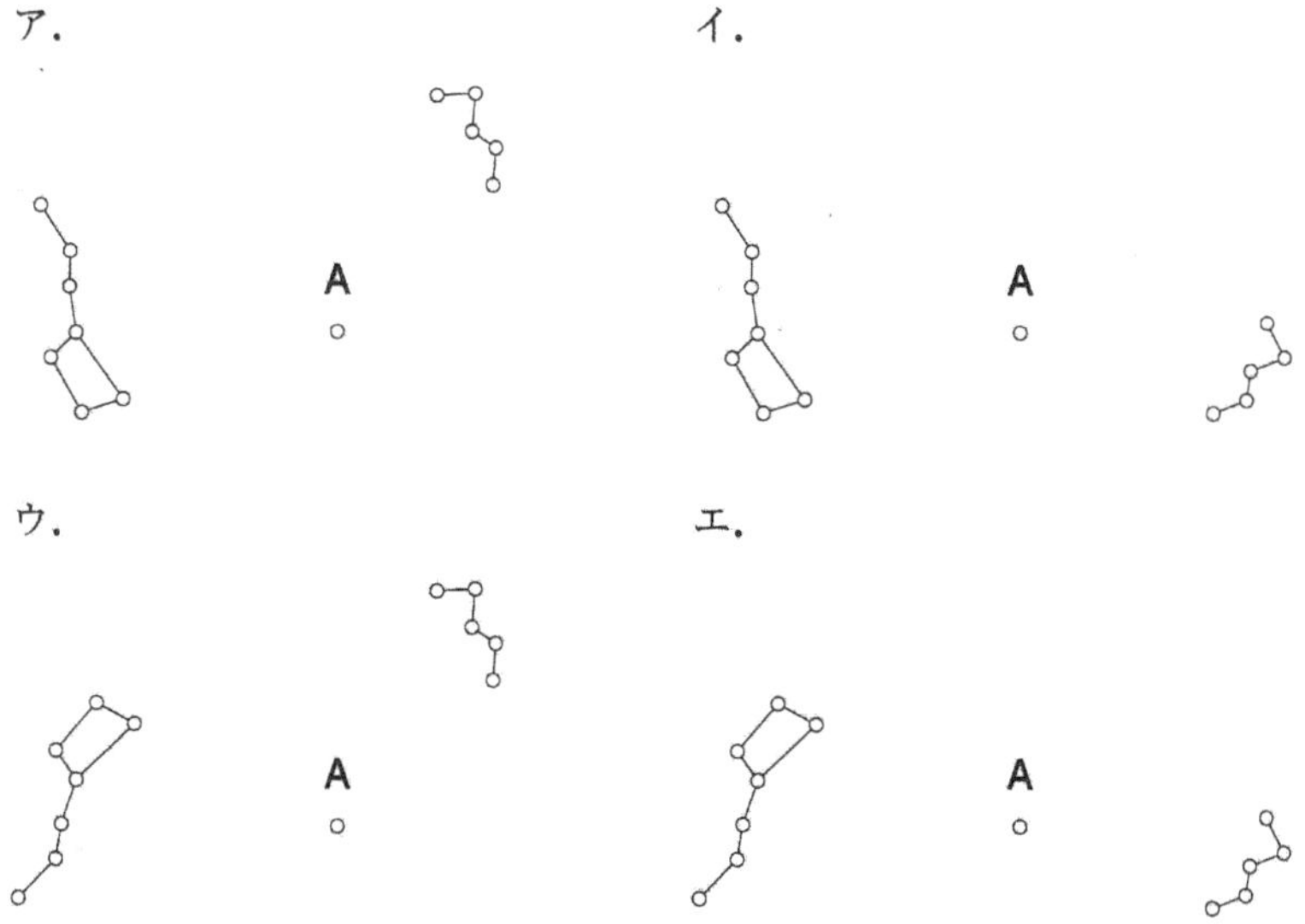

(問3) 問2の図で，正しくスケッチしているものを選びなさい。

(問4) 次のページの図の左は4月1日19時に東京都内の学校から西の空を見たものです。右は同じ日の21時の星座の位置を予想したものですが，二つの星座のどちらかに誤りがあります。その誤りとは何か答えなさい。

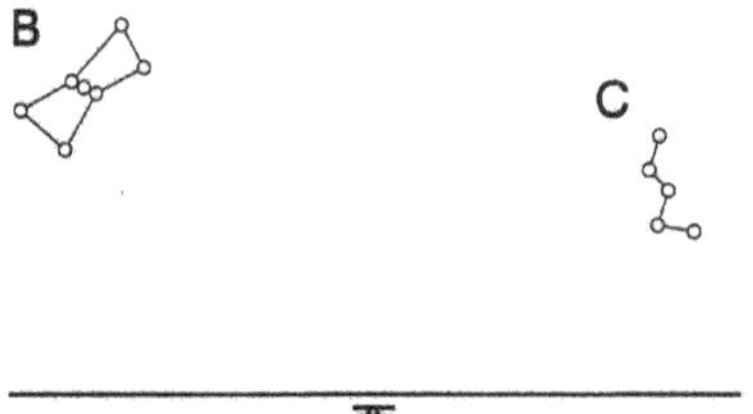

西

4月1日19時

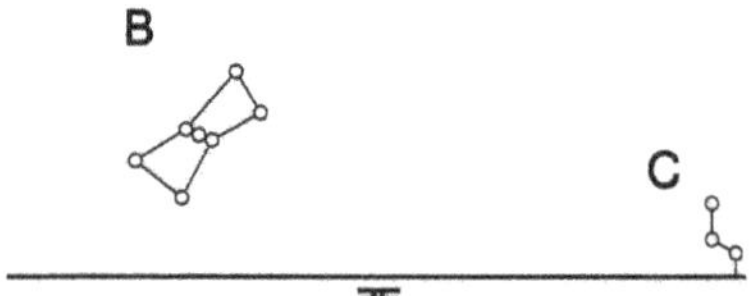

西

4月1日21時（予想）

（問５） 問４の図中にあるBの星座は冬を代表する星座で，ギリシア神話ではかりの名手とされています。神話の中でBは自分のかりのうで前を自まんしていたため，怒った神々は毒さそりをつかってBを殺してしまいました。

今ではBもさそりも星座として知られています。Bの星座の名前を答え，この神話の続きとしてあてはまるものを次から全て選びなさい。

ア．夜空では両者がたたかっているため並んで見ることができるのです。

イ． Bは，さそりの毒をおそれてさそりが夜空から消えると現れるのです。

ウ．さそりはBのふくしゅうを恐れ，Bが夜空から消えると現れるのです。

エ．さそりは今でもBを見はるため，しずむことがないので，いつでも夜空に見ることができるのです。

オ．どちらも神話の中ではつわ者のため，Bが南の空にあるときは，さそりは北の空に見ることができるのです。

〔５〕 鳥のからだは住むかん境や食べ物などに大変よく適応しています。

なかでもくちばしや足の指によく特ちょうが現れます。また呼吸でも私たちにはない仕組みがあります。

私たちの体内の胸の部分は図のように密閉されていて，内部は大気圧よりも低くなっています。このため，息を吸うと楽に肺がふくらみます。しかし，鳥の肺はそのようにはなっていません。鳥の肺は前後を気のうというふくろにはさまれていて，図のように肺を通って空気が送られる仕組みになっています。なお，矢印は空気の流れを示しています。

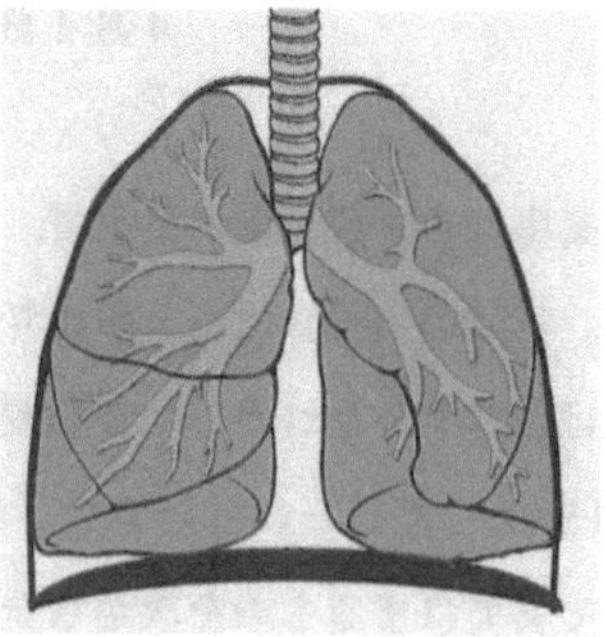

［ヒトが息を吸っているところ］

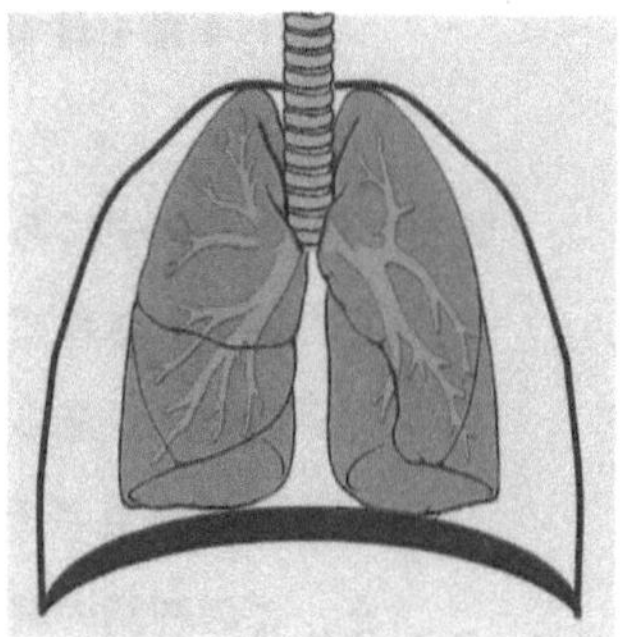

［ヒトが息をはいているところ］

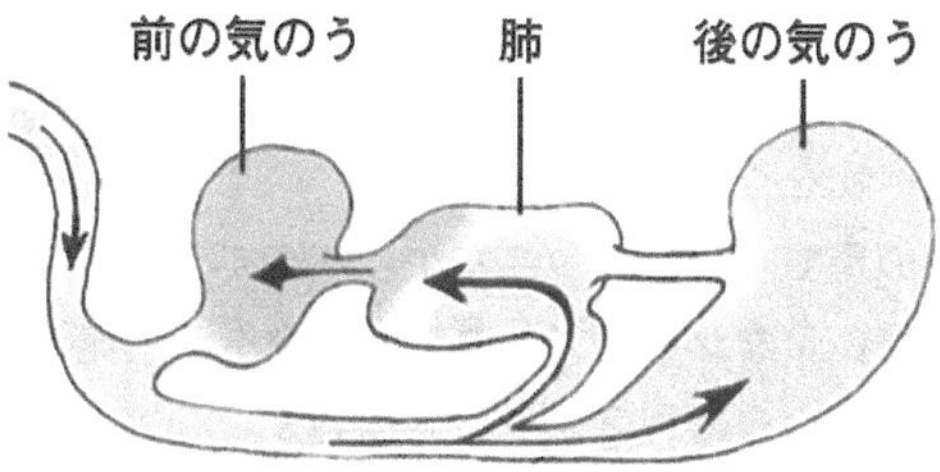

［鳥が息を吸っているところ］

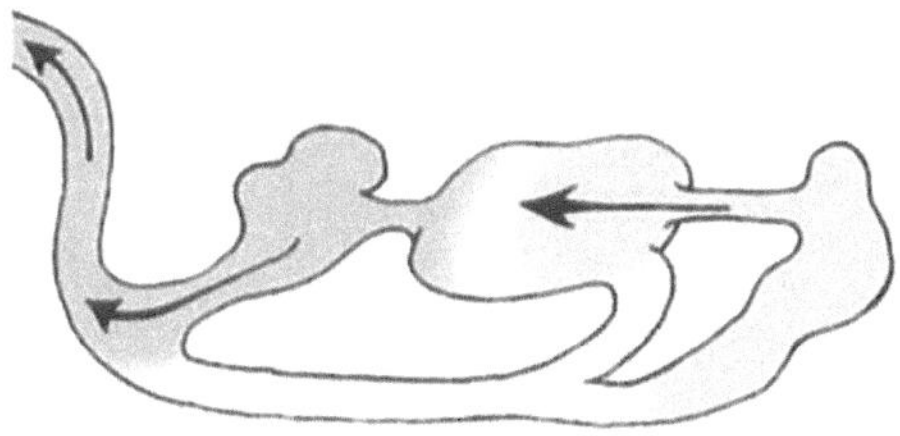

［鳥が息をはいているところ］

（問１）　図はいろいろな鳥のくちばしです。くちばしの形から考えて，どのようにつかまえたり食べたりしているか最もよく説明しているものを次のページから選びなさい。

①

②

③

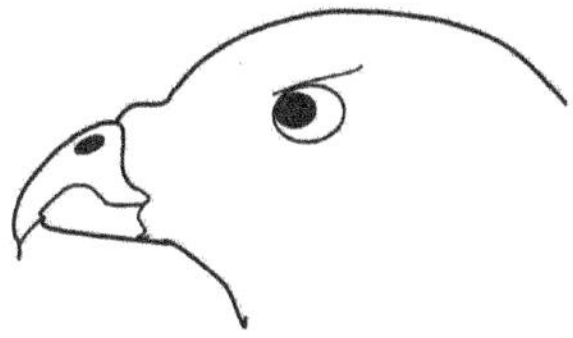

④

⑤

⑥

ア．虫などをついばむ。　　イ．どろの中の動物をついばむ。

ウ．小動物や魚の体を引きさく。　　エ．木の幹をつついて虫をつかまえる。

オ．水の中にもぐって食べ物をくわえる。

（問２）　図はいろいろな鳥の足です。指のつき方から考えて，どんな生活をしているか最も良く説明しているものを選びなさい。なおイラストの下の図は上から見たところを示したものです。

①

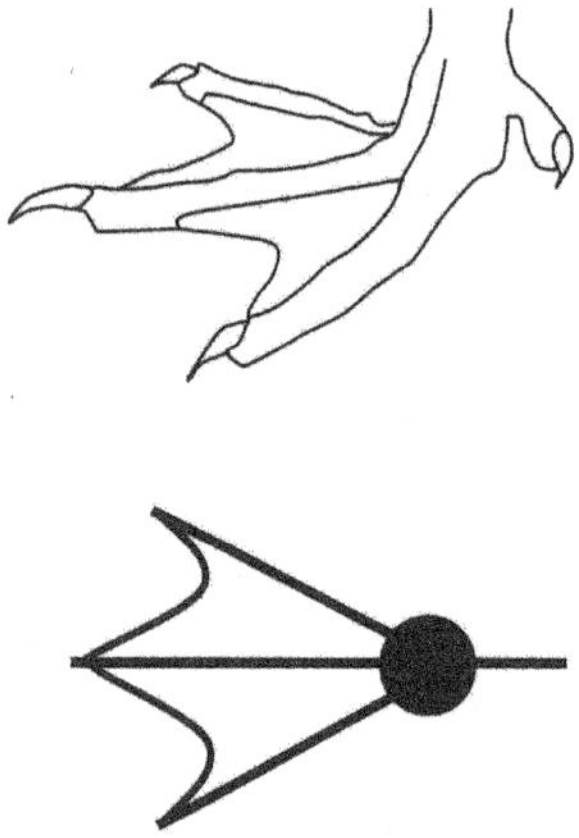

②

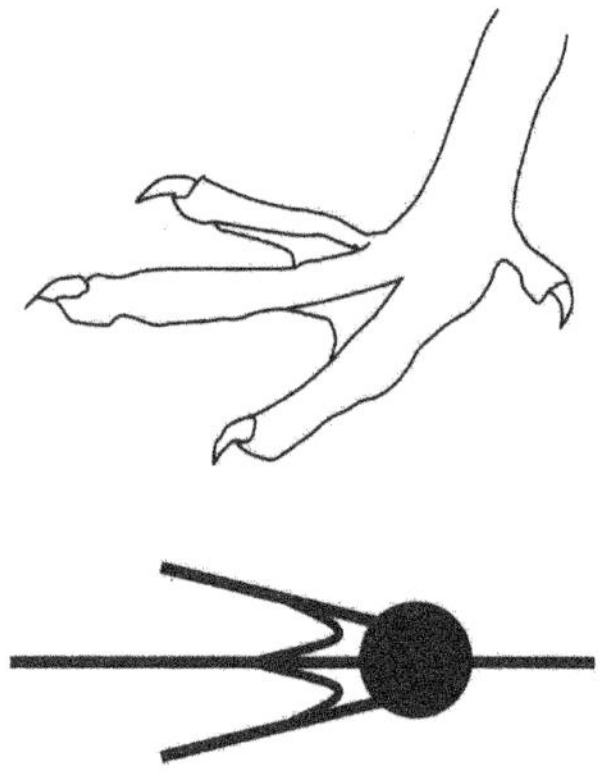

③

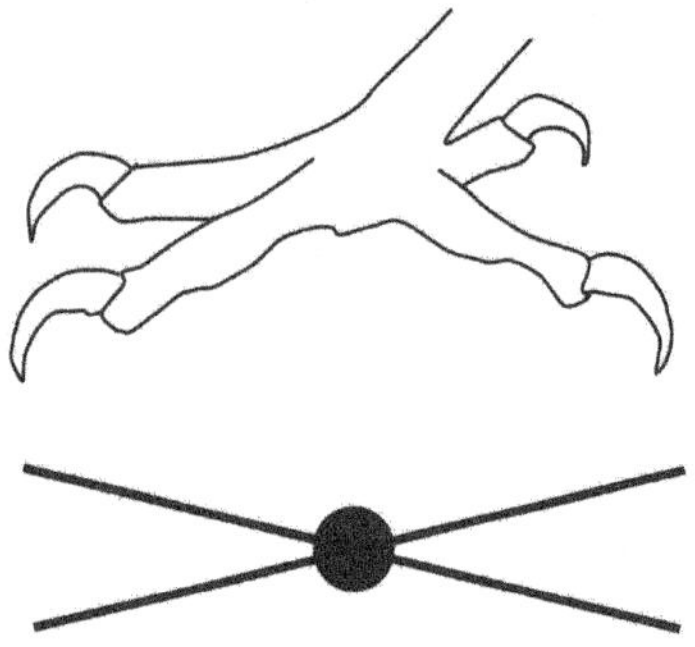

④

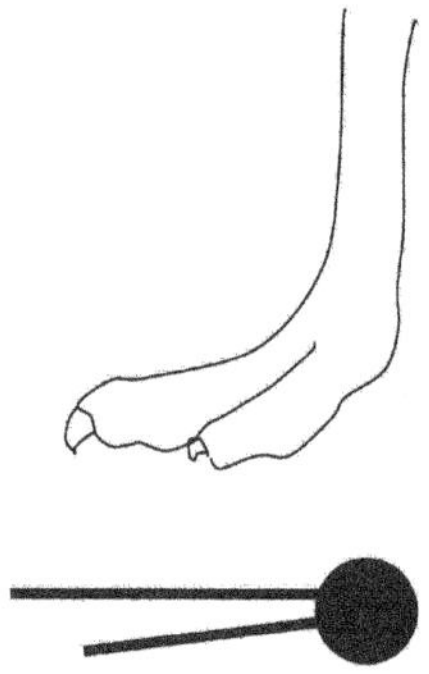

⑤

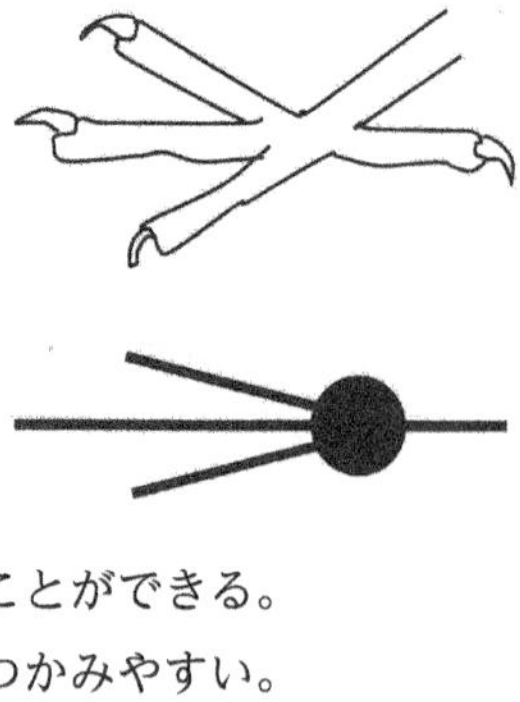

⑥

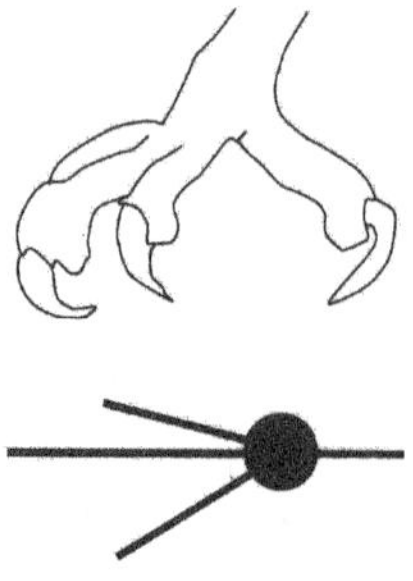

ア．速く走ることができる。　　イ．泳ぐのに適している。

ウ．食べ物をつかみやすい。　　エ．枝をつかんでつかまりやすい。

オ．ぬかるんだ場所でも歩きやすい。　　カ．木の幹に垂直に止まることができる。

(問3) 図は9ページの絵を簡単な図にしたものです。気のうと肺および空気の流れについて正しいものを二つ選びなさい。

ア.

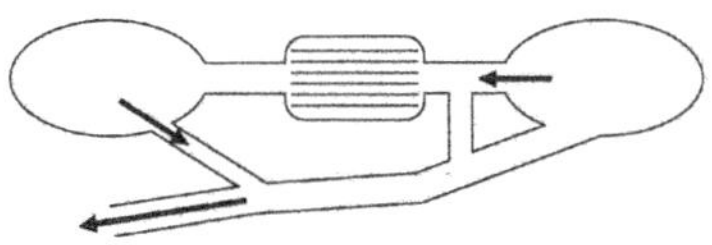

イ.

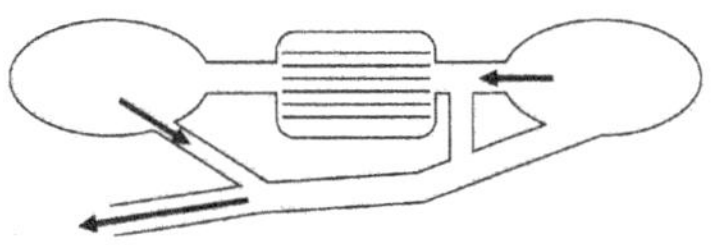

ウ.

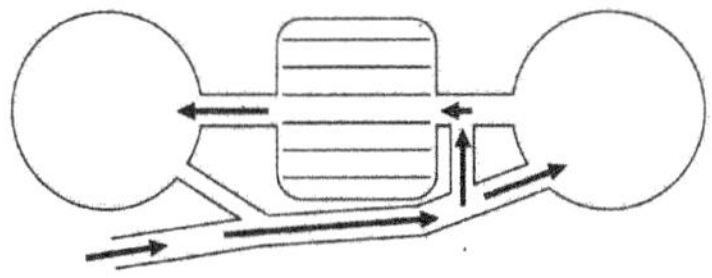

エ.

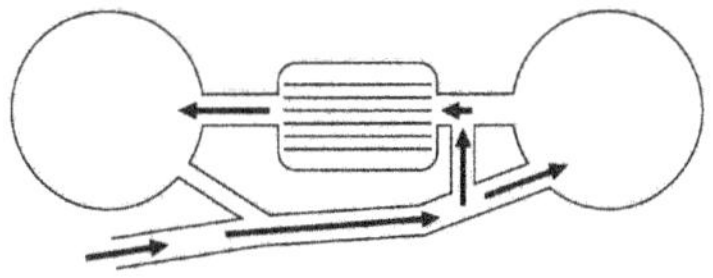

(問4) 気のうがあることについて最もよく説明しているものを選びなさい。

ア. 息を吸いながらはくことができる。

イ. 気圧が低い上空でも呼吸をしやすい。

ウ. 水中で食べ物を取る時も呼吸ができる。

エ. 肺が密閉されている私たちのからだに比べて呼吸がしにくい。

【社　会】（40分）　＜満点：80点＞

【注意】 問題に漢字で書くことが指定されていれば正しい漢字で書きなさい。

〔１〕 以下の問いに答えなさい。

問１　下の表は，「日本のおもな都市の月平均気温（上段，℃）と月降水量（下段，㎜）（複数年の平均値）」を示したものです。表の中のＡ～Ｇに適する都市名を次の(あ)～(こ)から一つ選び，記号で答えなさい。

(あ)　青森　(い)　網走　(う)　尾鷲　(え)　金沢　(お)　札幌
(か)　高松　(き)　東京　(く)　那覇　(け)　福島　(こ)　松本

	1月	2月	3月	4月	5月	6月	7月	8月	9月	10月	11月	12月	全年
A	6.3 101	6.9 119	9.9 253	14.6 289	18.4 372	21.7 406	25.4 397	26.4 468	23.6 692	18.3 396	13.4 250	8.6 107	16.1 3849
B	3.8 270	3.9 172	6.9 159	12.5 137	17.1 155	21.2 185	25.3 232	27.0 139	22.7 226	17.1 177	11.5 265	6.7 282	14.6 2399
C	17.0 107	17.1 120	18.9 161	21.4 166	24.0 232	26.8 247	28.9 141	28.7 241	27.6 261	25.2 153	22.1 110	18.7 103	23.1 2041
D	−1.2 145	−0.7 111	2.4 70	8.3 63	13.3 81	17.2 76	21.1 117	23.3 123	19.3 123	13.1 104	6.8 138	1.5 151	10.4 1300
E	5.5 38	5.9 48	8.9 83	14.4 76	19.1 108	23.0 151	27.0 144	28.1 86	24.3 148	18.4 104	12.8 60	7.9 37	16.3 1082
F	−0.4 36	0.2 44	3.9 80	10.6 75	16.0 100	19.9 126	23.6 138	24.7 92	20.0 156	13.2 102	7.4 55	2.3 28	11.8 1031
G	−5.5 55	−6.0 36	−1.9 44	4.4 52	9.4 62	13.1 54	17.1 87	19.6 101	16.3 108	10.6 70	3.7 60	−2.4 59	6.5 788

（理科年表2019）

問２　次のページの資料は，「2019年末現在」のデータをもとにして，気象庁が発表している「気象の記録（観測史上１位から５位）」を示したものです。この資料の中の（Ａ）～（Ｆ）に適する地名を次の(あ)～(か)から一つ選び，記号で答えなさい。

(あ)　旭川
(い)　酸ケ湯
(う)　箱根
(え)　富士山
(お)　美濃
(か)　与那国島

【最高気温】		
熊谷（埼玉）	41.1℃	2018年７月23日
（A）	41.0℃	2018年８月８日
金山（岐阜）	41.0℃	2018年８月６日
江川崎（高知）	41.0℃	2013年８月12日
多治見（岐阜）	40.9℃	2007年８月16日
【最低気温】		
（B）	−41.0℃	1902年１月25日
帯広（北海道）	−38.2℃	1902年１月26日
江丹別（北海道）	−38.1℃	1978年２月17日
富士山（静岡）	−38.0℃	1981年２月27日
歌登（北海道）	−37.9℃	1978年２月17日
【最深積雪】		
伊吹山（滋賀）	1182㎝	1927年２月14日
（C）	566㎝	2013年２月26日
守門（新潟）	463㎝	1981年２月９日
肘折（山形）	445㎝	2018年２月13日
津南（新潟）	416㎝	2006年２月５日
【日降水量】		
（D）	922.5㎜	2019年10月12日
魚梁瀬（高知）	851.5㎜	2011年７月19日
日出岳（奈良）	844㎜	1982年８月１日
尾鷲（三重）	806㎜	1968年９月26日
内海（香川）	790㎜	1976年９月11日
【最大瞬間《しゅんかん》風速】		
（E）	91.0m/s	1966年９月25日
宮古島（沖縄）	85.3m/s	1966年９月５日
室戸岬（高知県）	84.5m/s	1961年９月16日
（F）	81.1m/s	2015年９月28日
名瀬（鹿児島）	78.9m/s	1970年８月13日

〔２〕 次のページの年表について，あとの問いに答えなさい。

問１　次のページの年表中の（１）～（４）に適する人物を漢字で答えなさい。

問２　下線部①の「漢委奴国王印」について，漢委奴国王印が発見された県を以下の㋐～㋓から一つ選び，記号で答えなさい。

㋐　長崎県

㋑　大分県

㋒　福岡県

㋓　鹿児島県

西暦《せいれき》	できごと
57年	倭の奴国の王が後漢の皇帝から①漢委奴国王印を授かる。
478年	倭王の②武が宋に使者を送る。
593年	推古天皇が③聖徳太子（厩戸皇子）を皇太子に立てる。
724年	④聖武天皇が即位する。
939年	（　1　）が乱を起こし、関東の大半を征服し新皇と名乗る。
1016年	⑤藤原道長が摂政となる。
1124年	⑥奥州藤原氏が中尊寺金色堂を建てる。
1180年	⑦源頼朝が平氏打倒の兵をあげる。
1221年	（　2　）上皇が兵をあげ、承久の乱が起こる。
1338年	（　3　）が征夷大将軍に就任する。
1404年	⑧勘合貿易がはじまる。
1588年	⑨刀狩令が出される。
1685年	将軍（　4　）が生類憐みの令を出す。
1716年	⑩享保の改革が行われる。
1894年	⑪日清戦争がはじまる。
1964年	⑫東京オリンピックが開かれる。

問３　下線部②の「武」は『日本書紀』に大泊《おおはつ》瀬《せ》幼武《わかたけ》と記される雄略天皇とされ，ワカタケル大王であると考えられています。それを示す鉄剣銘《てっけんめい》が出土した埼玉県にある古墳を以下の(ア)～(エ)から一つ選び，記号で答えなさい。

(ア)　江田船山古墳　　(イ)　稲荷山古墳　　(ウ)　高松塚古墳　　(エ)　大仙陵古墳

問４　下線部③の「聖徳太子（厩戸皇子）」について，説明として正しいものを以下の(ア)～(エ)から一つ選び，記号で答えなさい。

(ア)　家柄《いえがら》に関係なく個人の功績を評価し冠を授与《じゅよ》する十七条の憲法を制定した。

(イ)　豪族《ごうぞく》に対し役人としての心構えを示した冠位十二階を制定した。

(ウ)　仏教を深く敬い，人々に仏教を信仰することをすすめた。

(エ)　聖徳太子が建てたとされる法隆寺は四天王寺とも呼ばれ，現存する世界最古の木造建築である。

問５　下線部④の「聖武天皇」は都に東大寺を建て，大仏を造りました。そのとき，農民などに仏教の教えを説き，大仏造りに積極的に協力した僧の名前を漢字で答えなさい。

問６　下線部⑤の「藤原道長」がよんだ歌として正しいものを以下の(ア)～(エ)から一つ選び，記号で答えなさい。

(ア)　天《あま》の原　ふりさけ見れば　春日《かすが》なる　三笠《みかさ》の山に　出《い》でし月かも

(イ)　この世をば　我が世とぞ思ふ　望月《もちづき》の　欠けたることも　なしと思へば

(ウ)　秋の田の　かりほの庵《いほ》の　苫《とま》をあらみ　わが衣手《ころもで》は　露《つゆ》にぬれつつ

(エ)　人はいさ　心も知らず　ふるさとは　花ぞ昔の　香《か》ににほひける

問７　下線部⑥の「奥州藤原氏」が根拠地《こんきょち》とした，岩手県南西部に位置する地名を漢字で答えなさい。

問８　下線部⑦の「源頼朝」について，以下の（Ｘ）～（Ｚ）は鎌倉幕府の創設過程に関する事がらである。（Ｘ）～（Ｚ）を時期の古い順に並び替えたものとして正しいものを以下の(ア)～(カ)から一つ選び，記号で答えなさい。

（Ｘ）壇ノ浦の戦い　（Ｙ）侍所の設置　（Ｚ）守護・地頭の設置

(ア)　（Ｘ）→（Ｙ）→（Ｚ）　(イ)　（Ｘ）→（Ｚ）→（Ｙ）

(ウ)　（Ｙ）→（Ｘ）→（Ｚ）　(エ)　（Ｙ）→（Ｚ）→（Ｘ）

(オ)　（Ｚ）→（Ｘ）→（Ｙ）　(カ)　（Ｚ）→（Ｙ）→（Ｘ）

問９　下線部⑧の「勘合貿易」について，この当時の中国の王朝名を漢字で答えなさい。

問10　下線部⑨の「刀狩令」が出された目的を30字以内で説明しなさい。ただし，句読点は１字に数えます。

問11　下線部⑩の「享保の改革」について，説明として正しいものを以下の(ア)～(エ)から一つ選び，記号で答えなさい。

(ア)　学問と武芸をすすめ，幕府の学校では朱子学以外の学問を禁じた。

(イ)　商工業者が株仲間を結成することをすすめ，これに営業を独占させる特権を与える代わりに，営業税を納めさせ，幕府の収入を増やそうとした。

(ウ)　株仲間を解散させたり，江戸・大坂周辺の土地を幕府の領地にしようとしたりした。

(エ)　裁判の公正をはかるために公事方御定書を定め，庶民《しょみん》の意見を聞くために目安箱を設置した。

問12　下線部⑪の「日清戦争」の講和条約を結んだ日本の全権で，当時の内閣総理大臣だった人物に関する説明として正しいものを以下の(ア)～(エ)から一つ選び，記号で答えなさい。

(ア)　ロシア帝国に対するシベリア出兵の実施《じっし》を決定した。

(イ)　治安維持法を成立させ，思想の弾圧《だんあつ》を行った。

(ウ)　韓国におかれた統監府《とうかんふ》の初代統監になった。

(エ)　日本で最初の本格的政党内閣を組織した。

問13　下線部⑫の「東京オリンピック」について，次のページの（Ｘ）～（Ｚ）は東京オリンピックの前後に起こったできごとである。（Ｘ）～（Ｚ）を時期の古い順に並び替えたものとして正しいものを次のページの(ア)～(カ)から一つ選び，記号で答えなさい。

（X）日ソ共同宣言が出される。
（Y）朝鮮戦争がはじまる。
（Z）オイルショックが起こる。

(ア)（X）→（Y）→（Z）　(イ)（X）→（Z）→（Y）
(ウ)（Y）→（X）→（Z）　(エ)（Y）→（Z）→（X）
(オ)（Z）→（X）→（Y）　(カ)（Z）→（Y）→（X）

〔3〕 下の文章を読み，あとの問いに答えなさい。

2020年は第二次世界大戦の終結から75年目の節目の年となりました。この第二次世界大戦の末期である1945年7月26日に，連合国側の3か国が，日本に対して無条件降伏《こうふく》を求めました。これを（　1　）宣言と言います。日本はこの宣言を8月14日に受け入れ，翌15日に国民に向けて敗戦が知らされました。

この第二次世界大戦の終結をきっかけに，①日本の憲法が大日本帝国憲法から，現在の日本国憲法へと変わりました。大日本帝国憲法のもとの日本は，今日とは国の仕組みが大きく異なっていました。例えば国会は，現在とは違い（　2　）院と衆議院の二院により構成されていました。また，現在の日本国民には課されていない（　3　）の②義務が男子には課されていました。

そうした中で，第二次世界大戦終結を迎《むか》えると，日本は③連合国軍総司令部による占領《せんりょう》を受けることになりました。この連合国軍総司令部による占領中である1946年11月3日に公布されたのが，現在の日本国憲法です。

日本国憲法の中では，国民の権利や義務の他，④国会，⑤内閣，⑥裁判所，さらには地方自治などについて定められています。また，この日本国憲法は改正手続きが非常に厳しくなっています。日本国憲法の改正については，第96条で「この憲法の改正は，各議院の（　Ⅰ　）の（　Ⅱ　）が必要であり，これに加えて，特別の国民投票において，その（　Ⅲ　）の賛成を必要とする。」といったことが定められています。

問1　文中の（1）～（3）に適することばを答えなさい。ただし，（1）はカタカナで，（2），（3）は漢字で答えなさい。

問2　文中の（Ⅰ）～（Ⅲ）に適することば・数字などを以下の(ア)～(キ)から一つ選び，記号で答えなさい。

(ア) 出席議員　(イ) 総議員　(ウ) 4分の1以上
(エ) 4分の3以上　(オ) 3分の1以上　(カ) 3分の2以上
(キ) 過半数

問3　下線部①の「日本の憲法が大日本帝国憲法から，現在の日本国憲法へと変わりました」について，以下の問いに答えなさい。

⑴「大日本帝国憲法」について述べたあとの(ア)～(エ)の文章の中から**正しくないもの**を一つ選び，記号で答えなさい。

(ア) 大日本帝国憲法の中で国民に保障された権利や自由は，法律によって制限されることがあった。

(イ) 大日本帝国憲法は，大正時代に発布された。

(ウ) 大日本帝国憲法の中で，当時の日本国民は天皇の臣民という位置づけであった。

(エ) 大日本帝国憲法は，主にドイツ（プロイセン）の憲法を手本につくられた。

(2) 「日本国憲法」について述べた以下の(ア)～(カ)の文章の中から，**正しくないもの**をすべて選び，記号で答えなさい。

(ア) 日本国憲法の三大原則は「国民主権」，「平和主義」，「基本的人権の尊重」である。

(イ) 日本国憲法の中では，「健康で文化的な最低限度の生活を営む権利」である生存権が，日本国民に保障されている。

(ウ) 日本国憲法の中では，自衛隊に関するルールが定められている。

(エ) 「日本は戦争をしないこと」，「日本は戦力を持たないこと」については，日本国憲法の第9条で定められている。

(オ) 日本国憲法の中では，国が宗教活動を行うことが認められている。

(カ) 日本国憲法は，制定以来一度も改正されたことがない。

(3) 国の政治のあり方を最終的に決める力を「主権」といいます。大日本帝国憲法から日本国憲法に変わったことで，日本の主権を誰が持つのかにも変化がありました。では，それはどのような変化であったか20字以内で答えなさい。ただし，句読点も1字に数えます。

問4　下線部②の「義務」について，現在の日本国憲法の中で日本国民には，「子どもに教育を受けさせる義務」，「納税の義務」に加え，もう一つ義務が課されています。それはどのような義務か，解答欄《らん》に適するように答えなさい。

問5　下線部③の「連合国軍総司令部」の略称《りゃくしょう》（省略して呼ぶ名前）を何といいますか。アルファベット3字で答えなさい。

問6　下線部④の「国会」について述べた以下の(1)，(2)の文章について，下線部の数字が正しければ「○」を，正しくなければ「正しい数字」を解答欄《らん》に書きなさい。

(1) 日本の参議院議員の任期は6年間である。

(2) 日本の参議院議員選挙では，25歳《さい》以上の日本国民が立候補できる。

問7　下線部⑤の「内閣」について述べた以下の(1)，(2)の文章について，下線部のことばが正しければ「○」を，正しくなければ「正しいことば」を解答欄に書きなさい。

(1) 国の大きな三つの権力の内，司法権は内閣に属している。

(2) 外務大臣や防衛大臣といった国務大臣は，内閣総理大臣によって任命される。

問8　下線部⑥の「裁判所」について述べた以下の(1)，(2)の文章について，下線部の数字・ことばが正しければ「○」を，正しくなければ「正しい数字・ことば」を解答欄に書きなさい。

(1) 日本では，裁判のまちがいを防ぎ，国民の権利を守るために，同じ事件について5回まで裁判を受けることができる。

(2) 日本には，裁判官とともに，くじで選ばれた一般の国民が裁判に参加する制度があり，これを裁判員制度という。

問六　【D】に入る言葉を文章中から三字で探して、書きなさい。

問七　この文章の説明として当てはまらないものを次から一つ選び、その記号を書きなさい。

ア　筆者の主張を分かりやすくするために、様々な具体例を用いて説明している。

イ　植物に関する事実を書き、そこから考えられることを人間にも当てはめている。

ウ　問いかけを多く用いて、読者がこの文章に親しみを持ちやすくしている。

エ　植物と人間を反対のものとして考え、それぞれの違いを説明している。

問八　筆者の主張を、八十字以上百字以内でまとめなさい。

人間はどうでしょうか。

目の数はどうですか？

目の数は誰（だれ）も二つです。これは人間にとって目の数は二つがベストだからです。同じように鼻の数にも、鼻の穴の数にも個性はありません。おそらく人間にとって鼻は一つ、鼻の穴は二つが一番良いのです。

目の数や鼻の数には個性はありません。

動物の目の数が二つなのは当たり前ではないかと思うかもしれませんが、そうではありません。たとえば、多くの昆虫（こんちゅう）は二つの複眼の他に、三つの単眼という目があります。つまり、目が五つあるのです。

はるか昔の古生代の海には、目が五つの生き物や、一つ目の生き物も存在していました。しかし今、私たち人間の目の数は二つです。それは、目の数は二つがもっとも合理的で「目の数に個性はいらない」というのが進化の結論だったからなのです。

しかし、私たちの顔はみんな違います。誰一人として同じ顔はありません。垂れ目の人もいます。つり目の人もいます。目の大きな人もいます。目の小さな人もいます。もし、人間にとってベストな顔があるのであれば、誰もがその顔をしているはずです。

いろいろな顔があるということは、どの顔が良いとか悪いとかではなく、いろいろな顔があることに価値があるのです。

性格も一人ひとり違います。得意なことも人それぞれ違います。

生物は必要のない個性を持ちません。私たちの性格や特徴（とくちょう）に個性があるということは、その個性が人間にとって必要だからです。

稲垣栄洋の文章による

問一　波線（1）の「思うようにいかない」ことの内容として当てはまらないものを次から一つ選び、その記号を書きなさい。

ア　種を播いてもすぐに芽が出ないこと。
イ　芽を出すのがおそいのんびり屋がいること。
ウ　芽を出す時期を雑草が決めていないこと。
エ　芽が出る時期がそろっていないこと。

問二　波線（2）の問いに対する答えを一行で書きなさい。

問三　【A】・【B】に入る言葉として、最も適当なものを次からそれぞれ選び、その記号を書きなさい。

ア　枯（か）れ木も山のにぎわい
イ　急（せ）いては事をし損じる
ウ　立て板に水
エ　言わぬが花
オ　馬の耳に念仏
カ　善は急げ

問四　【C】に入る言葉として、最も適当なものを次から選び、その記号を書きなさい。

ア　比べることに何の意味もありません。
イ　競争することにこそ意義があります。
ウ　結果はもちろん、早いほうです。
エ　この正解は一つであるべきです。

問五　波線（3）といえる理由を三十字以上四十字以内で書きなさい。

皆さんは、学校で答えのある問題を解いています。問題には正解があり、それ以外は間違いです。

ところが自然界には、答えのないことのほうが多いのです。

たとえば、先に紹介（しょうかい）したオナモミに代表されるように、雑草にとっては、早く芽を出したほうがいいのか遅く芽を出したほうがいいのか、答えはありません。

早いほうがいいときがあるかもしれませんし、じっくりと芽を出したほうがいいかもしれません。環境が変われば、どちらが良いかは変わります。どちらが良いという答えがないのですから、「どちらもある」というのが、雑草にとっては正しい答えになります。

だから、雑草はバラバラでありたがるのです。どちらが、優れているとか、どちらが劣（おと）っているという優劣はありません。むしろ、(3)バラバラであることが強みです。

そして、すべての生物は「遺伝的多様性」を持っているのです。

じつは人間の世界も、答えがあるようで、ないことのほうが多いのです。

本当は何が正しくて、何が優れているかなんてわからないのです。

「もっと早くやりなさい」とスピードを評価してみたかと思うと、「もっとていねいにやりなさい」とゆっくりやることを褒（ほ）めだしたりします。

人間の大人たちは答えを知っているようなフリをしています。そして、優劣をつけてわかったようなフリをして、「これは良い」とか、「それはダメだ」と言っています。

しかし、何が優れているかなんて、本当は知りません。

いや、本当は、どれが優れているということはないのです。

それを知っているからオナモミは、二つの種子を持っているのです。

しかし、不思議なことがあります。

先に書いたように、自然界では【　D　】が大切にされます。それなのに、タンポポの花はどれもほとんど黄色です。

紫（むらさき）色や赤い色をしたタンポポを見かけることはありません。タンポポの花の色に個性はありません。これはどうしてなのでしょうか。

タンポポは、主にアブの仲間を呼び寄せて花粉を運んでもらいます。アブの仲間は黄色い花に来やすい性質があります。そのため、タンポポの花の色は黄色がベストなのです。

黄色が一番いいと決まっているから、タンポポはどれも黄色なのです。

しかし、タンポポの株の大きさはバラバラです。大きなタンポポもあれば小さなタンポポもあります。葉っぱの形もさまざまです。ギザギザに深く切れ込（こ）んだ葉っぱのものもあれば、切れ込みのない葉っぱのものもあります。

どんな大きさが良いかは環境によって変わります。葉っぱの形も、どれが良いという正解はありません。

そのため、タンポポの大きさや葉っぱの形は個性的なのです。

個性は当たり前のようにあるわけではありません。個性は生物が生き残るために作り出した戦略です。個性があるということ、つまりはなぜバラバラであるかといえば、そこに意味があるからなのです。

います。このバラバラな性格は、人間の世界では「個性」と呼ばれるものかもしれません。

雑草はとても「個性」が豊かです。そういえば、聞こえはいいですが、結局バラバラで扱（あつか）いにくい存在です。そして、個性ある雑草たちは育てにくい存在でもあるのです。

それにしても、どうして、雑草は芽を出す時期がバラバラなのでしょうか。

植物にとっては、早く芽を出したほうが成長するためには有利な気もするのに、(2)どうして雑草には、ゆっくりと芽を出すような性格のものがあるのでしょうか？

皆さんは、「オナモミ」という雑草を知っていますか。

トゲトゲした実が服にくっつくので「くっつき虫」という別名もあります。子どものころに、実を投げ合って遊んだ人もいるかもしれません。

オナモミの実は知っていても、この実の中を見たことのある人は少ないのではないでしょうか。

オナモミの実の中には、やや長い種子とやや短い種子の二つの種子が入っています。

二つの種子のうち、長い種子はすぐに芽を出すせっかち屋さんです。一方の短い種子は、なかなか芽を出さないのんびり屋さんです。

オナモミの実は、性格の異なる二つの種子を持っているのです。

それでは、このせっかち屋の種子とのんびり屋の種子は、どちらがより優れているのでしょうか。

そんなこと、わかりません。

早く芽を出したほうが良いのか、遅く芽を出したほうが良いのかは、場合によって変わります。

「【　A　】」というとおり、早く芽を出したほうがいい場合もあります。しかし、すぐに芽を出しても、そのときの環境（かんきょう）がオナモミの生育に適しているとは限りません。

「【　B　】」というとおり、遅く芽を出したほうがいい場合もあります。だから、オナモミは性格の異なる二つの種子を用意しているのです。

雑草の種子の中に早く芽を出すものがあったり、なかなか芽を出さないものがあったりするのも、同じ理由です。

早いほうがよいのか、遅いほうがよいのか、【　C　】オナモミにとっては、どちらもあることが大切なのです。

芽を出すことが早かったり遅かったりすることは、雑草にとっては、優劣（ゆうれつ）ではありません。雑草にとって、それは個性なのです。

しかし、早く芽を出すものがあったり、遅く芽を出すものがあったりすると、いろいろと不都合もありそうです。芽を出す時期は揃っているほうが良いような気もします。

バラバラな個性って本当に必要なのでしょうか？

バラバラな性質のことを「遺伝的多様性」といいます。

個性とは「遺伝的多様性」のことです。多様性とは「バラバラ」なことです。

しかし、どうしてバラバラであることが良いのでしょうか。

ア　ずっといっしょにいて、何でも知っていると思っていた行人の知らない過去を明らかにされたから。

イ　行人と知り合う以前の話なので、二人で重ねてきた時間の長さを改めて実感したから。

ウ　東京に行人がいたころの話で、今いる場所から遠く離れた場所での出来事だったから。

エ　過去の出来事と向き合う行人が大人に思えて、そのようなことをしない自分をはずかしく思ったから。

問四　【A】に入る言葉を文章中から五字で探して、書きなさい。

問五　【B】に入る言葉として、最も適当なものを次から選び、その記号を書きなさい。

ア　客観　　イ　協力　　ウ　好意　　エ　決定

問六　波線（4）の後に言葉を補うとすると、どのような言葉が適切ですか。「行人は～」に続くように一行で考えて書きなさい。

問七　波線（5）の時、満希は行人のどのような所を「ばかじゃないの！」と感じたのですか。六十字以上八十字以内で書きなさい。

問八　この物語を「満希が～物語。」という一文でまとめなさい。ただし「～」に入る言葉は三十字以上四十字以内とします。

三　次の文章を読んで、後の問いに答えなさい。

皆（みな）さんは、雑草を育てたことがありますか？

雑草なら庭にいくらでも生えている……と思うかもしれませんが、そうではありません。実際に、種を播（ま）いて、水をやって、育てるのです。

雑草は勝手に生えてくるものであって、雑草を育てるなんておかしいですよね。

私は雑草の研究をしています。そのため、研究材料として雑草を育てることがあります。

雑草は放っておけば育つから、雑草を育てるのは簡単だ、と思うかもしれません。ところが、それは大間違（ちが）いです。雑草を育てるのは、じつはなかなか難しいのです。

雑草を育てることが難しい理由は、私たちの思うようにいかない（1）からです。

何しろ、種を播いても芽が出てきません。

野菜や花の種であれば、種を播いて水をやり、何日か待っていれば芽が出てきます。ところが、雑草は違います。種を播いて水をやっても、いくら待っても芽が出てこないことがあるのです。

野菜や花の種は、人間が発芽に適していると考えた時期をあらかじめ想定して、改良されています。そのため、野菜や花の種は人間のいうとおりに芽が出るのです。一方、雑草は芽を出す時期は自分で決めます。人間のいうとおりには、ならないのです。

また、野菜や花の種であれば、一斉（いっせい）に芽を出してきます。ところが、雑草は芽が出たとしても時期がバラバラです。早く芽を出すものがあるかと思えば、遅（おく）れて芽を出すものもいます。忘れた頃（ころ）に芽を出してくるものもあれば、それでも芽を出さずに眠（ねむ）り続けているものもあります。やっと芽を出しても、足並みが揃（そろ）っていません。

早く芽を出すせっかちもいれば、なかなか芽を出さないのんびり屋も

正しくつかめなかった。

怖かった。わからないまま、とにかく怖かった。

知らなかった事実の大きさが。ぶわっと湧（わ）き立つ感情の熱さが。

頭の奥（おく）、いやもっと遠いところから声が聞こえてくる。

あの冬、真っ白な雪の風景の中で聞いた男の子の声が。

――僕は帰らないよ。これからずっとここにいる。

――東京の私立をやめてここに来たから。再入学は難しいし、したくない。だから来年も再来年も、その先も、寮（りょう）で暮らしながら村の学校に通わせてもらう。

――どこにも行くつもりないよ。

顔立ちも口調も大人びていた。自分に関するあらゆる物事をきちんと理解している態度だった。でも、そうじゃなかったんだ。あのとき行人はぎりぎりの状態で立っていた。もうあとがない、しくじったら終わりだと思い詰めて。

この村に根を張らなければ、必死にしがみつかなければ、生きていられる場所がどこにもなくなってしまうって。

（4）心の底からおびえていたのに。

――でも僕がいると、桑島さんは嫌（いや）だよね。ごめんね。

自分の不安を後ろに隠（かく）して、わたしに気を遣（つか）ったんだ。

（5）……ばかじゃないの！

ばかだよ。ほんとどうかしてるよ。もういい子ぶってる余裕（よゆう）なんかないくせに、わたしにまで愛想よくしてどうすんの。無理しないでよ、苦しいんでしょ。何もかも捨てちゃいたかったんでしょ。ありったけの力をふり絞（しぼ）ってここにげてきたんでしょ。

十一歳（さい）に戻（もど）って言ってやりたい。あの細い肩をつかんで揺（ゆ）さぶりたい。

もう我慢（がまん）しないで。

誰の顔色もうかがわないで、ぜんぶ放り投げちゃって、したいようにしてよ。本当に感じてることをわたしに教えてよ。

ねえ、野見山くん。

泣きたいんじゃないの？

眞島めいりの文章による

＊脳裡　頭の中のこと。

＊癇癪　感情を抑えきれないで激しく怒り出すこと。

＊唐突　突然。

問一　波線（1）の「決意」の内容を「～こと。」に続くように、二十字以内で書きなさい。

問二　波線（2）の表現が表していることとして、最も適当なものを次から選び、その記号を書きなさい。

ア　満希が行人の言葉を緊張しながら待っていること。

イ　満希が行人の過去の出来事に怒りを覚え始めていること。

ウ　行人が次の言葉を必死に語ろうとしたこと。

エ　行人が話をしながらどんどん寒さを感じていること。

問三　波線（3）のように満希が感じたのはなぜですか。最も適当なものを次から選び、その記号を書きなさい。

直せない。

だけど、きっと。

他人の考えや思いを汲（く）みとるのが上手であればあるほど、強烈（きょうれつ）なエネルギーをともなう感情を、もろに受け止めてしまうんじゃないだろうか。

善意よりも悪意を。好きよりも嫌（きら）いを。たとえそれが自分に向けられた感情じゃなくたって、もはや関係なしに。

教室の中に尖（とが）ったことばが満ちていくのを来る日も来る日も聞き続けて、周りがそれに麻痺（まひ）し始めても感受性が鋭（するど）いままで、だんだん身動きがとれなくなって。みんながそのことを忘れたようにふるまうほど、なかったことにされていくほど、どんどん身体が重くなって。

最後は呑みこまれるしかなくなる。

ぐちゃぐちゃな気持ちはことばにできる範囲（はんい）を超（こ）えていて、だから身体が悲鳴をあげたんだと思う。なのに他人のせいにしなかったんだ。責める対象は自分だったんだ。標的にされたわけじゃないのに傷ついて助けを求めるなんておかしいって、そんなの間違ってるって思いこんでしまったから。

それで誰にも迷惑（めいわく）をかけないように、かしこく、沈黙（ちんもく）を選んだ。

――これくらい、平気にならなきゃ、だめだ。

高一の合唱コンクールが終わったあと、体育館の通用口にぽつんと座っていた姿を思い出す。クラスメイトたちに見つからないような場所で、具合が悪いのにひたすら耐（た）えるばかりだったあのとき。息をするのさえつらそうでも、絶対に涙（なみだ）をこぼさなかった。

弱い部分をしっかり押（お）しこめ、不安をコントロールする術（すべ）を身につけ、みんなに認められた優秀（ゆうしゅう）な自分を立て直すために。

これがいちばんいい方法だと、こうじゃなきゃいけないと信じながら。

戦ってた。ひとりきりで。

「……はじめて聞いたよ、そんな話。」

呆然（ぼうぜん）としてつぶやいたら、行人はようやくわたしの顔を見つめ返した。

それからふうっと、ため息をつくみたいに肩を落として、ほほえんだ。

「はじめて言ったよ、こんな話。」

笑い方はまだ少しぎこちなくて、心臓の上で握りしめたままの左手はかすかに震（ふる）えている。ずっと誰にも言わずにきた秘密を明らかにしたことに、決断した当の本人のほうが動揺（どうよう）してしまっているみたいに。

それじゃ、どうして。

＊唐突（とうとつ）に告白の相手として選ばれたわたしは戸惑（とまど）い、どうすればいいのか途方（とほう）に暮れた。

なぐさめる？　代わりに怒（おこ）る？　受け容（い）れる？

似たような選択肢（せんたくし）は手もとにたくさんあって、どれひとつとして【　B　】的じゃなかった。求められているものの形を

められたでも、いじめたでもないのに、くよくよしてる自分が情けなくて、腹が立って、落ちこんで。そのくり返し。」

……行人は、ここにいる。

眩（まぶ）しそうに目を細めながら、ちゃんとわたしの前にいる。

そう自分に言い聞かせなければならないほど、(3)突然（とつぜん）に遠い隔（へだ）たりを感じた。

「登校しなくなって半年経ったころ、僕のことを聞いた長野の伯父（おじ）さんが、山村留学制度のパンフレットを送ってきてくれた。僕は東京の学校からも千葉の家からもとにかく離（はな）れたくて、脱出（だっしゅつ）できるなら正直行き先はどこでもよかった。ひとの数が少ない場所ならなおさら好都合で、これは最初で最後のチャンスだって思って、それで……。」

一度唇（くちびる）を引き結んだのはきっと、正しいことばを探すため。

「【　A　】んだ。ここに。」

言い終え、大きく息を吸った。

ゆっくり、ゆっくり。

まるで長いあいだ呼吸を止めていたかのように。痛みを抑（おさ）えこむのに似た動きで、ぎゅっと胸の真ん中を握（にぎ）りしめて。

そのこぶしを、目を、唇を、わたしは黙って見つめるしかなかった。

何から順に驚（おどろ）けばいいんだろう。心臓が変な速さで鼓動（こどう）を打っている。

不登校だった？　行人が？

たしかに、そういう理由から山村留学を選んだって例はちらほら耳にしたことがある。だけどその情報を野見山行人に当てはめて考えたことはない。

だって留学してきて以来、学校を休んだ日なんか一日でもあったっけ？　毎年わたしといっしょに皆勤（かいきん）賞をもらっていたはずだ。身体が弱いなんて話もはじめのころはあった気がするけど、しょせん噂（うわさ）なんか当てにならないなと思ってさっさと片づけてしまった。

なにせ出会ったときから行人は、よくできた生徒だったから。

同い年の子どもの目から見ても、間違（まちが）いなくそうだったから。

成績が申し分ないのはもちろん、ことばづかいも丁寧（ていねい）で、なにより人当たりがよかった。わがままな*癇癪（かんしゃく）も起こさなかったし、なんだってスムーズにこなして、褒（ほ）められたときでさえ手柄（てがら）をひけらかさない。体育のマラソンだけは不得意だったけど、だとしても毎回ゴールまできっちり走りきってた。

どんなときもお手本だったじゃない。小さい子の面倒（めんどう）見もよくて、年上の子や先生たちからも頼りにされて、誰に対しても優しくて。

いつだって、周りにいるひとの心を察するのが上手で……。

あ。

だから。

「だから、なの？」

声にしてしまったことばは、あまりにかぼそくて、相手の耳に届かなかったみたいだった。行人はこっちを見てくれない。わたしも問いかけ

窓に背を向け一歩踏（ふ）み出した行人は、すぐそばのテーブルの脇（わき）に立った。高校受験に向けて放課後ここで勉強していたころ、いつも好んで座（すわ）っていた席だった。

「その子が話すたびに、五人がいっせいに笑うんだ。すごくばかにした感じで。笑ってやるから早く何か言えって、つねにプレッシャーをかける。わざと聞こえるように『まだ死なないな。』『もうすぐだよ。』って会話する。合言葉みたいに、毎日。しかもその子をターゲットにした理由なんてとくにないみたいだった。……僕はそんな状況（じょうきょう）を黙（だま）って見てた。嫌だと思いながら何もしなかった。」

前かがみになってテーブルに両手をつく、カーキ色のジャケットを着た背中をわたしは見つめた。

手のひらで強く押（お）され続ける天板が、ミシッと乾（かわ）いた音で鳴った。

「だけど学年があがってクラス替（が）えになって、雰囲気（ふんいき）がすっかり変わったんだ。みんな新しい友達を見つけて楽しそうだった。いじめた子も、いじめられた子も、周りも、最初から何もなかったみたいにふるまって。……気づいていたはずの先生たちも、子どもの一時的な気まぐれだったんだなって明らかにほっとしてた。それでよかったんだよ、問題が自然に解決したんだから。でも。」

(2)力のこもる指先の爪が白く変わっていく。

「僕はひとりで、勝手に、苦しんでた。」

淡々（たんたん）と続く、いつもより早口なことばの連なりをわたしは追いかけようとした。

いっしょにいるとときどき感じた、どこか心がしんとしていく感覚に、これほど打ちのめされたことはなかった。

「誰かを追い詰（つ）めるのも、それに飽（あ）きるのも自由自在のみんなが怖（こわ）くてたまらなかったし、黙って見てた自分だって同類だと思った。信じられるものがなんにもなくなった。……そしたら身体（からだ）がおかしくなって。毎朝胃のあたりがこわばって、重くて、なかなか起きあがれないんだ。電車通学だったから無理に駅まで行こうとすると、どんどん胸が苦しくなってホームで足が動かなくなる、昼過ぎまでそこに突（つ）っ立ってたときもあったな。……そんなことばかりが続いて、とうとう家から出なくなった。好きで習ってたピアノもやめた。」

「ピアノ。」

その単語をつかまえる。

高校の合唱コンクールが＊脳裡（のうり）によみがえったからだ。伴奏者（ばんそうしゃ）として三年連続で賞に選ばれ、いつも盛大な拍手（はくしゅ）を送られていたあのみごとな演奏が。

首をわたしの立つ側に少し動かした行人は、笑おうとして失敗したような顔で、こくんとうなずいた。

「僕が何も話そうとしなかったから、父さんも母さんも困り果ててさ。『苦労して合格した私立なんだし、がんばって通ってみたら。』って言われたよ。そう励（はげ）ますしかなかったんだろうなって今ならわかるけど、そのときはキツかった。」

肩越（かたご）しに振（ふ）り仰（あお）ぐようにして顔を窓へ向ける。

「だからといって親に訴（うった）えたいことなんてなかった。いじ

【国　語】（五〇分）〈満点：一〇〇点〉

【注意】字数が決まっている問いについては、「、」や「。」も一字と数えます。

一　次のぼう線部のカタカナを漢字で書きなさい。

①まじめにハタラく。
②日本新キロクを出す。
③安心してマカせる。
④すぐにユケツが必要だ。
⑤ケンチク技術の発達。
⑥キビしい冬。
⑦家のモケイを作る。
⑧コウフンが冷めない。
⑨地域団体にカメイする。
⑩店をリンジ休業する。

二　次の文章を読んで、後の問いに答えなさい。

> 高校三年生の満希（みつき）は、東京からやってきた野見山行人（のみやまゆきと）と小学生のころから一緒（いっしょ）にいます。

行人が医大に合格してうれしい。行人の夢が叶（かな）うのが、まるで自分のことみたいにうれしい。それはもちろん本当。

だけど、なんでかな。なんて言い表したらいいのかな。

こんなにあっけなく、別れの日って来るんだね。

そう思ってしまうのをゆるしてほしかった。誰（だれ）にかはわからないけど。

「……千葉の家で暮らして、東京の学校に通ってたとき、さ。」

ふと話題を換（か）えられた。顔をあげて隣（となり）を見る。

吸い寄せられるように目が合った。

かすかな緊張（きんちょう）が走って、あ、と思う。どうして緊張なんかする必要があるんだろう。でも奇妙（きみょう）な予感に襲（おそ）われる。

行人の（1）表情に見たことのない決意があったから。

「僕（ぼく）、不登校だったんだ。」

「え？」

言われたことをとっさには理解できなかった。

行人の口からたしかに発されたその音と、わたしの知っているその意味が、一致（いっち）していないような気がした。

「不登校って……学校、行ってなかったの？」

うろたえて訊（き）き返すと、ふらりと目をそらされる。

疑問符（ぎもんふ）だらけのわたしの視線を横顔に受け止める行人は、しばらく迷うような間を置いた。こくっと唾（つば）を呑（の）みくだす喉仏（のどぼとけ）の動きが見えた。

「原因は、いじめ。」

新聞の見出しを読みあげるみたいな、感情のこもらない言い方だった。

「……っていっても、僕が何かされたわけじゃなくて。いじめられてたのは同じクラスの友達で、いじめてたのも同じクラスの友達五人。」

MEMO

大切なことはメモしておこうネ！

2021年度

解　答　と　解　説

《2021年度の配点は解答欄に掲載してあります。》

＜算数解答＞《学校からの正答の発表はありません。》

〔1〕　(1)　2021　(2)　11.3　(3)　10　(4)　$\frac{3}{4}$

〔2〕　(1)　86個　(2)　6歳　(3)　24人　(4)　18日

〔3〕　(1)　1008　(2)　9829　(3)　5039

〔4〕　(1)　75.36cm　(2)　46.62cm^2　(3)　9.9cm^2

〔5〕　(1)　720m　(2)　毎時6.4km　(3)　$\frac{9}{16}$倍

〔6〕　(1)　A　1　B　2　C　4　D　3

(2)　(本当のことを言っている人)　C　A　2　B　1　C　3　D　4

○推定配点○

各5点×20(〔6〕(1)，(2)A～D各完答)　計100点

＜算数解説＞

〔1〕 (四則計算)

(1)　$132 \div 12 + 15 \times 134 = 11 + 2010 = 2021$

(2)　$3.6 + 9.6 - 1.9 = 11.3$

(3)　$\frac{55}{12} \times \frac{36}{11} - 5\frac{5}{6} + \frac{23}{9} \times \frac{15}{46} = 15 + \frac{5}{6} - 5\frac{5}{6} = 10$

(4)　$\square = \left\{(0.5 - 0.3) \times \frac{5}{14} + \frac{1}{7}\right\} \times 3.5 = \frac{3}{4}$

〔2〕 (過不足算，年令算，倍数算，平均算，割合と比，仕事算)

基本　(1)　子供は(30−6)÷(10−7)＝8(人)いるので，あめは10×8＋6＝86(個)

重要　(2)　(51＋7×2)÷(4＋1)−7＝6(歳)

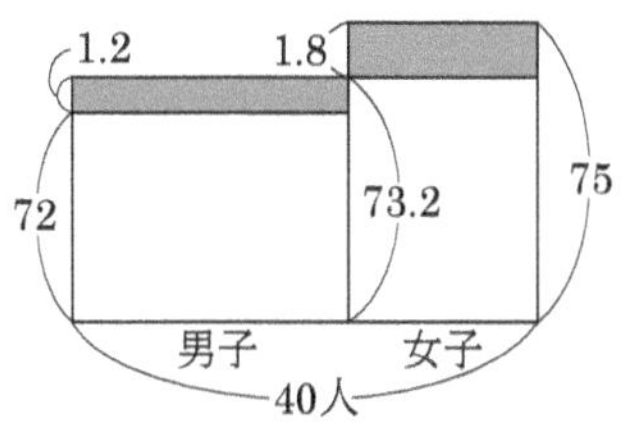

重要　(3)　右図より，色がついた部分の面積が等しく(73.2−72)：(75−73.2)＝1.2：1.8＝2：3　したがって，男子は40÷(3＋2)×3＝24(人)

基本　(4)　仕事全体の量を9，6の最小公倍数18にすると，A1日の仕事量は18÷9＝2，B1日の仕事量は18÷6−2＝1　したがって，B1人では18日かかる。

重要　〔3〕 (数の性質)

(1)　12，18，42の最小公倍数は252　したがって，252の倍数で4けたの最小の数は252×4＝1008

(2)　「252の倍数＋1」で4けたの最大の数は，9999÷252＝39…171より，9999−171＋1＝9829

(3)　12−11＝18−17＝42−41＝1より，「252の倍数−1」で5000に最も近い数は1008×5−1＝

5039

重要 〔4〕（平面図形）

(1)　右図より，$6\times3.14\div3\times6\times2$
$=24\times3.14=75.36$(cm)

(2)　右図より，$3\times2.59\times6$
$=46.62(\mathrm{cm}^2)$

(3)　右図より，$6\times6\times3.14-(3\times3\times3.14\div3+3\times2.59)\times6=$
$113.04-103.14=9.9(\mathrm{cm}^2)$

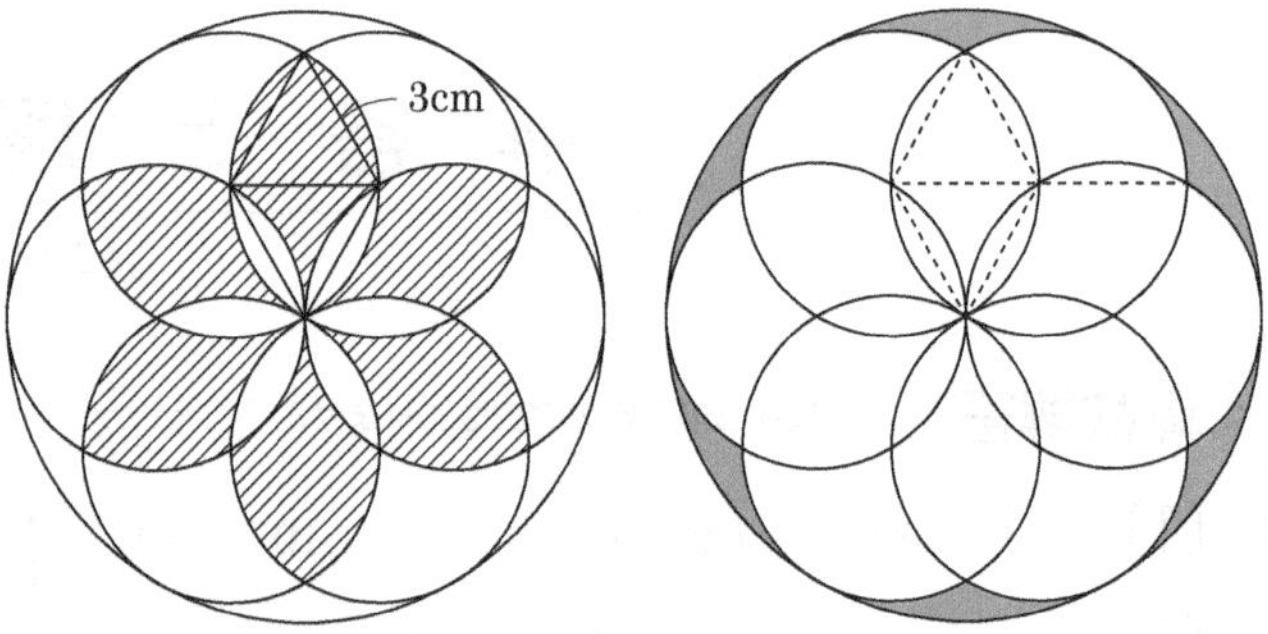

重要 〔5〕（速さの三公式と比，グラフ，割合と比，単位の換算）

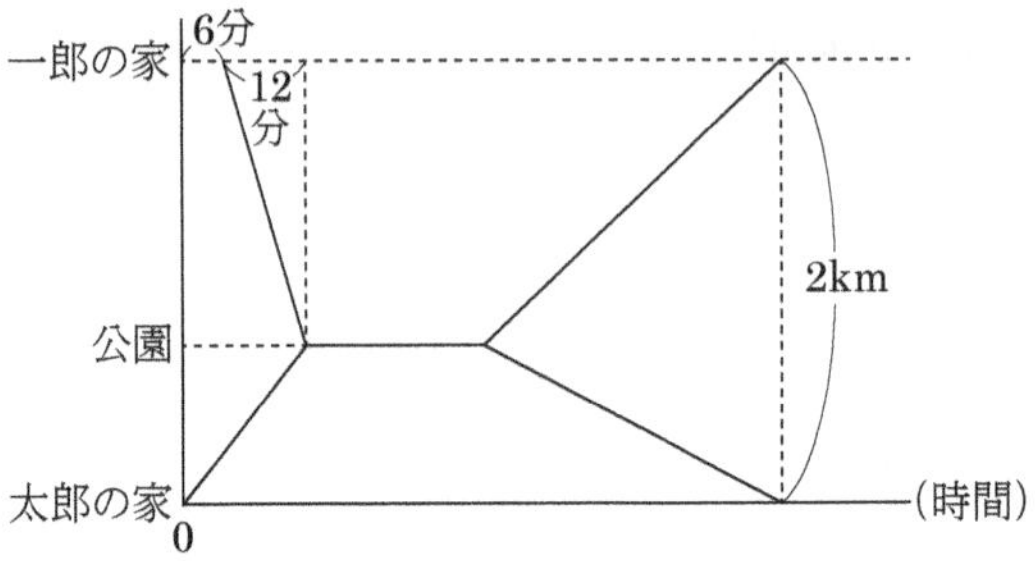

(1)　太郎の分速を3，一郎の分速を8とすると，2人が公園まで進んだ距離の比は$\{3\times(6+12)\}$：$(8\times12)=9：16$　　したがって，太郎の家から公園までは$2000\div(9+16)\times9=720$(m)

(2)　(1)より，$(2-0.72)\div\frac{12}{60}=6.4$(km)

(3)　(1)より，$9\div16=\frac{9}{16}$(倍)

〔6〕（論理・推理）

重要　(1)　右図より，Aが1，Bが2，Cが4，Dが3

C4

D3　　2B

A1

やや難　(2)　下図より，Aが2，Bが1，Cが3，Dが4のとき，A，B，CのうちBの数が最小であり，AとBがうそをついており，Cが本当のことを言っている。

C3

D4　　1B

A2

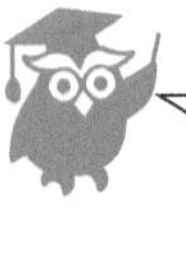

★ワンポイントアドバイス★

〔3〕(3)は「$12-11=18-17=42-41=1$」に注意し，〔5〕「速さの三公式と比・グラフ」では，「太郎の分速を3，一郎の分速を8」として計算するとよい。〔6〕(2)の「本当のこと」を言っているのはだれかは，注意しよう。

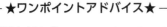

＜理科解答＞《学校からの正答の発表はありません。》

〔1〕 ① ア　② ウ　③ ア　④ エ

〔2〕 問1 （例） 海水以外のものをとりのぞくため。　問2 （例） ろうとの先のとがった方をなべのかべにつける。　問3 エ　問4 ウ　問5 イ　問6 イ，エ，カ

〔3〕 問1 ウ　問2 ウ　問3 A ア　B カ　C オ　問4 ① ア
② （例） ペットボトルからふき出させて，飛ばす力に利用するため。
③ （例） おしちぢめて，もとにもどるときの力を水をふき出す力に利用するため。

〔4〕 問1 ① カシオペヤ座　② おおぐま座　問2 （例） ほぼ真北の方角に見えて，時間がたってもその位置がほとんど変わらないから。　問3 イ　問4 （例） 星座C（カシオペヤ座）がにその地平線に沈んでいる。　問5 名前 オリオン座　記号 イ

〔5〕 問1 ① イ　② ア　③ ウ　④ エ　⑤ ウ　⑥ オ
問2 ① イ　② オ　③ カ　④ ア　⑤ エ　⑥ ウ　問3 ア，エ
問4 イ

○推定配点○

〔1〕 各2点×4　〔2〕 各3点×6　〔3〕 各3点×6(問3完答)
〔4〕 問1・問5名前 各2点×3　他 各3点×4
〔5〕 問1・問2 各1点×12　他 各3点×2　計80点

＜理科解説＞

〔1〕 (総合―時事問題)

① 2020年のノーベル化学賞では，ゲノムの編集方法についての新たな手法を開発したフランス出身の科学者のエマニュエル・シャルパンティエとアメリカ出身の科学者のジェニファー・ダウドナの2名が受賞した。

② 新型コロナウイルス(COVID-19)の検出に利用されているPCR検査は，患者の体内からDNAを採取し，DNAの特定領域を増幅することで新型コロナウイルスのDNAを検出できるようにしている。

③ 2020年7月，千葉県習志野市で63gと70gの隕石が落下し，これらは「習志野隕石」と名付けられた。

④ 2020年9月，金星の研究チームは金星の大気にホスフィンと呼ばれる物質が検出されたことを発表した。ホスフィンが検出されたことから，金星に生命が存在した可能性があると考える科学者もいる。

〔2〕 (もののとけ方―海水の塩分濃度)

問1 海水以外の物質や生物などをとりのぞくため，海水をろ過する。

重要 問2 ろ過するとき，液はガラス棒を伝わらせながら注ぎ，ろうとの先のとがった方はろ液を集める容器のかべにつける。

問3 塩は海水にとけていて，水分を蒸発させることで塩の結晶が得られる。また，海水のどの部分でも塩分濃度は同じなので，水分を蒸発させると，なべの底一面に塩の結晶が残る。

問4 海水の量はひじょうに多く，風雨によって海に運ばれる塩分濃度の増加や海上での降雨による塩分濃度の減少の影響はほとんどなく，地球環境に大きな変化がなければ海水の塩分濃度に大きな変化は起こらない。

問5　表より，B地点以外の海水の塩分濃度を求めると，A地点…3.2(g)÷100(g)×100＝3.2(%)，C地点…16(g)÷500(g)×100＝3.2(%)，D地点…9.3(g)÷300(g)×100＝3.1(%)，E地点…1.7(g)÷50(g)×100＝3.4(%)となる。これらから，海水の塩分濃度は約3%であることがわかる。よって，B地点の海水250gに含まれる塩の重さは，およそ250(g)×0.03＝7.5(g)と考えられ，選択肢中で最も適切なものはイであることがわかる。

問6　海水の塩分濃度と同じくらいの濃度の食塩水がアサリの砂抜きに適した濃度である。ア～カの食塩水それぞれの濃度は，ア…3(g)÷(3＋297)(g)×100＝1(%)，イ…10(g)÷(10＋290)×100＝3.33…(%)，ウ…5(g)÷(5＋325)(g)×100＝1.51…(%)，エ…10(g)÷(10＋320)(g)×100＝3.03…(%)，オ…33(g)÷(33＋447)(g)×100＝6.875(%)，カ…15(g)÷(15＋435)(g)×100＝3.33…(%)となる。よって，砂抜きに適した食塩水はイ，エ，カとなる。

〔3〕 (力―ペットボトルロケットの原理)

基本　問1・問2　物体をおしちぢめると，もとにもどろうとするときに力が生じ，力の大きさは大きくおしちぢめられるほど大きくなる。水はおしてもほとんどちぢまないが，空気は水よりも大きくちぢむため，もとにもどろうとするときに生じる力は空気のときのほうが大きくなる。よって，空気鉄ぽうが最もよく飛ぶ。

問3　水はおしてもほとんどちぢまないため，おしこまれたときの勢いを水がそのまま玉に伝える。空気はおすと大きくちぢんで小さくなり，もとにもどろうと大きくなるときの勢いが玉に伝わる。

問4　①　ペットボトルロケットでは，たくさんの空気をペットボトルに送りこむため，ペットボトルの内部の圧力が大きくなる。そのため，内側からの圧力に強い炭酸飲料用のものを用いる。

やや難　②・③　ペットボトルロケットは，たくさんの空気をペットボトルに送りこみ，ちぢめられた空気がもとにもどろうとするときに生じる力によって，水を勢いよくおし出すことで飛ぶ。

〔4〕 (星と星座―星座の動き)

基本　問1　①　北の空で，明るい5つの星をつなげると「W」や「M」の形に見える星座はカシオペヤ座である。　②　北の空で，明るい星をつなげるとひしゃくのような形に見える星座はおおぐま座で，7つの星をつなげてひしゃくのような形に見えている部分は北斗七星とも呼ばれる。

重要　問2　星Aは北極星と呼ばれ，こぐま座の一部である。北極星は地球の北極と南極を結ぶ地軸の北側の延長線上にあるため時間がたっても位置がほとんど変わらず，北半球ではほぼ真北の方角に見えるので，昔から航海に利用されてきた。

基本　問3　北極星(星A)は，右の図のように北斗七星(おおぐま座)とカシオペヤ座を利用して，位置を調べることができる。

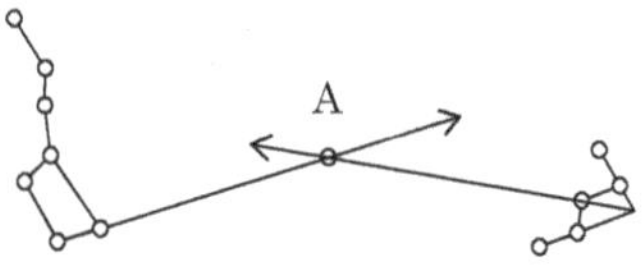

問4　星座C(カシオペヤ座)は北の空の星座で，北極星を中心に反時計回りに動いて見える。星座B(オリオン座)は南の空の星座で，東からのぼり，南の空を通って西の地平線に沈む。

問5　星座Bはオリオン座で冬を代表する星座である。一方，さそり座は夏の空を代表する星座である。ギリシャ神話では，オリオンはさそりの毒で殺されてしまったため，オリオン座はさそり座が夜空に見えなくなったころに現れるとされている。

〔5〕 (動物―鳥のからだのつくり)

やや難　問1　①　どろの中の動物をついばむ鳥のくちばしは，はば広い形をしている。　②　虫などをついばむ鳥のくちばしは，短くてやや太い形をしている。　③・⑤　小動物や魚の体を引きさく鳥のくちばしは，かぎ状の形をしている。　④　木の幹をつついて虫をつかまえる鳥のくちばしは，細くてやや長い形をしている。　⑥　水の中にもぐって食べものをくわえる鳥のくちばしは，細長い形をしている。

やや難 問2 ① 水かきの大きな足は，泳ぐのに適している。 ② 小さな水かきのある足は，ぬかるんだ場所でも歩きやすい。 ③ 指が前後に2本ずつになった形をしている足は，木の幹に垂直に止まりやすい。 ④ 指が少ない足は，速く走りやすい。 ⑤ 指が前に3本，後ろに1本になった足は，枝をつかんでつかまりやすい。 ⑥ 指先がまるみをもっている足は，食べものをつかみやすい。

問3 図から，息を吸っているときは，空気が肺と後の気のうに入り，肺から前の気のうに空気が流れていることから，簡単に表すとエのようになり，息をはいているときは，後の気のうから肺に空気が流れ，前の気のうから体外へ空気が出ていることから，簡単に表すとアのようになる。

問4 問3より，息を吸っているときもはいているときも肺に空気が流れていることから，気圧が低い上空でも空気から酸素をとりこみやすくなっている。

★ワンポイントアドバイス★

身近な題材と理科の知識を組み合わせた問題や，与えられた情報から思考する問題などが多く出題されているので，いろいろなパターンの問題に取り組んでおこう。また，日頃から時事的な話題をしっかり確認しておこう。

＜社会解答＞《学校からの正答の発表はありません。》

〔1〕 問1 A (う) B (え) C (く) D (あ) E (か) F (こ) G (い) 問2 A (お) B (あ) C (い) D (う) E (え) F (か)

〔2〕 問1 1 平将門 2 後鳥羽 3 足利尊氏 4 徳川綱吉 問2 (ウ) 問3 (イ) 問4 (ウ) 問5 行基 問6 (イ) 問7 平泉 問8 (ウ) 問9 明 問10 (例) 農民の武器を没収し，兵農分離と土一揆の防止を行おうとした。 問11 (エ) 問12 (ウ) 問13 (ウ)

〔3〕 問1 1 ポツダム 2 貴族 3 兵役 問2 Ⅰ (イ) Ⅱ (カ) Ⅲ (キ) 問3 (1) (イ) (2) (ウ)，(オ) (3) (例) 主権を持つ者が，天皇から国民に変わった。 問4 勤労(の義務) 問5 GHQ 問6 (1) ○ (2) 30 問7 (1) 行政 (2) ○ 問8 (1) 3 (2) ○

○推定配点○

〔1〕 各1点×13 〔2〕 問10 3点 他 各2点×15 〔3〕 各2点×17(問3(2)完答) 計80点

＜社会解説＞

〔1〕 (日本の地理―日本の気候)

重要 問1 A 年降水量が4,000mm近くに達することから三重県の尾鷲市。尾鷲市は，夏季を中心に，南東の季節風が背後の紀伊山脈にぶつかり，大量の雨が降る。 B 冬季に降水量が多いことから石川県の金沢市。金沢市を含む北陸地方では，冬季，北西の季節風が背後の山地，山脈にぶつかり，大量の雪を降らせる。　C　年中気温が高いことから沖縄県の那覇市。那覇市は，亜熱帯の気候が卓越し，最寒月である1月でも，平均気温が17.0℃とかなり高い。　D　1月，2月の平均気温が0℃を下回っていること，年中平均的に降水がみられることなどから青森市。青森市は日本海側の気候，太平洋側の気候の両方の特色がみられ，年中平均的に降水がある。　E　年中比較的温暖で，降水量が少ないことから香川県の高松市。高松市を含む瀬戸内地方は，夏季は四国山地，冬季は中国山地が季節風を防ぐため，年中降水量は少ない。　F　1月の平均気温が0℃を下回っていること，年中降水量が少ないことから長野県の松本市。松本市は内陸性気候が卓越し，海洋の影響を受けにくいため，気温の年較差が大きく，降水量は少ない。　G　1月～3月，12月の平均気温が0℃を下回り，年降水量も1,000mmを大きく下回っていることから北海道の網走市である。

やや難　問2　A　美濃(岐阜県)は内陸性気候が卓越し，夏は暑く，冬は寒い。　B　旭川(北海道)は，上川盆地の中心に位置し，内陸性の気候が卓越。日本で最も寒い都市とされる。　C　酸ヶ湯(青森県)は青森市南東部の温泉地。冬季，北西の季節風が背後の八甲田山にぶつかり，大量の降雪がみられる。　D　箱根は神奈川県南西部に位置する箱根山一帯の地域。箱根山の外輪山に風がぶつかると，猛烈な雨が降ることがある。　E　富士山(静岡県・山梨県)は日本の最高峰。標高は3776m。周囲に山地，山脈のない独立峰であるため，強風が吹きつける。　F　与那国島(沖縄県)は，日本の最西端の島。夏季を中心に台風の直撃を受け，強風が吹きやすい。

〔2〕　(日本の歴史―年表を題材にした日本の通史)

重要　問1　1　平将門は，平安時代前期の武将。下総を本拠として，父である良将《よしまさ》の遺領問題で一族と争い，935年に伯父《おじ》の国香《くにか》を殺害し，国司に反抗する土豪を助けて下野《しもうさ》，上野《こうずけ》の国府を占拠。自ら新皇と称したが，940年平貞盛《さだもり》，藤原秀郷《ひでさと》らに敗れた。　2　後鳥羽上皇は，鎌倉時代初期の天皇。1198年から院政を行う。1221年，北条義時追討の院宣《いんぜん》を発したが，幕府軍に完敗し，隠岐に流され，この地で没した。　3　足利尊氏は，室町幕府初代将軍。元弘の乱で鎌倉幕府の命を受けて上洛したが，後醍醐天皇側に寝返り，六波羅探題を滅ぼした。しかし，後に後醍醐天皇に叛《そむ》いて光明天皇を擁立し，1338年征夷大将軍に任命され，室町幕府を開いた。　4　徳川綱吉は，江戸幕府5代将軍。治世初期は大老堀田正俊の補佐を受け，朱子学を官学とし，湯島に聖堂を建立するなど文治政治を推進した。しかし，正俊の死後は，生類憐みの令を乱発して民衆を苦しめ，悪貨を鋳造して物価上昇を招くなど悪政が多かった。

問2　「漢委奴国王印」は，1784年，福岡県の志賀島で発見された金印。『後漢書』東夷伝に記載されている，57年に光武帝が奴国王の朝貢に対し，授与した印と推定される。

問3　稲荷山古墳は，埼玉県行田市の埼玉(さきたま)古墳群内にある前方後円墳。1968年にこの古墳から出土した鉄剣に，「ワカタケル大王」の名が含まれる115字の金象嵌《きんぞうがん》の銘文があることが保存修理中に発見された。この銘文によって，大和政権の勢力が関東地方までおよんでいた可能性が高まった。

問4　聖徳太子は，仏教を深く信仰し，法隆寺，四天王寺などを建立し，仏教の経典の注釈書である『三経義疏《さんぎょうぎしょ》』を著した。(ア)―十七条の憲法ではなく，冠位十二階。(イ)―冠位十二階ではなく，十七条の憲法。(エ)―四天王寺は大阪市，法隆寺は奈良県斑鳩町にある寺院。

基本　問5　行基は，奈良時代の高僧。弟子を率いて，ため池や用水路を開き，布施屋《ふせや》(宿泊施設)をつくるなど社会事業につとめた。717年僧尼令違反のかどで民間布教を禁止されたが，聖武天皇により布教を公認された。のちに，東大寺大仏造営に際し，弟子らを率いて協力し，この功績により大僧正となった。

基本　問6　(イ)は，藤原道長の三女威子が後一条天皇のきさきとなり，権力の絶頂にあった道長が，その得意の気持ちを満月にたとえてうたったもの。(ア)は阿倍仲麻呂，(ウ)は天智天皇，(エ)は紀貫之のうたである。

問7　平泉は，岩手県南部，北上川中流域にある町。1094年藤原清衡が居館を構えて以来，藤原3代の栄華の都として繁栄した。京都の文化が移植され，中尊寺，毛越寺，無量光院などが建てられたが，奥州藤原氏の滅亡とともに衰退した。2011年，中尊寺，毛越寺などを構成要素として世界文化遺産に登録された。

や難　問8　(X)は1185年3月，(Y)は1180年，(Z)は1185年11月。

問9　勘合貿易は，室町幕府と中国の明との間で，勘合を用いて行われた貿易。明は中国の統一王朝の一つで，1368～1644年，17代277年間存続した。

重要　問10　刀狩は，農民らの武器所有を禁止，没収すること。中世農民の武器所有は当たり前のことであったが，豊臣秀吉は農民の武力反抗(土一揆)を防ぎ，兵農分離(武士と農民の身分をはっきり分けること)を徹底させるために，大規模な刀狩を行った。

問11　公事方御定書は，江戸時代の刑事関係成文法規。8代将軍徳川吉宗のとき，三奉行らが中心となって編纂した。また，目安箱は，吉宗が庶民の要求・不満などを受け付けるために，評定所の門前に置かせた投書箱。小石川養生所の設置，町火消の創設などの成果があった。(ア)—松平定信が主導した寛政の改革の一つ(寛政異学の禁)。(イ)—田沼意次が主導した政策の一つ。(ウ)—水野忠邦が主導した天保の改革の一つ。

問12　日清戦争の講和条約は，下関条約。このときの日本の全権は，首相の伊藤博文と外務大臣の陸奥宗光。統監府は，1905年の第二次日韓協約(韓国保護条約)により設置された，日本の韓国支配のための機関。初代統監は伊藤博文。(ア)は寺内正毅，(イ)は加藤高明，(エ)は原敬。

問13　(X)は1956年，(Y)は1950年，(Z)は1973年。

〔3〕　(総合—戦後の歴史，政治のしくみなど)

重要　問1　1　ポツダム宣言は，1945年7月26日，ドイツのポツダムにおいて，アメリカ合衆国，中華民国，イギリス(後にソ連が参加)が日本に対して発した共同宣言。降伏を勧告し，降伏条件と戦後の対日処理方針を定めたもので，軍国主義的指導勢力の除去，戦争犯罪人の厳罰，連合国による占領，領土の制限，日本の徹底的民主化などを要求した。　2　貴族院は，大日本帝国憲法のもとで，帝国議会を衆議院とともに構成していた上院の名称。皇族議員・華族議員らの世襲(互選)議員，勅撰《ちょくせん》議員(勲功のある者，学識経験者)，多額納税者議員(各府県で互選1人)で構成された。衆議院とほぼ対等の権限を持つ。　3　兵役の義務は，軍務に服する義務のことで，大日本帝国憲法では，これを第20条に明記していた。

や難　問2　日本国憲法第96条第1項は，「この憲法の改正は，各議院の総議員の3分の2以上の賛成で，国会が，これを発議し，国民に提案してその承認を経なければならない。この承認には，特別の国民投票又は国会の定める選挙の際行われる投票において，その過半数の賛成を必要とする。」とし，さらに第2項で「憲法改正について前項の承認を経たときは，天皇は，国民の名で，この憲法と一体を成すものとして，直ちにこれを公布する。」と明記している。

問3　(1)　大日本帝国憲法は1889年(明治22)2月11日に発布された。　(2)　(ウ)—日本国憲法には自衛隊に関する規定はない。自衛隊に関するルールは，自衛隊法によって定められている。(オ)—日本国憲法第20条第3項は，「国及びその機関は，宗教教育その他いかなる宗教的活動もしてはならない。」と明記している。　(3)　大日本帝国憲法は，その第1条で，天皇が日本の主権者であることを定めていた。一方，日本国憲法は，前文と第1条で，国民が主権者であることを定めている。

基本　問4　日本国憲法第27条第1項は，「すべての国民は，勤労の権利を有し，義務を負う。」と明記している。

問5　GHQは，General Headquartersの略称。第二次世界大戦後の1945～52年にかけて設けられた連合国の対日占領機構で，最高司令官マッカーサーのもとに設置された。

問6　(1)　日本国憲法第46条は，「参議院議員の任期は，6年とし，3年ごとに議員の半数を改選する。」と明記している。　(2)　参議院議員の被選挙権は30歳以上である。

問7　(1)　司法権は裁判所に属している。一方，行政権は内閣，立法権は国会に属している。

(2)　日本国憲法第68条第1項は，「内閣総理大臣は，国務大臣を任命する。但し，その過半数は，国会議員の中から選ばれなければならない。」と明記している。

問8　(1)　日本の司法制度は，三審制を採用している。三審制は，裁判の慎重を期するため，訴訟当事者に，同一事件で異なる階級の裁判所の審理・裁判を3回受ける機会を与える制度である。　(2)　裁判員制度は，地方裁判所における第一審のうち，殺人など一定の重大な刑事事件について，国民からくじ引きで選ばれた裁判員が，裁判官とともに審理に参加する制度。日本では2009年より開始された。

★ワンポイントアドバイス★

日本の気候に関する問題は，繰り返し出題される可能性がある。確実に得点できるようにしておきたい。

＜国語解答＞《学校からの正答の発表はありません。》

一　①　働(く)　②　記録　③　任(せる)　④　輸血　⑤　建築　⑥　厳(しい)　⑦　模型　⑧　興奮　⑨　加盟　⑩　臨時

二　問一　(例)　自分が不登校だったことを満希に打ち明ける(こと。)　問二　ウ
問三　ア　問四　にげてきた　問五　エ　問六　(例)　(行人は)平気なふりして精一杯強がっていたのだ。　問七　(例)　何もかも捨てたくてこの村ににげてきて，苦しく不安な気持ちを抱えているはずなのに，自分の気持ちは我慢して誰にも言わず，自分のことよりも満希に気を遣っている所。　問八　(例)　(満希が)知らなかった事実を行人から聞かされ，行人の苦しみや悲しみを深く理解していく(物語。)

三　問一　ウ　問二　(例)　環境によって遅く芽を出したほうが良い場合があるから。
問三　A　カ　B　イ　問四　ア　問五　(例)　早く芽を出す雑草と遅く芽を出す雑草どちらもあることで環境の変化に対応できるから。　問六　多様性
問七　エ　問八　(例)　芽を出す時期がバラバラな雑草や，株や葉っぱの形がバラバラなタンポポと同じように，人間も遺伝的多様性という個性を持っている。顔も性格も一人ひとり違うのはその個性が必要だからであり，違うことに価値がある。

○推定配点○

一　各2点×10　二　問一・問六・問八　各6点×3　問七　10点　他　各3点×4
三　問二・問五　各6点×2　問八　10点　他　各3点×6　計100点

＜国語解説＞

一　(漢字の書き取り)

①の音読みは「ドウ」。熟語は「労働(ろうどう)」など。②は競技などの成績や結果，またその最高数値。③の音読みは「ニン」。熟語は「責任(せきにん)」など。④の「輸」を「輪」などとまちがえないこと。⑤の「建」を「健」などとまちがえないこと。⑥の音読みは「ゲン・ゴン」。熟語は「厳選(げんせん)」「荘厳(そうごん)」など。⑦の「型」を「形」などとまちがえないこと。⑧の「興」の画数に注意。⑨は団体や組織などに一員として加わること。⑩はあらかじめ定めた時でなく，その時々に応じて行うこと。

二　(小説一主題・心情・情景・細部の読み取り，空欄補充，記述力)

問一　波線(1)直後から，自分が不登校だったという，満希の知らなかった過去を行人は話し始めていることから，不登校だったことを満希に話そうという行人の「決意」を説明する。

問二　波線(2)は，直後の「『僕はひとりで，勝手に，苦しんでた。』」を言おうとしている行人の様子なので，ウが適当。満希の説明であるア，イは不適当。「寒さを感じている」とあるエも不適当。

重要　問三　不登校だったことやピアノをやめたことなど，満希の知らなかった行人の過去を行人から打ち明けられて波線(3)のように満希は感じたので，アが適当。満希の知らなかった過去を明らかにされたことを説明していない他の選択肢は不適当。

問四　【A】の行人の言葉をふまえて，最後の場面で「ありったけの力をふり絞ってここににげてきたんでしょ」という満希の心情が描かれているので「にげてきた」が入る。

基本　問五　【B】は，確実であるさま，ほぼ決まっているさまという意味でエが適当。

問六　波線(4)は，転校してきた行人は大人びていてあらゆる物事をきちんと理解していたのではなく，ぎりぎりの状態で思い詰めていたのだ，ということに気づいた満希の心情で，転校してきたときの行人の気持ちを満希があらためて思い返しているので，「(行人は)平気なふりして精一杯強がっていたのだ。」というような内容で説明する。

重要　問七　波線(5)は直後で描かれているように，「いい子ぶっている余裕なんかないくせに，わたしにまで愛想よくしてどうすんの。無理しないでよ，苦しいんでしょ。何もかも捨てちゃいたかったんでしょ。ありったけの力をふり絞ってここににげてきたんでしょ。」ということなので，この満希の心情をもとに「ばかじゃないの！」と満希が感じた行人のことを具体的に説明する。

やや難　問八　この物語は，医大への進路が決まった行人が，小学生のころから一緒にいる満希に自分が不登校だったことを打ち明けるところから始まる。行人の話に打ちのめされ，行人の言葉を一つ一つ必死に受け止めながら，行人が抱えていた苦しみや悲しみを深く理解していく満希の様子が描かれているので，「(満希が)知らなかった事実を行人から聞かされ，行人の苦しみや悲しみを深く理解していく(37字)(物語。)」というような内容でまとめる。

三　(論説文一要旨・大意・細部の読み取り，空欄補充，ことわざ，記述力)

問一　「雑草を育てることが難しい理由」である波線(1)の説明として，(1)直後から続く5段落で，ア，イ，エは述べているが，ウの「芽を出す時期を雑草が決めていないこと」は述べていない。

問二　「早く芽を出したほうが……」から続く3段落で，雑草の「オナモミ」を例に「早く芽を出したほうが良いのか，遅く芽を出したほうが良いのかは，場合によって変わり」，「雑草の種子の中に早く芽を出すものがあったり，なかなか芽を出さないものがあったりするのも，同じ理由です」と述べているので「環境によって遅く芽を出したほうが良い場合があるから。」というような内容で波線(2)の問いに対する答えを説明する。

問三　「早く芽を出したほうがいい場合」のことである【A】は，良いと思ったらためらわずにすぐにやれという意味のカが適当。「遅く芽を出したほうがいい場合」のことである【B】は，あせって急ぐと失敗に終わるという意味のイが適当。アはつまらないものでもないよりはましであることのたとえ。ウはよどみなく，すらすらと話すことのたとえ。エは口に出して言わないほうが味わいもあり，差しさわりもなくてよいことのたとえ。オはいくら意見をしても全く効き目のないことのたとえ。

問四　【C】直後で「早いほう」と「遅いほう」の「どちらもあることが大切なのです」,「雑草にとっては，優劣ではありません」と述べていることから，アが適当。

問五　波線(3)前で，芽を出すのが早いほうがいいか，遅いほうがいいか「環境が変われば，どちらが良いかは変わ」るため「雑草はバラバラでありたがる」と述べているので，このことをふまえて「早く芽を出す雑草と遅く芽を出す雑草どちらもあることで環境の変化に対応できるから。」というような内容で説明する。

問六　【D】のある文は，「自然界」では，波線(3)のように「バラバラであることが強み」，すなわち大切にされるということである。「個性とは……」で始まる段落で，「多様性とは『バラバラ』なことです」と述べているので，Dには「多様性(3字)」が入る。

問七　雑草の「オナモミ」や「タンポポ」の具体例から,「人間」にも当てはめて説明しているので，ア，イは当てはまるが，「植物と人間を反対のものとして考え」とあるエは当てはまらない。冒頭や次の話題に移るときなど「～ますか？」「～でしょうか？」といった問いかけを多用して読者に親しみを持ちやすくしているので，ウは当てはまる。

やや難　問八　本文では，芽を出す時期がバラバラな雑草や，株や葉っぱの形がバラバラなタンポポといった例を挙げて，生物は「遺伝的多様性」を持っていることを述べ，人間も同様に，遺伝的多様性という個性があり，顔も性格も一人ひとり違うのはその個性が必要だからであり，違うことに価値がある，ということを述べている。これらの内容をふまえ，すべての生物が持つ「遺伝的多様性」という個性は必要であり，価値がある，ということを説明する。

★ワンポイントアドバイス★

小説では，直接描かれていない心情を，せりふや表情などからていねいに読み取っていくことが重要だ。

収録から外れてしまった年度の
問題・解答解説・解答用紙を弊社ホームページで公開しております。
巻頭ページ＜収録内容＞下方のQRコードからアクセス可。

※都合によりホームページでの公開ができない内容については，
　次ページ以降に収録しております。

問七　【E】【F】に入る言葉の組み合わせとして、最も適当なものを次から選び、その記号を書きなさい。

ア　E　義務　　F　方法
イ　E　責任　　F　使命
ウ　E　権利　　F　課題
エ　E　自由　　F　試練

問八　この対談を通して「山中先生」が伝えようとしていることを、八十字以上百字以内で説明しなさい。

ること。この気持ちは、すごく大切だと思います。

愛菜：そうですね、誰かのためになっている、と実感できたら、がんばろう！という気持ちも高まりますよね。私もいろんなことに興味を持って、毎日過ごしていきたいなと思っています。

　最後に、先生が感じる研究のおもしろさや、若い人へのメッセージがあれば教えてください。

山中先生：研究は、芸術と一緒なんですよね。何かをゼロから作り出すという創造の世界です。ほぼゼロから無限の可能性を引き出せる仕事なので、ぜひ、愛菜ちゃんを含（ふく）むたくさんの若い人に研究者になってほしいなと思います。

　小学生の「将来なりたい職業ランキング」だと、研究者はけっこう上位に来るんです。でも、実際に研究者になる人はとても少ない。だから、研究の＊魅力（みりょく）をもっとたくさんの人たちに伝えていくというのは、僕たち研究者の【　E　】であり、【　F　】だと思っています。

　愛菜ちゃんもぜひ、研究に興味を持ってくださいね。

愛菜：はい！　この後、＊iPS細胞（さいぼう）研究所内も見学させていただけるということで、とても楽しみです。今日は山中先生にお会いできてほんとうにうれしかったです。ありがとうございました。

＊警鐘　危険を予告し、注意をうながすもの。
＊魅力　人の心をひきつけて夢中にさせる力。
＊iPS細胞　体細胞に生体の様々な組織になる能力をもたせたもの。

問一　波線（1）の「驚きの終わり方」として、最も適当なものを次から選び、その記号を書きなさい。

ア　同じことのくり返しで生活にあきてしまった。
イ　死ぬまで、幸福に生きることができた。
ウ　死んだあとも、気づかれず世話をされていた。
エ　生きている人間が主人公だけになってしまった。

問二　波線（2）の具体例として、「山中先生」が述べているよくないことを一行で説明しなさい。

問三　波線（3）に対する「山中先生」の答えとして、最も適当なものを次から選び、その記号を書きなさい。

ア　実験は失敗するものなので、成功するまであきらめずにすること。
イ　現代の科学でわかっていることを使わないのが失敗であること。
ウ　自分の知識の範囲内だけで予想することは失敗であること。
エ　実験で出た失敗は新しいことを発見するきっかけになること。

問四　【A】【B】【C】【D】は芦田さんの発言です。それぞれ最も適当であるセリフを次の中から選び、記号で答えなさい。なお記号は一回ずつしか使えません。

ア　はい、そうですね（笑い）。
イ　それはなんですか？
ウ　研究の世界では、失敗することもあたりまえなんですね。
エ　それは、きっと……。人生にも通じる考え方ですね。

問五　波線（4）と言える理由を三十字以上四十字以内で説明しなさい。

問六　波線（5）として、「山中先生」が挙げている条件の一つを探し、「～こと」に続くように本文中から二十七字で探し、はじめの五字を書きなさい。

山中先生：もちろんです。思い通りの結果が出たほうが、誰（だれ）でもうれしいものですけどね。なんだって、自分の思い通りになったほうが楽しいでしょう？

愛菜：【　Ｂ　】

山中先生：思い通りいかなかったら、誰もが「うーっ」って落ち込みますよね。でも、研究者は基本的に失敗をするもので、そもそも失敗を「よくないことだ」と考えると研究はうまくいきません。そこでさっきもお話したような「適応力」があれば、予想と違う結果が出ても、「むしろ、これは、教科書に書いてない新しい事実を発見できるチャンスなんだ」って思えるんです。

愛菜：【　Ｃ　】

山中先生：そうかもしれませんね。人生といえば、愛菜ちゃんに事前にもらった質問の中に「人生って何ですか？」という質問があったので、これはすごいことが書いてあるなと思っていたんです。たぶん、僕自身も中学生くらいの時から、何十年間も考えてきたテーマだと思うんですが、すごく難しい問題ですよね。僕も答えはわからないんですが、ただ一度生まれてしまうと、どこの学校に行こうとか、どの仕事に就（つ）こうとか、どんな人と結婚（けっこん）するかとか、基本的には何でも自分で決めることができますよね。でも、決められないことがあるんです。

愛菜：【　Ｄ　】

山中先生：いちばん自分ではどうしようもなくて、決められないことは「この世の中に生まれてきたこと」なんですよ。こればかりは、完全には自分ではどうしようもありません。僕たちはこの世に生をいただいたわけで選択肢（せんたくし）はないんです。生が尽（つ）きるまで生きるしかなくて、それだったら楽しく生きようということだと思うんです。でも、この楽しいというのが難しくて(4)決して楽ではない。どうしたら自分が楽しいと思えるのかを探すしかないんですよね。愛菜ちゃんは、何をしている時がいちばん楽しいですか？

愛菜：うーん。友達と話をしたり、たわいもない時間を一緒（いっしょ）に過ごしたりするのが楽しいなと思うことが多いですね。

山中先生：人とのつながりを持つのは、(5)人生を楽しむために必要な条件ですよね。そして、成長していくうちには仕事もしないといけません。衣食住を得るためには何らかの労働をしなくてはいけませんよね。じゃあ、その時どんな状態が幸せかというと、生きるためにすることと、自分がしたいことや自分が楽しいと思えることが一致（いっち）した状態が、いちばん幸せだと思うんですよね。

　だから、今愛菜ちゃんは中学生ですが、高校、大学、20代を通じて、「自分は何がしたいんだろう」「自分は何をしている時が楽しいのかな」っていうのを探して深めていってほしいと思います。それには、けっこう時間がかかると思います。芸術家の方だったりすると、子供の時から「自分が楽しい」と思えることを見つけていて、ずっとその道でやっている方もおられますけど、多くの人は「自分が何をしたいのか」「何をしたら夢中になれるのか」を見つけるのに時間がかかります。その夢中になれるものが見つかってそれを仕事にできたら、生きていてとても楽しいと思います。

　あと、多くの場合、自分の人生が楽しいと感じるために大切なのは「どこかで誰かのためになっている」という気持ちが持てるものであ

しれない」と強く思いました。

山中先生：そんなふうに、星さんの作品には、世の中に対する*警鐘（けいしょう）がたくさんちりばめられていますよね。

愛菜：先生は、今後科学はどこまで進歩していいと思われますか？

山中先生：僕（ぼく）たちのように最先端（さいせんたん）の科学を研究していると、今、自分がやっていることはほんとうによいことなのかどうか、自信がなくなることもあるんです。原発がまさにその典型例です。原発は人間が作り出したすごい技術なんですけど、最初は爆弾（ばくだん）として使われて、何十万人もの方の命を奪（うば）ってしまった。それが、今度は平和利用として、クリーンエネルギーを生み出して世界の役に立っているんです。でも、東日本大震災（だいしんさい）のように一度原発事故が起こると、人間だけではなく、地球にもとんでもない被害（ひがい）をもたらしてしまう。科学は、人類や地球、宇宙のためになることもあれば、逆に破滅（はめつ）をもたらす可能性もあります。だから、科学技術は便利と危険の紙一重で、山頂の風向き次第（しだい）でどちらに転がるかわからないという危（あや）うさをいつも感じています。

　たとえば、この研究所には、生命倫理（りんり）を研究しているチームもあって、彼（かれ）らはまさに「医療（いりょう）はどこまで生死にかかわるべきか」という研究をしています。でも、なかなか答えは出ないんですよね。

愛菜：世の中はすごく便利になりましたが、果たしてそれが(2)必ずしもよいことばかりなのかどうか考えてしまいます。

愛菜：私は失敗して落ち込（こ）むこともあるんですが、失敗したからこその発見がたくさんあるし、前向きに考え気持ちを切り替（か）えるようにしています。(3)山中先生は「失敗」をどうとらえられていますか？

山中先生：生物学や医学の研究というのは、基本的に実験を繰（く）り返すんですね。「こういう実験をしたら、こういう結果が出るだろう」と予想を立てて実験するんですが、思い通りの結果になることは、10回のうち1回くらいしかありません。つまり、10回に9回は実験がうまくいかないんです。もしくは、実験はうまくいっても、結果が予想と違（ちが）うということがほとんどです。でも、そういう時こそがチャンスなんですよ。

　なぜかというと、現代の科学でわかっていることは、ほんの一部だからです。よく「氷山の一角」という言葉を使いますが、科学を氷山に例えるなら、今わかっていることは海から顔を出している小さな部分だけで、わからないことのほうがはるかに大きい。しかも、隠（かく）れている部分がどのくらい大きいのかすらも、わからないんです。

　僕たちは自分たちが知っている範囲（はんい）のことでしか、物事を判断できないじゃないですか。だから、自分の予想というのは、あくまで自分の知識の範囲内にとどまってしまうんです。水面から氷山が顔を出している小さなところだけを学んでわかった気になって予想を立てるので、実験で違う結果が出てしまうのは、ある意味当然なんですね。でも、その失敗が、これまで知られていなかった新しい事実を発見するきっかけになるかもしれないんです。

愛菜：【　A　】

問三　波線（2）でぼくが「やばい」と思った理由を二十字以上三十字以内で書きなさい。

問四　波線（3）で鳥村はどんなことから「ふっきれた」のですか。その説明として最も適当なものを次から選び、その記号を書きなさい。

ア　多数決で解決しようとしてしまったこと。
イ　榎元たちにおどされていること。
ウ　ホームルームをまとめられなかったこと。
エ　多数決で自分が手をあげ忘れたこと。

問五　【B】に入る言葉として、最も適当なものを次から選び、その記号を書きなさい。

ア　くやしくてさ　　イ　ばかばかしくてさ
ウ　めんどうくさくてさ　　エ　おそろしくてさ

問六　波線（4）で松林が「しかめつら」をしていた理由として最も適当なものを次から選び、その記号を書きなさい。

ア　周りがうかれているのを良く思わなかったから。
イ　鳥村をおどしたのをひきょうだと思ったから。
ウ　榎元たちの動きに不安を感じていたから。
エ　卓球をするための作戦を思いついたから。

問七　波線（5）「胸にささった」とありますが、その理由を六十字以上八十字以内で説明しなさい。

問八　波線（6）はどうして「よくわかった」ではなく「よぉくわかった」と書かれているのですか。その理由を説明しなさい。

問九　この文章を「ぼく（せんぎだ）が～物語。」という一文でまとめなさい。ただし、「～」に入る言葉は三十字以上四十字以内とします。

三　次の文章は、女優の芦田愛菜（あしだまな）さんと、科学者の山中伸弥（しんや）さんによる、対談の一節です。文章を読んで、後の問いに答えなさい。

芦田愛菜（以下、愛菜）：今日はお伺（うかが）いしたいことがたくさんあるんです！　毎日とてもお忙（いそが）しいと思うのですが、山中先生は、プライベートではどんな本をお読みになられますか？

山中伸弥先生（以下、山中先生）：いろんな本を読みますよ。中でも村上春樹さんの本は、だいたい全部読んでいますね。

愛菜：そうなんですね！　実は、私もこの間、村上春樹さんの書いた『騎士（きし）団長殺し』を読んで、独特の世界観に引き込（こ）まれました。

愛菜：他によく読まれていた本はありますか。

山中先生：星新一さんの小説は子供の頃（ころ）から大好きで、当時、出版されている作品はほぼ全部読んだと思います。

愛菜：私も星新一さんの作品は大好きで、最近読んだ中にも、とても印象深いお話があったんです。『ゆきとどいた生活』（理論社）という題名のショートショートなのですが、世の中全体がすべて自動化されている近未来が舞台（ぶたい）で、主人公の男性もすべてを機械に任せた生活を送っているんですが、すべてがゆきとどいた生活だからこそ……という（1）驚（おどろ）きの終わり方で、読んでいてゾクッとしてしまいました。そして、「今の時代は科学が生活のいろんなところに介入（かいにゅう）しているけれども、どこまでが便利で、どこからが害になってしまうのか。便利さと害は紙一重（かみひとえ）かも

いよ」

ぼくもマッスーのいうとおりだと思う。自分でも、なにがいいたいのかよくわかっていなかった。

「そうなんだけど、実際にその通りだなって思っちゃったんだよね。ぼくたちって、ただわがままいっているのかなって。それで今日、同じように(5)胸にささった言葉があったんだ」

マッスーがまたたずねる。

「さっきのホームルームで?」

「うん。それが、さっき松林がいった『小さな声をつぶすのはやめてください』ってやつなんだ」

みんな真剣（しんけん）な表情できいていた。

だれかが反応してなにかいってくれるかと思っていたけど、ぼくの話の続きを待っているみたいだった。ぼくは精いっぱい頭を回転させ、説明を続ける。

「松林のその言葉に、背中をぐぐって押（お）された感じがしたんだ。つまり、ぼくらは小さい声を代表して、闘（たたか）っているんだなってね。ただ、卓球がやりたい、バドミントンがやりたいってだけじゃない。なにか大人数で迫ってくる強そうなものに、強引な力に、立ち向かっているみたいな……」

みんな、やっぱりだまったままだった。

「あ、あれ、なんか……、くさいこといってごめん……」

ぼくは急に体中が熱くなるのを感じた。

みんながなにか話してくれればこんなはずかしいことはいわずにすんだのに、ついつい自分が思っていることを、そのままだらだらと話してしまった。

マッスーが口を開いた。

「いや、なんかわかるよ……。卓球どうのこうのじゃなくて、おどしたり、だましたりするようなやつらに、やっぱ負けたくない。ひきょうなやり方にも、そうじゃない正しいやり方で勝ちたくなるよね」

ぼくも強くそう思った。松林がうなずく。

「なるほど、(6)よぉくわかった」

「え?」

四人の視線が松林の顔に集中する。

「おもしろくなってきたじゃない。つまり、せんぎだ君がいっていたことが正解なのよ。それにそった作戦、思いついちゃった」

「ど、どういうこと?」

ぼくは意味がわからなくて、松林に答えをせかす。

「みんな、よくきいて。こういうことなの……」

（蒔田浩平の文章による）

＊チラシ　卓球の魅力（みりょく）を伝えるためにマッスーの自宅である魚屋に置いたもの。

＊高沢派　学級で高沢さんのことが好きな男子たちのこと。

問一　【A】に入る言葉として、最も適当なものを次から選び、その記号を書きなさい。

ア　腹だたしそうな声　　イ　おどろいた声

ウ　残念そうな声　　エ　わざとらしい声

問二　波線（1）「予想していなかった方向からの攻撃」とはどのようなことかを、「攻撃」につながるように一行で説明しなさい。

れ』っていっているんだよね～。あと『サッカーに入れて』ってお願いされた子もいるみたいよ」

マッスーがつぶやく。

「あいつら、サッカーだけで独占（どくせん）しようとしているのかと思ったけど、ちがうんだ……」

ぼくも同感だった。山西が続けた。

「原口君がもっていた紙をちらっと見たんだけど、なんか、だれがなにに入れるか、クラス全員分をまとめているみたいだったよ～」

「票を予想して、まとめているのね」

腕組みをしたままの松林がいう。

「どういうこと？」

ぼくがたずねると、鳥村が代わりに答える。

「たぶん、どの種目に何票集まるかを予想して、自分たちの思い通りにいくように調整しているんだ」

松林がさらにくわしく説明する。

「あいつらの作戦はたぶんこう。男子の票はサッカーに集めて、そこに女子の票もちょっと足して二〇票をとる。さらにポートボール好きの女子には『邪魔しない』っていって油断させて、ほかの女子にはバスケに入れるようにお願いして、バスケでも一〇票とる」

つまり三回中、サッカー二回、バスケ一回で、やっぱり独占しようとしているんだ！　マッスーがのけぞる。

「ええ！　それって高沢をだましているの!?　そんなのずるいじゃん！」

「高沢さんだけをだましているわけじゃないけど、ずるいのはたしかね。男子はおどして、女子はだます。これがあいつらの手口なんじゃない」
＊高沢派であることをばらしてしまったマッスーの発言をちくりとさしながら、松林が説明した。
マッスーはそのことには気づかず、むすっとした顔でうなずいている。ぼくはマッスーのために少し話題を変えた。

「どっちにしても、ぼくたち『卓球＆バドミントン』組は、これでようやく五票。一〇票までやっと半分だね」

マッスーがため息をつく。

「ふ～。あいつら、もうほとんどのクラスメートに声かけてまわっているんだろうね。先回りされているから、やりづらいなあ」

みんなしばらくだまりこんだ。

ぼくはふと、榎元にいわれた言葉を思い出した。考えがまとまらないまま、話のつなぎぐらいにはなるだろうと思って、そのまましゃべり始めた。

「そういえば、榎元君たちにいわれた言葉の中で、痛いところつかれたなって、ずっと引っかかっていたのが一つあるんだよね」

マッスーがたずねる。

「なんなの、それ？」

「うん。先週、ホームルームで榎元君がぼくらにこういったんだ。『おまえら、卓球クラブだな。ただ卓球がやりたいだけなんだろ』って」

マッスーが鼻の穴をふくらます。

「でも、あいつらだってサッカーとかバスケとか、自分たちがやりたいことをやりたがっているだけじゃん。ぼくらがそれで反省する必要はな

ほとんどのクラスメートが教室からいなくなった。のこっていたぼくとマッスーと松林は、応援（おうえん）してくれた山西をつれて鳥村の席へと近づいていった。

松林が話しかける。

「ありがとね。最後に『認める』のほうにしてくれて」

鳥村はぼそっと答える。

「別に、お礼をいわれるほどのことじゃないよ……」

そっけなくつぶやいたものの、ほほは熟(う)れたイチゴみたいにまっ赤だ。女子にストレートにお礼をいわれて、はずかしかったんだろう。

「鳥村は一学期のとき、たしかサッカーに入れていたから、てっきり『認めない』のほうにするかと思ったよ。なんで『認める』のほうに入れてくれたの？」

ぼくの問いかけに、鳥村はしばらく間を置いた。

「おどされたんだ……」

「え？」

ぼくらは声を合わせた。

「今日、昼休みに榎元君たちに屋上に呼びだされたんだ。そのとき原口君から、下校前のホームルームに『卓球台は四台しかないから、レクには向かない』って話をするから、その話が通るように司会を進めろっていわれて……」

「そうだったんだ……」とマッスー。

「うん。それだけじゃなくて、来週の投票のときは、サッカーにしろって。そうしないと『シめるぞ』ってね。そのときは怖（こわ）くて『うん』っていったけど、なんか【　B　】」

目線を落としてしゃべっていた鳥村が、そこでぼくの顔を見上げた。

「でもさっき、せんぎだ君とか、松林さんとか、増永君とかが、あいつらにもびびらずに発言しているのをきいて、ちょっと勇気がわいてきたんだ」

ぼくら三人は顔を見合わせた。

「それにぼく、バドミントンクラブには入っていないけど、バドミントンは好きなんだ。弟とよくやっている」

山西が口を開く。

「そうだったんだ～。バドミントン、楽しいよね。そういえば、わたしは榎元君たちに、バスケに入れてくれっていわれたな。別におどされたわけじゃないけどね。『お願い』って手をあわせながらたのまれたよ～」

榎元たちの動きは、かなり進んでいるみたいだ。

「でもね、増永君ちの魚屋さんで＊チラシをもらって、なんだかすごくおもしろそうだったから、卓球も応援したくなっちゃったんだ～」

「え！　そうだったんだ！」

ぼくは思わず大声をあげた。

マッスーと目を見合わせて、グータッチをする。チラシ作戦は地味に成功していたんだ。松林はぼくらがはしゃいでいるのをよそに、(4)しかめつらで腕（うで）組みをしている。

「あいつら、ずい分と手広くうごいているのね……」

山西がうなずく。

「そうみたい。四条ちゃんとか高沢ちゃんとか、ポートボールが好きな女子には『ポートボールが一〇票とるのは邪魔（じゃま）はしない』っていっているみたいなんだけど、わたしとかには『バスケに入れてく

う訴（うった）えは、卓球をしたいかどうかって問題をこえて、ぼくの胸にどんと迫（せま）ってきた。

　吉野の発言のあとは、たくさんの人が同時に立ち上がっていいたいことをいいだして、教室はパニック状態になった。

　先生が学級委員の鳥村にあごで「まとめろ」というふうに合図をした。鳥村が腹から声をだす。

「みなさーん、静かにしてくださーい！」

　鳥村のめずらしい大声で、みんなが口をつぐむ。でも鳥村の勢いがよかったのはここまで。目は泳ぎ、どうまとめていいのかわからないみたいだ。

　八の字の太いまゆ毛だけが、別の生き物になったかのようにうねうねとうごく。(2)やばい、こんなときに鳥村が吐（は）くセリフは一つしかない。

「多数決をとります！」

　やっぱり。こまったときの多数決だ。

　鳥村が書記役に小声で告げる。黒板に走り書きの文字がおどる。

「卓球＆バドミントンを認めるか、認めないか」

　鳥村が黒板を指さした。

「認めるか、認めないかで多数決をとります。まずは、認める人！」

　女子を中心に手が上がる。一九票だった。

「次、認めない人！」

　鳥村が一瞬（いっしゅん）、かたまる。

「あれ、一九票だ……」

　計三八票だった。うちのクラスの人数は三九だ。一票足りない。

　榎元ががなり立てる。

「だれだよ、手をあげていないやつ」

　女子からも声があがる。

「もぉ、だれなの～」

　鳥村がぽつりとつぶやいた。

「あ、ぼくだ……」

　普段（ふだん）の多数決では自分の分もちゃんと数えている鳥村だが、今回は緊張（きんちょう）していて忘れたみたいだ。先生がぼそっという。

「どっちだ？　おまえの一票で決まるぞ」

　鳥村はどっちにするか、決めていなかったようだ。

　突然、ぼくらと榎元たちの「綱（つな）引き」のどまん中に立たされた。手足を両方向から思いっ切り引っぱられ、苦しそうに顔をゆがめる。

　教室中の視線が、鳥村に集まっていた。

「ぼくは卓球＆バドミントンを……」

　静まり返る教室。時間が止まったみたいだ。

　ぼくは心の中で、綱引きの綱を強くにぎり直した。そしてもう一度、力のかぎりに引っぱる。

　たのむ、鳥村！　こっちにきてくれ！

　鳥村は顔をあげた。(3)ふっきれた表情だ。

「認めます！」

「おっしゃあ！」

　マッスーが叫（さけ）ぶ。榎元たちはチッと舌打ちをした。

原口は「そうくると思った」とばかりの余裕（よゆう）の表情だ。

「ですね。まあ、だとしても同時に一六人しかできません。やはり二三人もの大人数が見学していないといけません。二三人はこのクラスの半分以上の人数です」

「待っている間、ひまだよなあ」

「ほかのことやりたくなるぜ」

榎元たちの声が教室に響（ひび）く。あきらかに不利だった。

松林にとっても、（1）予想していなかった方向からの攻撃（こうげき）だったみたいだ。ぼくのあとに続けないでいる。

そのとき、細長い白い手がすらっと上がった。

一学期のとき、バドミントンをやりたいといった女子の山西だった。

山西は独特のおっとりした口調で話しだした。

「あの～、卓球とバドミントン、一緒にやればいいんじゃないでしょうか。クラブ活動の時間では、卓球とバドはいつも一緒に体育館を使っているよ～」

松林がすかさず手をあげた。

「山西さんの意見に賛成です。バドミントンクラブは、いつも卓球クラブと一緒にやっています。バドミントンのネットは三面はれるはずです。それぞれに審判（しんぱん）役も必要だし、ただ待っていないといけない人はほとんどでません！」

榎元三人衆の一人、長身の伊東が手もあげずに立ちあがり、高い位置から警報（けいほう）を鳴らすように声をはりあげた。

「そんなの変だろ！　だったら、それぞれがやりたいスポーツをやればいいって話になるじゃねえか！」

教室の中がさわがしくなってきた。伊東は警報を鳴らし続けた。

「レクの目的はみんなで一体感を高めることなんだろ！　だったら、競技は一つにしぼらないとおかしいだろ！　いろいろやっていいんなら、じゃあ、サッカーとバスケを一緒にしてもいいのかよ！」

今度はマッスーが立ち上がる。「手をあげて学級委員の指名を受けてから発言する」という基本のルールが成り立たなくなってきた。

「そんなことないよ。だって、サッカーとバスケは一種目だけで待つ人をつくらずにできるんだから、別にいいじゃん。卓球の場合、それができないから、バドミントンも一緒にやろうってことなんだよ。だから、ええっと……」

マッスーが言葉につまったところで、松林が助け船をだす。

「私もそう思います。だって、男女混合でやりましょうってルールはあったけど、一つだけの競技にしましょうってルールはなかったでしょ。みんながばらばらのことをするのはたしかにおかしいと思うけど、できない理由を探して、少数の意見を、小さな声をつぶすのはやめてください！」

ぼくはその言葉にはっとさせられる。松林は語気を強めた。

「条件が整わないなら、工夫して、できるようにすればいいだけじゃない。その工夫が、今回の卓球&バドミントン案です！」

「そんなのへりくつだ！」

今度は、榎元三人衆の一人、体力自慢（じまん）の吉野がいい放つ。

たしかに、マッスーと松林の意見は完全に筋（すじ）が通っているとは思えなかった。

でも「できない理由を探して、小さい声をつぶさないでほしい」とい

【国　語】（五〇分）〈満点：一〇〇点〉

【注意】字数が決まっている問いについては、「、」や「。」も一字と数えます。

一　次のぼう線部のカタカナを漢字で書きなさい。

①　すばらしいケシキを見る。
②　学問をオサめる。
③　病気がナオる。
④　規模をシュクショウする。
⑤　実力をハッキする。
⑥　コウリツよく働く。
⑦　オヤコウコウをする。
⑧　テンランカイに行く。
⑨　にせ物と本物をタイショウする。
⑩　卒業式でシュクジを聞く。

二　次の文章を読んで、後の問いに答えなさい。

次の文章は、ある小学校の学級の物語です。この学級ではレクの時間にするスポーツを多数決で決めています。三九人いる学級で投票を行い、一〇票以上入った上位三つの種目を二学期に三回あるレクの時間に行うことになっています。卓球（たっきゅう）クラブに入っているぼく（せんぎだ）は、同じクラブのマッスー（増永）や松林と協力して卓球に票を集めようと思っています。しかし、クラスのリーダー的存在である榎元は、仲間とそれをじゃまして、自分たちがしたい種目をしようと考えています。以下は、学級のレクの時間に何をするかを話し合っている場面です。

先週の金曜日にマッスーが突然（とつぜん）手をあげて発言したみたいに、この日は原口が手をあげた。すばやく立ちあがると、さあっと風がふきぬけるみたいによく通る声で話し始めた。

「今週木曜のレクのことでいいたいことがあります。今日、体育館の倉庫の中を調べてみたんです。そしたら、なんと卓球台は四台しかないことがわかりました」

「うぇ～、まじかよ～」

ほかの男子から【　A　】が上がる。

「つまり、卓球は同時に八人しかできないということです。うちのクラスは三九人です。もしレクで卓球をやることになったら、三一人もの大人数が、見学にまわらないといけないんでしょうか」

榎元やほかの男子たちが「それって、変だよなあ」「時間がもったいねえよ」と口々にいう。あきらかに作戦を立ててきている。

原口は続けた。

「いまだれかがいったように、時間がもったいないですよ。せっかく、クラスで親ぼくを深めるチャンスなのに。卓球はみんなでやるレクリエーションには向いていないんじゃないでしょうか」

ぼくは松林と目を合わせた。卓球クラブに入っていれば、すぐに気がつく反論が一つある。ぼくはとっさに手をあげて、いい返した。

「ダブルスがあります。そうすれば、一緒（いっしょ）にできる人数はふえます」

二〇〇〇年初頭に、日本はスーダンから大量の石油を輸入。国家予算の六割を、石油収入にたよっていたスーダンは、その多くを軍事費に使うことになります。すなわち、日本がスーダンに支払っていたお金が、内戦やスーダン西部のダルフール地方で虐殺、ひいては、ウガンダの反政府勢力「神の抵抗（ていこう）軍」の資金源として、使われていた可能性があるとも言えます。

だからこそ、紛争などの要因となりえるリスクの高いエネルギー資源を徐々（じょじょ）に減らし、安全かつクリーンなエネルギー資源を、増やしていくことが重要です。豊かな国土、日本に存在する風力や太陽光、地熱、小規模水力発電など、多様なエネルギー資源によって、自給率を高めていくことです。

そんな化石燃料にたよらないエネルギー（電力）を普及（ふきゅう）させようとする電力会社も増えてきています。自宅で使っている電気を、そのような電力会社に切りかえることも、アフリカ、そして世界の平和につながると言えるのです。

（鬼丸昌也の文章による）

＊王侯貴族　特権を持つ階級の人たち。
＊把握　十分に理解すること。
＊指標　めじるし。

問一　【A】に入る言葉として最も適当なものを次から選び、その記号を書きなさい。

ア　だから　イ　たとえば　ウ　そして　エ　けれども

問二　波線（1）「あまり変わりがない」とは、何と何が「変わりがない」と筆者は言いたいのですか。筆者の主張を二行以内で書きなさい。

問三　【B】【C】に入る言葉として適当なものをそれぞれ、これよりも前から漢字二字で探して、書きなさい。

問四　波線（2）「平和をつくる仕事」として当てはまらないものを次からすべて選び、その記号を書きなさい。

ア　どんな物が使われているかを調べ、買うものを決めること。
イ　貧しい国から資源を買ってあげ、商品を作っていくこと。
ウ　自分にとって本当の幸せな生活とは何なのか考えること。
エ　自分のところにある多様なエネルギー資源を利用すること。
オ　大量の商品やサービスを創り出し、他の国に売り出すこと。

問五　波線（3）「途方に暮れる」の使い方として最も適当なものを次から選び、その記号を書きなさい。

ア　数学の難問が解け、途方に暮れる。
イ　収入がなくなり、途方に暮れる。
ウ　すばらしい演技に、途方に暮れる。
エ　最後まで戦いぬくと、途方に暮れる。

問六　波線（4）が表している内容を、五十字以上七十字以内で説明しなさい。

問七　次の文は、波線（5）が表している内容を説明しています。空らんに入る言葉を【ⅰ】は二字、【ⅱ】は三字で文章中から探して書きなさい。

紛争が続いている国から【　ⅰ　】を買い続けても、現地の人たちの【　ⅱ　】は改善されない。

問八　【D】に入る言葉として最も適当なものを次から選び、その記号を書きなさい。

ア　大量消費　イ　地産地消　ウ　地元特産　エ　大量輸出

もう一度、ぼくらの生活をふり返る時期なのかもしれません。無限に経済成長できると信じている、ぼくらの生活の在り方や、その考え方を見直すことで、資源やエネルギーの必要以上の消費をおさえることができるはずです。結果として、それらのものをめぐる、アフリカなどの紛争（ふんそう）を回避（かいひ）したり解決したりすることにつながるでしょう。

まずは、自分たちの生活が、世界全体で見て、どのクラスのものなのかを＊把握（はあく）することから、(2)平和をつくる仕事は始まるのです。

アフリカで起きる紛争を前にして、ぼくらに何ができるのか、と、(3)途方（とほう）に暮れてしまうかもしれません。けれども、先ほどより紹介（しょうかい）しているように、鉱物資源やエネルギーが、紛争の大きな要因となっているのなら、それらのものを使って生産されるモノやサービスを購入（こうにゅう）する消費者（エンドユーザー）である(4)ぼくらの「選択（せんたく）」にこそ、大きな希望があるのです。

だって、どんな企業も、消費者が買わない商品やサービスを生産・提供し続けることはできないのです。だからこそ、何を購入するかを決めるぼくらにこそ、アフリカの紛争を回避・解決する、世界の平和をつくるささやかなチカラがあると、ぼくは信じるのです。

そんな話をすると、時折、このようなことをおっしゃる方がいます。

「けれども、コンゴ民主共和国のような資源をめぐって紛争が続いている国は、その資源を売って、うるおっているのでしょう。紛争にまつわる資源を、先進国が買わなくなった時、その人たちの生活はどうなってしまうの。仕方がないことじゃない」

ぜひ、みなさんには知っておいてほしい事実があります。私たちが、アフリカから資源を買い続けても、アフリカの多くの人々の暮らしは、よくなっていないのです。

二〇〇〇年代に入って、アフリカ経済の急成長を支えた産油国では、GDP（国民総生産）は成長してきました。けれども、人々の基礎（きそ）的な暮らしの度合いを測る＊指標（人間開発指標）は、ほとんど変わっていないか、むしろ低くなっています。

(5)このような事実を直視したうえで、まず、私たちにできることは、資源やエネルギーを、地域（自国）で循環（じゅんかん）させる仕組みを作っていくことです。遠くはなれた国から資源を輸入して、大量消費するのではなく、国内（各地域・自治体）で生産されたモノやサービスを、できるだけ買うようにして、地域の中で「お金（資源）」が回るようにしていくということです。

とくにエネルギーの【　D　】（自給率をあげること）は重要です。多くの国が、資源（石油）を輸入しようとすればするほど、権益争いも激しくなります。

たとえば、スーダンで、内戦や虐殺（ぎゃくさつ）が続いていた

問五　波線(3)「図々しい」とありますが、草太はどのようなことを図々しいと思っていますか。三十字以上四十字以内で書きなさい。

問六　波線(4)のような態度を草太が取った理由を説明したものとして、最も適当なものを次から選び、その記号を書きなさい。

ア　言いたいことがなかなか言えず、もどかしかったから。

イ　暑い中でずっと話をしていたので、いらいらしたから。

ウ　香純のことでピリピリしてしまう自分が情けなかったから。

エ　自分が好きな真白と話ができてとてもうれしかったから。

問七　【D】に入る言葉として、最も適当なものを次から選び、その記号を書きなさい。

ア　大好きだよ　　イ　ありがとう

ウ　がんばってね　　エ　また、あとでね

問八　波線(5)「何か、とてつもなく大きいもの」とは何かを説明しなさい。

問九　この文章を「真白が～物語。」という一文でまとめなさい。ただし、「～」に入る言葉は三十字以上四十字以内とします。

三　次の文章を読んで、後の問いに答えなさい。

世界で、もっとも資源やエネルギーを使っているのは、だれでしょうか。こんなデータがあります。一九六〇年には、世界で最も豊かな人々二〇パーセントと、最も貧しい人たち二〇パーセントの経済格差は、三〇対一でした。【　A　】、一九九〇年には六〇対一、二〇〇二年には一一四対一にまで拡大してきました。そして二〇一七年には、世界人口の一パーセントの富裕層（ふゆうそう）が、世界の資産のほぼ四八パーセントをにぎっていると言われるようになりました。世界のたった二〇パーセントしかいない最も豊かな人たちが、世界の資源・エネルギーのなんと八〇パーセントを消費しているのです。象徴（しょうちょう）的なのが、多国籍企業（たこくせききぎょう）の急成長（膨張（ぼうちょう））です。現在、多国籍企業の売上上位五社で、最も貧しい国四九カ国のGDP（国内総生産）の合計一五六〇億ドルよりも大きいのです。

もっとわかりやすい例でいうと、二〇〇二年に日本人一人が消費していたエネルギー量は、アフリカの最貧国（さいひんこく）一人当たりの消費量の七四五年分にも上るのです。

まるで、かつてのヨーロッパの*王侯（おうこう）貴族・資本家たちが、便利で快適な生活を送るために、アフリカ大陸から、資源や、奴隷（どれい）としてたくさんの人々から奪（うば）っていたのと、(1)あまり変わりがないように思えます。これらのデータを見るだけでも、ぼくらは、一人ひとりの生活水準はどうであれ、日本全体でみると、いまだに、世界全体の中で、格差社会のトップに立っていることがわかります。

格差社会のトップに立っている日本をふくめた先進国が、「もっと【　B　】で」、「もっと【　C　】な」生活を求めて、たくさんの資源やエネルギーを使い、大量の商品やサービスを創（つく）り出し、そして、使わなくなったらすぐに捨ててしまう。そんな大量生産、大量消費、大量廃棄（はいき）の経済を、維持（いじ）、どころか発展させようとしています。

ここで、一度、立ち止まって、「何が本当の幸せな生活なんだろう」と、

ン、というピストルの乾いた音が響（ひび）いた。
選手たちは、何かに弾（はじ）かれたように走り出す。

草太……！

まわりの音は、何も聞こえない。そのかわり、聞こえるはずのない草太の足音が迫（せま）りくるように聞こえる気がする。

草太が走る。

草太が風を生む。

草太が風そのものになる。

草太、がんばれ。

0・01秒、ううん、0・001秒でも速く。そのために練習してきたんだから。

それから……草太が少しでも速い記録を出そうとするのは、もしかしたら香純ちゃんのためでもあるかもしれないと、ちらっと思う。

ああ、でもそれだけじゃない。

やっぱり何より、草太は走るのが好きだから。

好きなことを好きと言えて、まっすぐがんばれる人だから。

私は、そんな草太が――


私は今、全力で走っている。

大会は終わった。

草太は、市内五位。それでもすごい成績なのに、三位以内の入賞をねらっていた草太はとても悔（くや）しがっていたと、＊イダテンから聞いた。

大会の後、草太には会えなかった。選手たちは学校ごとに移動するらしく、応援にきている人は、ほとんど接触（せっしょく）できなかった。

バスを降りたところでモモちゃんと別れると、私はそのまま無性（むしょう）に走りたくなって、今こうして走っている。

息が上がって苦しい。

胸の奥（おく）に、(5)何か、とてつもなく大きいものを抱（かか）えてしまったみたいな感じがする。


（辻みゆきの文章による）

＊イダテン　真白の担任の先生のあだ名。

問一　【A】に入る言葉として、最も適当なものを次から選び、その記号を書きなさい。
ア　不思議そうな　イ　晴れやかな
ウ　困り果てた　エ　驚いたような

問二　【B】【C】に入る言葉の組み合わせとして、最も適当なものを次から選び、その記号を書きなさい。
ア　B　おそろしい　C　ばからしい
イ　B　情けない　C　恥（は）ずかしい
ウ　B　つらい　C　誇（ほこ）らしい
エ　B　うれしい　C　おもしろい

問三　波線（1）「違う」とありますが、草太は何が違うといっているのですか。「上田が」に続く形で、二行以内で説明しなさい。

問四　波線（2）「……」の時の真白の気持ちを説明したものとして、最も適当なものを次から選び、その記号を書きなさい。
ア　予想通りの答えでよろこんでいる
イ　思いが伝わらずいらいらしている
ウ　意外なことを言われて傷ついている
エ　分かってもらえてほっとしている

草太は「じゃあ」と言って、仲間のいるほうへと戻（もど）っていく。

でも「あっ」と言うと、ちょっと離れた私に向かって、大きな声で言った。

「ありがとう。……水筒」

私も草太に負けないような声で、ずっと言いたかったことを……もしかしたら雨の中、練習している姿を見たあのときから言いたかったことを、思いきって言った。

この場で言うには、あまりにもありふれた、当たり前の一言だったけど。

「【　D　】」――と。

競技場内は圧巻の広さだった。

三六〇度ぐるりと囲む観客席。そして頭上には、視界をさえぎるものが何もない大きな楕円（だえん）形の青空。

私は自分の学校の人たちが集まっているエリアを探し、そこでモモちゃん、香純ちゃんと合流した。無事に水筒を渡したことを伝えると、香純ちゃんはとても喜んで何度もお礼を言ってくれた。

美早妃（みさき）たちもきていた。「真白たちもきたんだ」と、あまりいい顔はされなかったけれど、一緒（いっしょ）にうちの学校を応援（おうえん）しようと、笑顔（えがお）を返しておいた。

この大会は、競技の記録を正確に取り、それを元に順位をつけていく記録会だったから、運動会のような応援をしてはいけなかった。できることといえば、遠くから競技をながめ、心の中で応援するくらい。それでも自分の学校の選手の出番は、知らない子だとしても力が入った。ましてや、知っている子なら、なおさらだ。

佑臣（ゆうしん）はハードル走、聖良（せいら）は走り幅跳（はばと）びにエントリーされていた。

ふたりとも、やっぱり学校代表だけあって、フォームもキレイだし、私には考えられないような記録を出していた。とはいっても大会出場者はみんな、その学校のトップレベル。

佑臣も聖良も、ここでの記録は、残念ながら全体の平均よりなんとか上、というところに留（とど）まった。

そして、いよいよ１００メートル走。

……草太の番がきた。

定期的に聞こえてくるピストルの音を合図に、選手は次々に１００メートルを駆け抜けていく。私は陸上のことはよくわからないけど、かっこいいフォームくらい、それなりにわかる。

草太がスタートラインに着いた。

モモちゃんは「次、草太だね」と無邪気（むじゃき）に言っている。

「お兄ちゃーん、がんばって」

香純ちゃんの声が聞こえる。

私も心の中で、香純ちゃんと同じ言葉を唱えた。さっき草太に言った言葉。そして今、さらに強く思う言葉。

「位置に着いて」

スターターの声が無機質に聞こえる。私が走るわけじゃないのに、心臓がドキドキする。

「よーい」

ああ……っ。

天を仰（あお）ぎたい気持ちになったその瞬間（しゅんかん）、パァ

私は【　B　】のと、自分の必死さが【　C　】のとで、ごまかすように笑った。

だけど、水筒を受け取ったものの、草太は何も言わない。

「……私、また余計なことしちゃった？」

「……」

「また同情してんじゃねえよ、って言われちゃう？」

「……」

「香純ちゃん、草太に水筒を渡すために必死で走ってて……私、ほっておけなかった。同情じゃないよ！　っていうか、この間傘を差したときだって同情のつもりはなかったよ！」

私は草太に、私のことをわかってほしかった。

「私、親切と同情の違いが、ちゃんとわかっていないのかもしれなくて……　〝かわいそうだったから〟なんて言い方してごめんなさい。でもなんていうか、やり方は間違っちゃったかもしれないし、それで、これからも間違っちゃうこともあるかもしれないけど、それでも私……香純ちゃんのこと好きだから、だから……」

「（1）違う」

草太に言葉をさえぎられた。

「親切と同情の違いなんて、オレもわかってない。つーかオレが一番わかってないのかもしれない。なのに香純のこととなると、人一倍ピリピリしちゃって……上田はそんなんじゃないってわかってるのに。だから……ごめ」

〝ん〟は聞こえなかった。でも、それで充分だった。

「草太（2）……」

まわりがざわざわしてきた。開会式に向けて、選手たちはそろそろ移動しなければならないらしく、各々（おのおの）、柔軟（じゅうなん）体操をやめたり、荷物を持ち始めたりしている。

「それであの、（3）図々（ずうずう）しいかもしれないけど……」

草太は時間が気になるのか、早口で言いだした。

「何？」

「香純、家で上田の話をしているとき、すっげー楽しそうだった」

「そうなんだ、よかった」

「だから。それで……」

草太はそこまで言うと、（4）髪（かみ）の毛をくしゃくしゃさせた。そしてもう一度「だから」と言うと、その先は思い切ったように一気に言った。

「香純と仲良くしてやって。できれば……お姉（ねえ）さんみたいな感じで」

「え……」

「って、思ったんだけど……。別に特別なことじゃなくて、ときどき話しかけてくれるだけでいいから……。いや、やっぱり今の取り消し」

「……取り消さないで」

「え」

「私の方こそ、姉妹（しまい）みたいに仲良くさせて……」

パッと顔を上げた草太の顔は、火照（ほて）ったように赤かった。私の顔も熱い。同じように赤かったんじゃないかと思う。

そのとき「おい、向こうに移動みたいだぞ！」と、仲間から声がかかった。

「競技場、どっちか教えてもらえますか？」

「私たちも、これから競技場を探していこうと思っていたんだけど……どうしたの？」

「実は、お兄ちゃんに水筒（すいとう）を届けなくちゃならなくて……」

こんなに暑くなりそうな日だというのに、草太は水筒を忘れたのだそうだ。で、香純ちゃんが水筒を渡（わた）すことになったのだけれど、競技場が見つからない。時間はどんどん過ぎる。

開会式が始まってしまったら、草太に水筒を渡せるかわからない……。

「それに私……走るの遅（おそ）いし……」

そこまで言うと、ついに堪（こら）えきれなくなったのか、香純ちゃんの目からポロリと涙（なみだ）がこぼれた。

「香純ちゃん。その水筒、私に預けてくれない？」

「え？」

「私が走って草太に届ける」

「でも……」

「いいの。まかせて！」

「じゃあ水筒は真白ちゃんにお願いして、私と香純ちゃんは、競技場の観覧席に向かおう。……ね、香純ちゃん」

不安と緊張（きんちょう）でこわばっていた香純ちゃんの表情が、みるみるほどけていった。

香純ちゃんの思いがこもった水筒を、私はしっかりと受け取る。

今、自分はどこにいて、どこへ向かったらいいのかを、公園内の地図でしっかりと確認。

そして私は、草太の元へと一気に走り出した――。


ハァ、ハァ、ハァ……。

快晴の空の下（もと）、全速力で走って、なんとか競技場までたどり着いた。

でも、そこから草太を探すのにまた時間がかかった。競技場のまわりをぐるりと、学校ごとにスペースを振（ふ）り分けられているらしかったけれど、市内にはかなりの数の学校があり、私は、あっちにもこっちにもある似たような集団の中を駆（か）け巡（めぐ）ることになった。

どう見ても選手には見えない私がウロチョロすることに恐縮（きょうしゅく）しながら、それでも、一刻も早く草太に会いたい一心で、私は探し回った。

ようやくうちの学校のスペースにたどり着き、草太の姿を見つけたのは、そろそろ開会式のための整列の声がかかる頃（ころ）だった。

「そ、草太……っ」

ゼイゼイと情けないほど息が乱れたまま、草太に声をかける。

「あれ、上田？」

「これ。香純ちゃんに途中で会って。草太に渡したいって……」

「あ……」

水筒を渡す時に、うちの学校の荷物を移動させている様子がチラリと目に入った。

スポーツバッグや応援幕（おうえんまく）、それから大きなウォータージャグ……。

「あ～っ、ちゃんと学校で水の用意してあったんだ～」

私は、ヘナヘナと力が抜けた。

「考えてみれば、そうだよね。ないわけないよね……ハハッ」

【国　語】（五〇分）〈満点：一〇〇点〉

【注意】字数が決まっている問いについては、「、」や「。」も一字と数えます。

一　次のぼう線部のカタカナを漢字で書きなさい。

① 市役所のスイトウ係。
② ロウホウがもたらされた。
③ ピアノでバンソウする。
④ 文書にショメイする。
⑤ テッソクを守る。
⑥ カメラをカマえる。
⑦ ゾウキバヤシの中を通る。
⑧ あれこれとシアンする。
⑨ タイキョしておしかける。
⑩ 予想がテキチュウする。

二　次の文章を読んで、後の問いに答えなさい。

次の文章は、ある小学校の物語です。上田真白（ましろ）は友人のモモちゃんと同じ学校の生徒が出場する陸上競技の大会の応援に行くことになりました。行く途中（とちゅう）、同じクラスの草太の妹の香純（かすみ）ちゃんと会います。香純ちゃんは病気のため両足の長さがほんのちょっとだけ違（ちが）い、いつも歩きづらそうにしています。真白は、香純ちゃんが歩きづらそうにしているのは病気ではなく怪我（けが）だと思い、以前、雨の日に香純ちゃんが傘（かさ）を差して歩いていたときに、代わりに差して、一緒に帰ってあげたことがあります。そのことについて、草太から「なんで香純の傘、上田が差してやったりしたんだよ」と言われ、真白は「それは……大変そうだったし、かわいそうだと思ったから……」と答えたら、草太から、「同情してんじゃねーよ！」と言われました。

以下は真白とモモちゃんが大会に出かける場面です。

テレビは朝から〝梅雨（つゆ）明け〟という言葉を連呼して、どのチャンネルも競（きそ）うように空を映し出していた。でも、どこのどんな映像を映そうと、今、私が見上げている本物の空には敵（かな）わないはずだ。

雲ひとつない、抜（ぬ）けるような青空。

それはもう、見事な快晴で――今日はいい日になる！　ならないはずがない！　って、言いきってしまえるほどに、気持ちのいい空だった。

モモちゃんとは約束通りバス停で会い、競技場のある県立公園に着いた。ここは、野球場や体育館、池やアスレチック、もちろん競技場も併設（へいせつ）された、とにかく広い公園だ。園内の地図を何度も確認（かくにん）しなければ、いきたいところにたどり着けそうもない。

「さてと。競技場へいくには……」

モモちゃんと私とで園内の地図を見ているときだった。

ハァハァと息を切らして、女の子が走ってきた。

「香純ちゃん！」

「上田さん……！」

香純ちゃんは、【　A　】顔で私を見た。

問九　【C】に入る言葉として、最も適当なものを次から選び、その記号を書きなさい。

ア　オジロワシを捕獲（ほかく）してしまおう

イ　風力発電そのものをやめよう

ウ　ちがう場所で風力発電をしよう

エ　発電方法の種類を増やそう

問十　この文章の筆者の主張を、六十字以上八十字以内でまとめなさい。

ては消える凶器（きょうき）だったのです。

どうすればこれを⑦フセぐことができるのか。

今はまだ模索（もさく）中ですが、必ず解決策はあるはずだと思っています。

楽観的すぎるかもしれませんが、私は、いわゆるガイア理論に共感するところがあります。なぜって、ガイア理論の考え方というのは、私の診（み）てきた野生動物の体で起こっていることそのものだからです。

ガイア理論では、地球はひとつの生命体だと考えます。そして、もし地球が壊れてしまうようななにかが起こったときには、それをとめようとする力がどこかで働くのだと。

それはそのまま、ある動物が病気になると、その病気を排除（はいじょ）しようとそれに対抗（たいこう）する特殊（とくしゅ）な白血球が現れることと、とてもよく似ています。

だとしたら、私はこの白血球のひと粒（つぶ）のようでありたいのです。

もし地球を壊そうとするなにかが起こったときには、それに異を唱え、それをどうにかして食いとめようとする人間でありたいと思う。

傷つけた原因が人間にあるのなら、傷つけない解決策を見つけることも必ずできるはずです。人と人、そして、人と野生動物たち、われわれは「敵」と「味方」ではなく、この地球上で共に生きる「同志」だと思うのです。

（齊藤慶輔の文章による）

＊剖検所見　解剖して調べて、分かったこと。

＊糾弾　強く問いただすこと。

＊示唆　それとなく示すこと。

＊契機　きっかけ。

問一　ぼう線①から⑦のカタカナを漢字に直しなさい。

問二　波線（1）のように筆者が確信できた理由を書きなさい。

問三　波線（2）「手を打つ」の意味を十五字以内で書きなさい。

問四　【A】に入る言葉として、最も適当なものを次から選び、その記号を書きなさい。

ア　ハンターの生活

イ　生命の起源

ウ　食料問題

エ　種の保存

問五　波線（3）のようになっても、筆者がやり続けられた理由を書いた部分を二十七字で文章中から探して、はじめとおわりの四字を書きなさい。

問六　【B】に入る野生動物の世界を表す四字熟語を書きなさい。

問七　波線（4）のように筆者が考える理由として、最も適当なものを次から選び、その記号を書きなさい。

ア　人間はあまりにも強大な力を持ってしまったから。

イ　人間は野生動物と戦っても勝つことができないから。

ウ　人間が野生動物を保護しなければならないから。

エ　人間と野生動物はちがう世界に住んでいるから。

問八　波線（5）にこめられた筆者の思いとして、最も適当なものを次から選び、その記号を書きなさい。

ア　安心　　イ　同情　　ウ　批判

エ　自信　　オ　願望

すことができるくらい、人類は文明という強大な力を持つ「神」になってしまっている。それなのに自分たちがなにをしでかしているのかに気づきもせず、自覚もないまま、⑤サイゲンなく破壊（はかい）を繰（く）り返している。

(5)それが人類という種だと思います。

やろうと思えば、きっと一か月以内で野生動物たちが暮らしている森を全部、あとかたもなく切り尽（つ）くすことだってできるでしょう。生態系のピラミッドの中に、こんな身勝手で制御（せいぎょ）不能な種が、いまだかつていたでしょうか。

次から次へと運びこまれる鳥たちを治療（ちりょう）するうちに、目の前の一羽を治すことだけが、はたして獣医師の役割だろうか、と思うようになりました。もっとできること、やらなければならないことがあるんじゃないか。

彼らの痛みを知る者として、野生動物たちが伝えてきてくれる自然界の変貌（へんぼう）を伝えたい。

人間のせいで、傷つき、病（や）むことになった彼らのメッセージを、獣医学という言語を通して人間の言葉に翻訳（ほんやく）することで、われわれと野生動物たちがすんでいるこの環境を改善し、治していく*契機（けいき）になるかもしれない。

人間と野生動物が共に生きていくために、自然環境全体を⑥スエナガく健全な状態に戻（もど）していくこと。

そのために、私は、医者であり、野生の鳥たちの伝えたかったメッセージを人間の言葉に翻訳（ほんやく）する通訳であり、時には、人と野生の生き物が共に生きていけるよう仲裁（ちゅうさい）する、弁護士でありたい。「環境治療」と呼んでいるのですが、それが私のライフワークになったのです。

東日本大震災（だいしんさい）のとき、原発事故が起こって、自然エネルギーに対する関心が高まり、北海道でも、風力発電の風車がものすごくたくさん作られました。

その結果、その風力発電のブレード（羽）に当たって、四十羽以上のオジロワシが死んでしまったのです。そうすると、なかには、【　C　】と言い出す人も出てくる。

私は、これ以上鳥たちが傷つかないようにしたい。しかし、エネルギー問題として考えたときに、はたしてこれからもずっと風力発電を使わないという選択（せんたく）ができるでしょうか。なにかを「やめる」のは簡単です。ただ「やめる」と決めたとたん、それを「やる」ための技術や理論もとまってしまう。そうじゃなくて、今やるべきは、どうしたら人間は風というエネルギーを、自然や動物たちを傷つけることなく活用できるのかを考えることだと思うのです。

そもそも、ワシはなぜ風車にぶつかってしまうのか。

解剖の結果、死体はほぼすべて即死（そくし）でした。しかも、ぶつかったというより、上からたたき落されるように死んでいることがわかりました。原因は、目の錯覚（さっかく）でした。ブレードは、時には風速三〇〇キロの速さで動きます。猛（もう）スピードで動くものは、遠くにいるときは見えていても、近づくとふっと消えてしまう。ワシたちにとっては、自分たちが常に移動するルートに突然（とつぜん）現れ

こっている事実をできるだけありのまま、辛抱（しんぼう）強く伝え続けることだけです。特定の誰かを＊糾弾（きゅうだん）するためではなく、できるだけありのまま事実を伝えるという③シセイが大事なんだと思います。ワシの死体の写真を突（つ）きつけられて、不快に思う人もいるでしょう。それをやり続けることは、精神的にもなかなかエネルギーのいることです。私のフェイスブックにアップされるのは、そんな写真ばかりですが、なかには関心を持ってくださる方もいる。野生動物と人間の共生という遠くの目標を見つめているからこそ、続けていられるのだと思います。

　鉛中毒の問題は、猟ができる自然環境（かんきょう）をやがてダメにしてしまうかもしれない。やがてハンターの方たちの中にも、興味を持って、話を聞きに来てくれる人が現れました。ハンターは、猟についての④センモンカです。私のほうにも教わらなければならないことがある。問題を提起するだけではなく、相手の価値観によく耳を傾（かたむ）けること、現場をよく知る人に知恵を借りること、私は、このときにそれを学びました。

　さまざまな価値観を検証していくうちに、それがつながって、ひとつのゴールが見えてくる。私たちは「敵」と「味方」ではなく、同じ問題を解決するために集まった「同志（どうし）」なんです。

　鉛中毒の問題は、私にさまざまな経験と＊示唆（しさ）を与（あた）えてくれました。

　傷ついた野生動物がいると、今まではそれを治すことで獣医師としての役割はいちおう終わったと思っていたんですね。でも元栓（もとせん）をしめなければ、水がじゃんじゃん流れっぱなしになるように、その個体が傷ついた原因を突きとめ、もうこれ以上は傷つかないように状況（じょうきょう）を改善しなかったら、この先も傷つき続けることになるわけです。

　困難なことが起こったとき、それを見て見ぬふりができる人と、できるかどうかわからなくても半歩踏み出そうとする人がいます。

　傷つき、病んだ野生動物たちの声をその最前線で聞く者として、私は、それを見て見ぬふりはできないと思う。自分になにができるのかわからなかったとしても、物言えぬ彼らに代わって、声をあげないわけにはいかない。

　だから私は、それでも前に踏み出すのだと思います。

　弱い者は死ぬ、強い者は生き残る。これが本来の野生動物の世界です。

　そして、人間も、もともとは生態系のピラミッドの中にいる、野生動物の一員にすぎなかった。野生動物としての人間は、いかにもひよわで頼りない存在です。【　B　】の世界においては、きっと、クマにやられる人もいたでしょうし、トラにやられる人もいたでしょう。でもそれが日常的だったのは、はるか昔のことです。

　子ども向けの絵本だと、よく生態系のピラミッドのてっぺんに人間が堂々と描（えが）かれていたりしますが、(4)私はあの絵は、まちがっていると思うんですよ。

　ピラミッドのてっぺんどころか、もはやピラミッドから大きく外れてしまって、ピラミッドを丸ごと足蹴（あしげ）にして全部ぶっ壊（こわ）

傷で、私はすぐに鉛中毒の検査をしました。

なぜこのとき、赴任して間もなかった私にそんな対応ができたのかといえば、学生時代に、やはり死因不明のコハクチョウの死体の解剖を頼（たの）まれたことがあったのです。そのコハクチョウも、やはり釣（つ）りのときに使う鉛のおもりを飲みこんでいた。そのときに、鳥の鉛中毒について世界じゅうの大量の文献（ぶんけん）を調べたことがありました。それでこのときも、ワシの体の状態（症状や＊剖検所見）から、鉛中毒を起こしたにちがいないと気づいたのです。

もしこの経験がなかったら、すぐに(2)手を打つことはできなかったでしょう。

ワシの胃の中からシカの毛が出てきたことで、ハンターが鹿（しか）を鉛の弾（たま）で撃（う）ち、猟場（りょうば）に放置されたその肉をワシが食べたことによって、鉛中毒で死んでしまったのだとわかった。鉛中毒の怖（こわ）さは、その個体が助からないというだけではありません。生態系への影響（えいきょう）がものすごく大きいんです。

ハンターたちは食用の部位だけを持ち去ると、獲物（えもの）をそのまま放置していくことが多い。鉛の銃弾（じゅうだん）で撃たれたシカの死体がフィールドにあったとして、それを最初に食べるのは誰（だれ）なのか。

ほかを押（お）しのけて、まだ傷口もなまなましい肉の最初のひと口を食べることができるのは、最も強いワシです。ほかのワシを踏（ふ）み台にしながら、何年もかけてここにたどりついた最強のワシが、あろうことか、毒入りの肉を食べることであっさり死んでしまう。

強いものが生き残り、弱いものが滅（ほろ）びていくことが自然界のルールだとしたら、これは自然界のルールに反しています。強いものから先に死ぬだなんて、これはもはや【　A　】に関わる一大事なんです。このままなんの手も打たなかったら、ただでさえ②キショウなワシたちは、あっという間に全滅（ぜんめつ）してしまうかもしれない。

原因は鉛の銃弾です。

弾さえ鉛から銅に替（か）えてもらえたら、ワシは鉛中毒を起こさずにすむのです。

ぐずぐずしているわけにはいきません。私は、さっそくハンターの方たちにそのことをお願いすることにいたしました。

ところが、いざ行動を起こしてみると、なにかを変えるというのはそう簡単なことではないということが身にしみてわかりました。

銅の弾は鉛の弾よりも少し値段が高く、しかも鉛の弾のほうが命中率がいいといわれていましたから、私の訴（うった）えを快く思わない人も少なくなかった。なかには脅迫状（きょうはくじょう）めいた手紙をよこす人もいて、(3)道のりの険しさに途方（とほう）に暮（く）れてしまいそうになったこともあります。

しかし、私は、べつに「猟そのものをやめてほしい」と訴えているわけではないのです。

こういうときに、「敵」と「味方」にわかれて言い争ったとしても、なにも解決しないし、かえって事態が険悪になったりする。こういうときこそ、相手の立場に立ってものを考えなければ、信頼（しんらい）関係は絶対に生まれない。獣医師である自分にできることは、現場で起

問五　波線（3）「痛いところ」の内容を具体的に説明しなさい。

問六　波線（4）で背中を押した人が「凪人」に伝えようとしたこととして、最も適当なものを次から選び、その記号を書きなさい。

ア　相手にがんばれよというはげましを伝える。
イ　相手にじゃまだという不快感を伝える。
ウ　相手に久しぶりに会えたという喜びを伝える。
エ　相手にかんちがいを正すという気づかいを伝える。

問七　波線（5）「でも、ぼく」に続く言葉を考えて書きなさい。

問八　【A】【C】【D】に入る言葉として、最も適当なものを次から選び、その記号を書きなさい。

ア　のんびり　　イ　しくしく
ウ　くっきり　　エ　もやもや

問九　【B】に入る言葉として、最も適当なものを次から選び、その記号を書きなさい。

ア　あきらめろ　　イ　がんばれよ
ウ　上手くなれ　　エ　はずかしい

問十　波線（6）「渚の言葉がいつまでも耳に残っていらいらする」とは、渚のどのセリフですか。最も適当なものを次から選び、その記号を書きなさい。

ア「げっ、そんなマジメなことしてんの？　何で?」
イ「さっさとしろよグズ！　具合悪いなら見学してろ」
ウ「ちょっと上手くなったって、桐星みたいな強豪と当たったら終わりだよ。だったら部活なんて楽しけりゃそれでよくねー？　先輩たちだってそんな感じだしさー」
エ「なーんだ、そうやって逃げるんだ。高いところから見下ろして口出すだけのくせに、えらそーにしないでくださーい」
オ「凪人の場所はここじゃないだろ」

二　次の文章は獣医学（じゅういがく）の医師が書いたものです。文章を読んで、後の問いに答えなさい。

前例のないことをやるというのは、道なき道を歩くことに似ています。

どんな出来事も、そこから学ぶためのワンチャンスなんだと思って、今、目の前で起こっていることから、ひとつひとつ、学ぶしかないんです。

この経験を次に生かして、前に行こう。そして、同じ症例（しょうれい）がきたら、必ず次に生かしてみせる。そうやって前よりもちょっと、その次はさらにもっと、彼らを①スクうための力をつけていこう。私は、常にそう思ってきました。

それで真っ先に思い起こされるのは、一九九六年、オオワシやオジロワシが大量死する問題が起こったときのことです。

死因不明のオオワシの死体が野生生物保護センターに運びこまれてきたのは、私が赴任（ふにん）して二年めのことでした。見た目にはなんの傷もない。ところが解剖（かいぼう）してみると、胃の中から鉛（なまり）の散弾（さんだん）が出てきて、(1)私は即座（そくざ）に、これは鉛中毒だと確信したのです。それからも、センターには次から次へとオオワシやオジロワシの死体が運びこまれてきました。どの死体も無

ほかのみんなは、どんどん、上手くなっていくのに。

周りを意識してしまうと、ラケットを持って、バドミントンシューズを履（は）いている自分が、たまらなく恥（は）ずかしくなった。

どうしてぼくは、みんなのできることが、できないんだろう。

『勝ち負けより、努力が大事なんだぞ』と、監督とコーチは言う。

『できる範囲（はんい）でがんばればいいよ』と、お父さんとお母さんは言う。

『何でバドミントンやってるんだ？』と、チームメイトの目は言う。

その全部が、ぼくには『【　B　】』に聞こえるんだ。

きらいだ。みんなも、こんな自分も。

突然（とつぜん）、凪人は大きくせきこんだ。止まらなくて、体を⑦オる。コーチが急いで走ってきて、凪人の背中をさする。

触（さわ）らないでよ、大丈夫だよ。

手を振り払（はら）うことも声を出すこともできず、涙（なみだ）目になりながら顔を上げる。にじんだ⑧シカイの真ん中に、航がいた。

コートの中を思う存分走り回り、得意のスマッシュを堂々と決める。ナイッショー！　とチームメイトに声をかけられながら、航は誰よりも楽しそうに笑った。

その瞬間（しゅんかん）、航に対する【　C　】とした敵対心が一気に凝縮（ぎょうしゅく）し、【　D　】とした輪郭（りんかく）を持った。

あいつに勝ちたい。このまま、負けっぱなしでいたくない。

ぼくじゃ勝てないっていうのなら、誰か、あいつをやっつけて。

打球音が不規則に重なって天井（てんじょう）に反響している。目を開けると、下では部員同士の打ち合いが始まっていた。

ジュニアのころも、こうやって遠くからみんなを見ていた。そうするしかなかった。今だって同じだ。入部していっしょに練習したって、きっと邪魔（じゃま）になって、かっこ悪い思いをするだけだ。

ここで口出す以外に、何しろっていうんだよ。

自ら引いた、羽野たちと自分を隔（へだ）てる線。納得（なっとく）しているはずなのに、(6)渚の言葉がいつまでも耳に残っていらいらする。

羽野も、凪人を口だけだと思っているだろうか。逃げていると、じつはそう感じているのだろうか。

だとしたら冗談（じょうだん）じゃない。それって、いちばんかっこ悪いじゃないか。

凪人はその場を離（はな）れ、一階に続く階段を下りた。


（落合由佳の文章による）

＊桐星　物語に出てくるバドミントンが強い学校。

問一　ぼう線①から⑧のカタカナを漢字に直しなさい。
問二　この文章を「凪人が～する物語。」または、「凪人が～なる物語。」という一文でまとめなさい。ただし、「～」に入る言葉は「する」「なる」をふくめて三十字以上四十字以内とします。
問三　波線（1）「手を振った」のは、どのような気持ちで二人に手を振ったのですか。「凪人」の気持ちを十五字以上二十字以内で書きなさい。
問四　波線（2）「うらやましい」と「凪人」が思っている理由を考えて書きなさい。

メンバーが約二〇人いた中で、凪人のランキングは最高が八位、最低でビリ。下位でうろついていることがほとんどで、年下のやつや後からバドミントンを始めたやつにもしょっちゅう負けていた。県内の大会にどうにか出られても、三回戦より先に進んだことはない。

思い出すのも、悔（くや）しかったことばかりだ。

「凪人の場所はここじゃないだろ」

整列しようとして、(4)誰（だれ）かにどんと背中を押（お）された。体調が悪くてクラブを二週間休み続け、ようやく練習に参加した日のことだった。

振り返ると、一人のチームメイトが列の最後尾（さいこうび）をあごで示した。

「先週のランキング戦休んだんだから、ケツに並べよな」

列の並びはランキング順になっていた。その順位を決めるランキング戦は不定期に行われ、不参加だと問答無用で最下位になる。

やっと、一〇位以内にランクインしたところだったのに。

こんなランキングの落ち方は初めてではなかった。でも、この悔しさに⑤ナれることはない。

落ちるならせめて、ちゃんと負けたかった。

のろのろと列の最後に向かおうとすると、

「さっさとしろよグズ！　具合悪いなら見学してろ」

列のトップに並んでいる航が凪人をにらんだ。兄弟げんかするなとコーチに注意され、ふんと前を向く。

うるさい、バカ航。心の中で言い返し、凪人は航からいちばん遠いところに並んだ。

二週間ぶりの練習は、まるで他人の体を使っているみたいだった。足が重いし、指先の⑥コマかな感覚も狂（くる）う。ミスが重なり、打ち合っている相手があからさまに迷惑（めいわく）そうな態度をとる。

違（ちが）う。こんなんじゃない。ぼくはもっと上手くできるのに。

イメージとじっさいの動きが重ならない。早く調子を取り戻（もど）さなければ。必死にシャトルを追っていると、監督（かんとく）が心配そうに声をかけてきた。

「凪人、病（や）み上がりでつらいんだろ。今日は無理しないで審判（しんぱん）やれ。人の試合見るのも大事な練習だぞ」

凪人は口を真一文字に引き結んだ。休んでしまった分、シャトルを打ちたかった。これではますますみんなに差をつけられてしまう。大会だって出られない。出たって、勝てない。

「(5)でも、ぼく」

「でもじゃない。また具合悪くなったらどうするんだ。おうちの人も大変だろう？　ほら、あっちのコートに行け」

ちゃんと、話聞いてよ！

叫（さけ）びは声にならなかった。監督に急（せ）かされ、凪人はしぶしぶコートを出た。言われたとおり、ゲーム中のコートで線審をしつつ、凪人はチームメイトの動きをじっと観察する。

あいつは、バック奥（おく）を攻（せ）められると弱いな。

こいつのフェイント、分かりやすいな。

チームメイトのくせや弱点に気づくたび、胸が【　A　】うずく。気づいていたってどうにもならない。自分はこうして見ているばかりで、始めから勝負にならない。

「ねーっ、そこで何してんのーっ！」

「あっ、渚（なぎさ）くん」

望月が凪人の後方を見た。以前、部活中にラケットギターで歌っていたあの一年男子、渚哲平（てっぺい）が、好奇心（こうきしん）の強そうなどんぐりまなこをらんらんとさせて立っていた。凪人よりも背が低く、バドミントン部員にしては珍（めずら）しく日に焼けている。人懐（ひとなつ）っこそうな雰囲気（ふんいき）を全身から発していて、凪人はマメシバを連想した。

「もっちーも羽野先輩も、いっつもここで何してんの？」

「久能先輩に練習見てもらって、いろいろアドバイス聞いてるんだ」

渚は大きくのけぞった。

「げっ、そんなマジメなことしてんの？　何で？」

「それは、できれば、僕も大会で勝てるようになりたいから」

「望月くん、上手くなってきたもんねー。楽しみ楽しみー」

羽野がうなずくと、

「ちょっと上手くなったって、＊桐星（とうせい）みたいな強豪（きょうごう）と当たったら終わりだよ。だったら部活なんて楽しけりゃそれでよくねー？　先輩たちだってそんな感じだしさー」

渚は首を振って言い、爆弾（ばくだん）を追加③トウカした。

「羽野先輩でさえ、和泉（いずみ）って人にどうしたって勝てないじゃん」

何だこいつ。むかっ腹が立って凪人は口を挟（はさ）んだ。

「じゃあおまえは今のまま、楽しく遊んで④マンゾクしてれば。羽野と望月は僕が勝たせるから放っといてくんない」

「うお、やーな感じー。何？　先輩、経験者かなんかすかー？」

「そうだよ」

「どんくらいバドやってたんすかー？」

「ジュニアクラブで五年間」

どこの、とは言わないでおく。

「じゃあ大会成績は？　クラブ内ランキングは？　オレには勝てる？　ねえねえねえ」

渚に詰（つ）め寄られる。やんちゃなマメシバにぎゃんぎゃん吠（ほ）えられているような気分だ。(3)痛いところを突（つ）かれて答えられずにいると、下で男子部長が集合をかけた。体育の時間にダブルスをしたおにぎりペアの片割れ、あの梅木が、三年生が引退した後の新部長だ。

羽野と望月は返事をしてすぐ一階に向かったのに、渚は凪人の前から動かない。

「それにさあ、勝たせるとか言うなら自分も入部して、いっしょに練習すりゃいいのに。何で入んないの？　本当は自信ないとか？」

「うるっさいな、こっちにも都合があるんだよ」

「なーんだ、そうやって逃（に）げるんだ。高いところから見下ろして口出すだけのくせに、えらそーにしないでくださーい」

渚は言いたいだけ言ってきびすを返し、いきおいよくかけ出した。振動（しんどう）で二階通路がゆさゆさ揺（ゆ）れる。

くそ、言い返せなかった。

一人残された凪人は、ぐたりと手すりにもたれ、目を閉じた。

船岡（ふなおか）ジュニアでの凪人は、全然、ぱっとしなかった。

【国　語】（五〇分）〈満点：一〇〇点〉

【注意】 字数が決まっている問いについては、「、」や「。」も一字と数えます。

一 次の文章を読んで、後の問いに答えなさい。

> 中学二年生の久能凪人（くのう　なぎと）は兄の航（わたる）とともに、小学生の時はバドミントンをしていたが、中学になってからやめてしまった。しかし同級生の羽野海（はの　うみ）からコーチを頼（たの）まれ、引き受ける。後輩（こうはい）の望月青太（もちづき　あおた）からもコーチを頼まれ、バドミントン部に顔を出すことになる。

冬休み明けから、凪人は放課後、羽野と望月の練習の様子をすこし見に行くようになった。そのほうが、三人で昼休みにわざわざ集まるより①コウリツがいい。

「羽野、連続でスマッシュ打つなら相手のバックとフォア交互（こうご）に狙（ねら）ってみれば？　望月はバックハンドで打つとき、ちゃんと親指立てて」

話の途中（とちゅう）で連続してせきが出た。二階通路の暗幕の近くは埃（ほこり）っぽい。

「風邪（かぜ）？」「大丈夫（だいじょうぶ）ですか？」

二人が同時に聞いてくる。凪人はせきこみながら（1）手を振（ふ）った。

「埃がちょっと苦手なんだ。それだけ。で、続きだけど、望月ってシャトルが落ちてくる場所へ体入れるの速いね。いいと思う」

「本当ですか？　僕（ぼく）、フライ捕（と）る感覚でやってます」

「ほら。野球、役に立ったじゃん」

凪人が言うと、望月は嬉（うれ）しそうにうなずいた。野球の練習のおかげで、体力がしっかりついているのも頼もしい。基礎（きそ）体力があると、プレーのレベルを底上げできる。

「望月って野球上手いほうだったんじゃない？　野球部から誘（さそ）い来なかった？」

何気なく聞くと、望月が眉（まゆ）をハの字にした。

「断りました。僕、プレッシャーがだめなんです。野球は自分のミスがチームに影響（えいきょう）するから、ずっと怖（こわ）くて。だから中学では個人②キョウギやるって決めてました」

「うーん。プレッシャーは、バドでもかかっちゃうかなー」

羽野が首を傾（かし）げて言う。そのとおりだ。凪人は望月を見上げた。

「個人きょうぎたって、団体戦なら自分の勝敗がチームに直で影響するし、個人戦だって結果次第じゃ次の大会のシード取れたり、出場枠数（わくすう）増やせたりするんだ。周りからの圧は結局かかるんじゃないの」

部の勝利、今後を有利にするシード権、学校名や周りの期待。その重さを感じられるのは、背負う役目を与えられた人だけだ。

それを（2）うらやましいって思うやつもいるんだよ。

「エースとか、レギュラーになったらなおさらだけど。望月はそういうのになりたくないの？」

望月が答える前に、無駄（むだ）に大きい声が割りこんできた。

文中から十五字以内で抜き出しなさい。

問八　【E】に入る言葉として最も適当なものを次から選び、その記号を書きなさい。

ア　しつこい　　イ　美しい

ウ　みにくい　　エ　息苦しい

問九　波線（6）「ピンチはチャンス」に当てはまる例として最も適当なものを、次から選び、その記号を書きなさい。

ア　オオバコの種子が水にぬれると粘着液を出して人間の靴や動物の足にくっつくこと。

イ　強風が来たときに、カシのような大木は折れてしまうが、細いヨシは風になびいて折れないこと。

ウ　ヘルメットが、衝撃を吸収するために外は固いが中は柔らかい構造であること。

エ　草刈りの後にちぎれちぎれになった雑草の茎の断片それぞれから発芽し、数を増やすこと。

問十　この文章の筆者の主張を、五十字以上七十字以内でまとめなさい。

広くはびこっているのを見れば、自然界は逆境であふれていることがわかるだろう。

逆境に生きるのは雑草ばかりではない。私たちの人生にも逆境に出くわす場面は無数にある。そんな時、私たちは道ばたにひっそりと花をつける雑草の姿に、自らの人生を照らし合わせてセンチメンタルになるかもしれない。しかし、雑草は逆境にこそ生きる道を選んだ植物である。そして逆境に生きる知恵（ちえ）を進化させた植物である。

けっして演歌の歌詞のようにしおれそうになりながら耐えている訳でもないし、＊スポ根まんがの主人公のようにただ歯を食いしばってがんばっているわけでもない。雑草の生き方はもっとたくましく、そしてしたたかなのである。

「(5)逆境は敵ではない、味方である。」これこそが、雑草の成功戦略の⑧シンコッチョウと言えるだろう。

幾多（いくた）の逆境を乗り越えて雑草は生存の知恵を獲得（かくとく）し、驚異（きょうい）的な進化を成しとげた。逆境こそがかれらを強くしたのである。そして、逆境によって強くなれるのは雑草ばかりでない。私たちもまた逆境を恐（おそ）れないことできっと強くなれるはずなのである。

「(6)ピンチはチャンス。」

ゆめゆめ逆境を恐れてはいけないのだ。

（稲垣栄洋の文章による）

＊ポジティブシンキング　前向きな物の考え方。

＊スポ根　スポーツ根性。

問一　ぼう線①から⑧のカタカナを漢字に直しなさい。

問二　波線（1）「踏まれに強い構造」とは、どのような構造ですか。二十字以上三十字以内で書きなさい。

問三　【A】から【D】に入る言葉の組み合わせとして、最も適当なものを次から選び、その記号を書きなさい。

ア　A　たとえば　B　しかし
　　C　こうなると　D　つまり

イ　A　しかし　B　つまり
　　C　こうなると　D　たとえば

ウ　A　しかし　B　こうなると
　　C　たとえば　D　つまり

エ　A　こうなると　B　つまり
　　C　しかし　D　たとえば

問四　波線（2）「柳に風」と同じような意味の四字熟語として最も適当なものを次から選び、その記号を書きなさい。

ア　花鳥風月　イ　一石二鳥

ウ　牛飲馬食　エ　馬耳東風

問五　波線（4）「踏まれないとこまる」のはなぜですか。最も適当なものを次から選び、その記号を書きなさい。

ア　せっかくの踏まれに強い構造がムダになってしまうから。

イ　踏まれることで、靴やタイヤに種子をつけて運ぶから。

ウ　逆境に耐えて生きるという筆者の主張に合わなくなるから。

エ　踏まれには強くとも、草刈りには対応できない構造だから。

問六　波線（3）に「本当の」という言葉が用いられている理由を、三十字以上四十字以内で説明しなさい。

問七　波線（5）を言いかえた部分を探し、「～こと」に続くように本

ある。

オオバコは、柔らかさと硬さをあわせ持って、踏まれに強い構造をしている。

【　A　】、オオバコのすごいところは、踏まれに対して強いというだけではない。

オオバコの種子は、雨などの水にぬれるとゼリー状の粘着（ねんちゃく）液を出して膨張（ぼうちょう）する。そして、人間の靴（くつ）や動物の足にくっついて、種子が運ばれるようになっているのである。オオバコの学名は ***Plantago***。これは、足のうらで運ぶという意味である。タンポポが風に乗せて種子を運ぶように、オオバコは踏まれることで、種子を運ぶのである。

よく、道にそってどこまでもオオバコが生えているようすを見かけるが、それは、種子が車のタイヤなどについて広がっているからなのだ。

【　B　】、オオバコにとって踏まれることは、耐（た）えることでも、克服（こくふく）すべきことでもない。もはや④踏まれないとこまるくらいまでに、踏まれることを利用しているのである。

「逆境をプラスに変えよう」というと、「物事を良い方向に考えよう」という＊ポジティブシンキングを思い出す人もいるかも知れない。

しかし、雑草の戦略は、そんな気休めのものではない。もっと具体的に、逆境を利用して成功するのである。

【　C　】、雑草が生えるような場所は、草刈（か）りされたり、耕されたりする。ふつうに考えれば、草刈りや耕起は、植物にとっては生存を危ぶまれるような大事件である。しかし、雑草は違（ちが）う。草刈りや耕起をして、茎がちぎれちぎれに切断されてしまうと、ちぎれた断片の一つ一つが根を出し、新たな芽を出して再生する。【　D　】、ちぎれちぎれになったことによって、雑草は増えてしまうのである。

また、きれいに草むしりをしたつもりでも、しばらくすると、一斉（いっせい）に雑草が芽を出してくることもある。じつは、地面の下には、膨大（ぼうだい）な雑草の種子が芽を出すチャンスをうかがっている。一般（いっぱん）に種子は、暗いところで発芽をする性質を持っているものが多いが、雑草の種子は光が当たると芽を出すものが多い。

草むしりをして、土がひっくり返されると、土の中に光が差しこむ。光が当たるということは、ライバルとなる他の雑草が取りのぞかれたという合図でもある。そのため、地面の下の雑草の種子は、チャンス到来（とうらい）とばかりに⑤ワレサキにと芽を出し始めるのである。

また、きれいに草取りをしたと思っても、それを合図にたくさんの雑草の種子が芽を出して、結果的に雑草が増えてしまうのである。

草刈りや草むしりは、雑草を⑥ジョキョするための作業だから、雑草の生存にとっては逆境だが、雑草はそれを逆手に取って、増殖（ぞうしょく）してしまうのである。何という【　E　】存在なのだろう。

「ピンチはチャンス」という言葉がある。逆境を逆手に取って利用する雑草の成功を見れば、その言葉は説得力を持って私たちに響（ひび）いてくることだろう。

ピンチとチャンスは同じ顔をしているのである。

生きていく限り、全ての生命は、何度となく⑦コンナンな逆境に直面する。雑草は自ら逆境の多い場所を選んだ植物である。しかし、逆境のまったくない環境（かんきょう）などあるのだろうか。雑草がこれだけ

二　次の文章を読んで、後の問いに答えなさい。

踏（ふ）まれながら生きることは、多くの人が雑草に持つイメージだろう。

中でもオオバコという雑草の戦略は秀逸（しゅういつ）である。オオバコは、舗装（ほそう）されていない道路やグラウンドなど、踏まれやすい場所によく生えている。じつは、オオバコは踏まれやすい場所に好んで生えているのである。

オオバコは競争に弱い植物なので、他の植物が生えるような場所には生息できない。そこで、他の強い植物が生えることのできないような、踏まれる場所を選んで生えているのである。

オオバコは(1)踏まれに強い構造を持っている。

オオバコの葉は、とても柔（やわ）らかい。硬（かた）い葉は、踏まれた衝撃（しょうげき）で傷つきやすいが、柔らかい葉で衝撃を吸収するようになっているのである。しかし、柔らかいだけの葉では、踏まれたときにちぎれてしまう。そこで、オオバコは葉の中に硬いすじを持っている。このように、柔らかさと硬さをあわせ持っているところが、オオバコが踏まれに強い秘密である。

茎（くき）は、葉とは逆に外側が硬くなかなか切れない。しかし、茎の内側は柔らかいスポンジ状になっていて、とてもしなやかである。茎もまた硬さと柔らかさをあわせ持つことによって、踏まれに強くなっているのである。

ヘルメットが、外は固いが中はクッションがあって柔らかいのと、まったく同じ構造なのである。

「柔よく剛（ごう）を①セイす」という言葉がある。見るからに強そうなものが強いとは限らない。柔らかく見えるものが強いことがあるかも知れないのである。

昆虫（こんちゅう）学者として有名なファーブルは、じつは『ファーブル植物記』もしたためている。その植物記のなかで、ヨシとカシの木の物語が出てくる。

ヨシは水辺に生える細い草である。ヨシは突風（とっぷう）にたおれそうになったカシの木にこう語りかける。カシはいかにも②リッパな大木だ。しかし、ヨシはカシに向かってこう語りかける。

「私はあなたほど風がこわくない。折れないように身をかがめるからね」

日本には「(2)柳（やなぎ）に風」ということわざがある。カシのような大木は頑強（がんきょう）だが、強風が来たときには持ちこたえられずに折れてしまう。ところが、細くて弱そうに見える柳の枝は風になびいて折れることはない。弱そうに見えるヨシが、強い風で折れてしまったという話は聞かない。柔らかく外からの力をかわすことは、強情（ごうじょう）に力くらべをするよりもずっと強いのである。

柔らかいことが強いということは、若い読者の方にはわかりにくいかも知れない。正面から風を受け止めて、それでも負けないことこそが、本当の強さである。ヨシのように強い力になびくことは、ずるい生き方だと若いみなさんは思うことだろう。

しかし、風が吹（ふ）くこともまた自然の③セツリである。風は風で吹きぬけなければならない。自然の力に逆らうよりも、自然に④シタガって自分を活（い）かすことが大切である。

この自然を受け入れられる「柔らかさこそ」が、(3)本当の強さなので

石井の性格が分かれば分かるほど、殻（から）に閉じこもり、近づいてくる者にはとげをあらわにしていた自分に対して、あの言葉をぶつけることにどれほどの勇気がいったことか、と思う。

石井の姿が大きくなってきた。

一心は肩にかかったたすきを抜いて、右手に握（にぎ）りしめた。

「一心！」

大声とともに、石井が右手を上げた。

黄色いたすきが、一心の手から石井にわたった。

（佐藤いつ子の文章による）

＊安堵　安心すること。

問一　ぼう線部①から⑧のカタカナを漢字に直しなさい。

問二　波線（1）「何度も確かめるように触れてみた」ことについて、なぜ一心はこのような行動をとったのですか。三十字以上四十字以内で説明しなさい。

問三　波線（2）「全く違うこと」とはどのようなことですか。最も適当なものを次から選び、その記号を書きなさい。

ア　大勢の選手がひしめき合い、スタートダッシュがかけられないこと。

イ　トラック三千メートルと公園三キロでは距離が全く異なること。

ウ　スタートするときに、ほかの中学校の選手から注目されてしまうこと。

エ　競技場と公園では風や天気などのえいきょうが全く異なること。

問四　【A】に入る言葉として、最も適当なものを次から選び、その記号を書きなさい。

ア　おどろくな

イ　あわてるな

ウ　いそがねば

エ　なげだすな

問五　波線（4）「いっさい乱れがない」ことから、一心はこの時どのような状態だったと考えられますか。適当なものを次からすべて選び、その記号を書きなさい。

ア　一心はまだ自分の本気を出して走っていない。

イ　一心は自分のペースでレースを進めている。

ウ　一心にはレースが簡単すぎて退屈（くつ）している。

エ　一心は走り続けたことで疲れ切っている。

オ　一心はスパートをかけたがまだ疲れていない。

問六　波線（3）一心は「ラストで爆発させてやる」と考えましたが、その理由を示す連続した三つの文を文章中から探して、はじめとおわりの七字を書きなさい。

問七　波線（5）「青紫色のランニングシャツ」とはだれのことですか。文章中から五字で探して書きなさい。

問八　波線（6）「母さんの気持ちも分からなくもない」のはどうしてですか。六十字以上七十字以内で説明しなさい。

問九　波線（7）「辻にないもの」とはなんですか。文章中から二十字以内で探して書きなさい。

問十　この文章を「一心が～する物語。」または、「一心が～なる物語。」という一文でまとめなさい。ただし、「～」に入る言葉は「する」「なる」をふくめて三十字以上四十字以内とします。

浜辺側ではない海の公園の外側の遊歩道に入ると、ゆるやかな上り坂が続いた。金谷の背中の揺れはもっと顕著（けんちょ）になった。左手の広場でサッカーを練習している、少年チームの姿が見えた。もうすぐ本部の⑦ウラテに出る。

このあたりまでくると、沿道にはびっしりのぼりが立ち、応援の声がこだまし始めた。まもなく、海の公園の外側に出てモノレールの高架（こうか）下を走る。

そこにきたら、あと六百メートル。ラストスパートだ。

一心は高架下に入るなり、すぐにスパートをかけた。あっという間に金谷を抜き去り、三百メートル強の直線をぐいぐい飛ばす。追い風になっていて、予想以上に加速された。

抜き去る瞬間に聞こえた金谷の苦しげな呼吸を聞いて、もうそれほど余力が残っていないことを確信した。金谷の足音が次第に遠のいていく。

二区目以降は、このモノレールの高架下をもっと走り、海の公園の西端（せいたん）にあるバーベキュー広場を回って折り返すことになるが、一区だけは、手前のところで浜辺側の遊歩道に続く道を回って折り返す。

まもなく、折り返しだ。

一心はコーナーワークに入ったとき、首を後方にねじって金谷の姿を確認した。すでに、十メートル以上の差がついている。

苦痛にゆがんだ金谷の顔が、ちらりと見えた。一心はすぐに前方を見すえ、コーナーを注意深く回った。浜辺側の遊歩道に入ると、中継点まで残り三百メートル。

今度は向かい風となった。前に進もうとする力を押しとどめようとする風を破るように、腕（うで）を大きく振り出す。限界までピッチを上げた。

もっともっと、差を広げてやる。

テントスペースの前は、応援がさらにすさまじい。みんなで設置したテントのそばで、上郷二中の黄色いのぼりが目に入った。⑧ホケツの健吾（けんご）の叫びが聞こえる。小池先生もさかんに手をたたいて応援している。

中継点が見えてきた。石井の姿が遠くに見える。

笹木中陸上部をやめてから、走りを退けたおれをここにもどしたのは、走哉だ。

あの晩、中央公園で練習のしすぎで倒れた走哉を見たときに、自分のなかで何かがくすぶり出した。

あの晩、というのは、おとなしい石井が一心の教室まで、わざわざやってきた日の晩のことだ。

「才能あるがゆえに、才能に走らされてたとか?」

そう言った石井の目を忘れない。メガネの奥（おく）の細い目は、少しもたじろぐことがなかった。そして、

「走哉には(7)辻にないものがある」

と言い放った石井の言葉を確かめに、あの晩、走哉を探しに中央公園に自転車を走らせたのだ。

何かをとことんまで好きになる才能――。

走哉にはそれがある。

もし、石井のあの言葉がなかったら、と考えるときがあった。

かったはずだ。かすかに首をかしげるような④シグサをして前に向き直った。

二位のランナーが少し上げて、金谷の後ろにぴたりと張り付いたときも、金谷はぴくりとして首を振った。そんな様子を一心は、集団の中盤（ちゅうばん）から観察した。

待ってろよ。

一心は、景勝島を一周して最初の橋にもどったとき、そこで一気に上げるつもりだった。橋は風が強く、だれもがスピードを落とす。そこを逆につくつもりだった。

やがて橋が見えてきた。遠く左前方には砂浜（はま）が広がっている。

橋にかかる直前、一心は左に出て、スパートをかけた。海の上を走る一本の細い道をすべるように上げていく。前後左右から風になぶられているのに、一心のフォームには(4)いっさい乱れがない。

目前にせまった(5)青紫色のランニングシャツを、躊躇（ちゅうちょ）せずに抜（ぬ）き去った。

そのままスピードを維持（いじ）する。

橋を渡り切ったところに、上郷二中の黄色いのぼりがはためいていた。

「辻先輩（せんぱい）！　ファイト、でーーす」

⑤ヨウリョウ以上の大声を必死に出しているような、かすれ声の応援が飛んでくる。喉（のど）がさけてしまいそうな勢いだ。

茜（あかね）だろう。

そのおさげの女子中学生のかげから、タオルをぐるぐる回している人がいる。

「一心、がんばれー、がんばれー」

母さん、こんなところで。

上郷二中ののぼりを見つけて、茜といっしょに立っていたのか？

一心は昨日、応援に行くという母さんに、来てもいいけど声出して応援するな、とくぎを刺（さ）しておくのを忘れたことを後悔（こうかい）した。

いつも頼んでいることだから、分かっているはずなのに、競技場という⑥カコまれた空間ではなく、海に近い解放感のあるコースに、つい母さんは叫（さけ）んでしまったのだろう。

ゆうべ母さんはしみじみと言った。

「あなたが、駅伝にでるとはねぇ」

一匹狼（いっぴきおおかみ）で友達のいない息子に、仲間が出来たことを喜んでいる親の図、みたいでなんだかむしょうに心地が悪かったが、(6)母さんの気持ちが分からなくもない。

チームで走ることに燃えている自分に、自分自身が一番驚（おどろ）いているのだから。

後ろから足音が近づいてきた。振り向かなくても金谷だということは、予想がつく。金谷がこのまますごすご引き下がるわけがない。

一心はもし金谷が抜かしにきたら、競らずに前をゆずるつもりでいた。本当のスパートは最後の最後に取っておく。

案の定、金谷はするりと一心の横を抜き去った。しかし、一心は左右にかすかに揺れる金谷の背中に疲（つか）れを見た。秋の市大会の三千メートルの決勝で一位を駆（か）け抜けた、金谷のフォームとは明らかに違う。

「間もなくスタートです」

最後のアナウンスだけが、耳に届（とど）いた。

体を揺（ゆ）らしたり、ほぐしたりしていた一区のランナー全員の動きがぴたりと止まり、静寂（せいじゃく）が広がった。

台の上に乗ったスターターが、ピストルを掲（かか）げた。

ピストルの音が風を貫（つらぬ）いた。

百二名のランナーがいっせいにスタートした。

橋の幅（はば）は狭（せま）く、ランナーたちは並び順のまま走り出す格好となった。一心は首を横に出して、前に出ようと試みたが、きゅうくつすぎて動きが取れなかった。

同じ三キロという距離を走るのでも、競技場でトラックを走る三千メートルとは(2)全く違（ちが）うことを痛感した。スタートダッシュがかけられない。

練習ではここも走ったが、もちろん②コンザツしていたわけではない。予想を超える走りづらさだった。もう金谷の姿など全く分からない。おそらく最前列に位置して、ダッシュをかけているに違いない。

レースのときに初めて体験したイライラだった。とにかく、この約八十メートルの橋をわたり切るまでは、何もできない。

【　A　】。およそ九分のレースはまだ始まったばかりだ。

自分に言い聞かせるように、こわばりかけた③クビスジの力を抜いた。

橋を渡り切ったとたん、一心は大きく左側に出て、ぞくぞくとランナーを抜いていった。まだランナーが密集して走っているため、接触（せっしょく）しないように細心の注意を払い、ランナーの間をすり抜けていく。

水族館の建物をコーナーにして回ると、やがて先頭集団が見えてきた。

＊安堵（あんど）した。

あの中に金谷がいるはずだ。

部員が多い中学はこちらの景勝島の方までやってきて、のぼりを立てて応援（おうえん）している。上郷二中の部員数ではそこまで手は回らないが、そんなことは気にならない。

たまたま景勝島に遊びにきた家族づれなのか、小さな子どもが、ランナーたちに手を振って声援を送っていた。

一心は先頭集団の最後尾（び）まで追い上げて、いったんそのスピードに身を任（まか）せた。

遊興施設（しせつ）のわきを抜けると、海にせり出した巨大ジェットコースターが、目前にせまってきた。ジェットコースターのレールが、大空に大きな輪を描いている。あそこを超えたところで、約一キロ走ったことになる。

一心は少しだけペースをあげて、先頭集団のまん中あたりまで順位を上げた。

その集団からさらに少しだけ前に飛び出して、トップを切る金谷の背中が、はっきりととらえられた。

よし、まだがまんだ。出来るだけ今はおさえて、(3)ラストで爆発（ばくはつ）させてやる。

わざとそこに踏（ふ）みとどまって、様子を見た。

一心が上がってこないのを気にしているのか、金谷がちらりと後ろをうかがうのが見えた。でも、集団にまぎれている一心のことは分からな

【国　語】〈五〇分〉〈満点：一〇〇点〉

【注意】字数が決まっている問いについては、「、」や「。」も一字と数えます。

一　次の文章を読んで、後の問いに答えなさい。

> 笹木（ささき）中学校の陸上中長距離（きょり）のエースだった辻一心（つじ いっしん）は、あることから上郷（かみごう）第二中学校に転校し、走ることへの熱意を失っていたが、あるきっかけで陸上部に入部した。以下は新しい仲間とともに初めて出場した秋の駅伝大会の様子である。

一心は、本部前のコール場所につくと、首を鳴らしながら左右に振（ふ）った。

女子の部が終わり、間もなく男子の部がスタートとなる。

百名超（ご）えのランナーたちは、せまい場所にひしめくようだった。これから、スタート地点である景勝島にわたる橋のたもとまで移動する。

視線を感じてふと目だけで見回すと、斜（なな）め前方から青紫（むらさき）色のランニングシャツを着たランナーが、射るような目を向けてきていた。

扶桑（ふそう）の金谷だ。

瞬間（しゅんかん）、にらみ合いのようになったが、金谷の方から視線を切るように目をそむけた。

先月の秋の市大会で、二年生でいきなり三位に入賞してきた一心のことを、金谷がマークしないわけはない。

移動が始まり、先頭の方から動き出した。去年の①セイセキによりスタート位置が決まるので、去年大会に出場していない上郷二中は後ろの方だった。

金谷の背中が動き出した。

「金谷に負けない走り」じゃなくて、おれは金谷に勝ちにいく。

胸の中の熱が体じゅうに広がっていく。

ランナー全員が橋のたもとにそろった。

右も左も海だ。

さえぎるものが何もない橋のたもとでは、東から吹いていると感じていた風も、前後左右どこからでも吹きつけてくるように感じた。

公園内のところどころすえ付けてあるスピーカーからは、まもなく始まる男子の競技の説明のアナウンスが流れていた。

「百二校が参加」とか「第一区は景勝島を時計回り」とか、ときおり語句が拾われたが、アナウンスはほとんど風に乗って海に流されていった。

一心は左肩（かた）にかかった黄色のたすきに手を当てた。計測用のチップが入っているというが、たすきは軽い。(1)何度も確かめるように触（ふ）れてみた。

このたすきをかけて、生まれて初めてチームで走る。

絶対にこのメンバーで県大会に行く。

秋の市大会の千五百メートルで、いったんは県大会への切符（きっぷ）を手に入れたのに、救済大会のせいで県大会いきを逃した、走哉（そうや）の顔が頭をよぎった。

おれが最大限かせいで、次につないでやる。

解答用紙集

○月×日 △曜日　天気（合格日和）

◆ご利用のみなさまへ
＊解答用紙の公表を行っていない学校につきましては、弊社の責任において、解答用紙を制作いたしました。
＊編集上の理由により一部縮小掲載した解答用紙がございます。
＊編集上の理由により一部実物と異なる形式の解答用紙がございます。

人間の最も偉大な力とは、その一番の弱点を克服したところから生まれてくるものである。 ――カール・ヒルティ――

東京学参株式会社

学習院中等科　2024年度

◇算数◇

※ 169%に拡大していただくと，解答欄は実物大になります。

注意　〔3〕～〔5〕は、式や考え方を必ず書きなさい。

〔1〕

(1)	(2)	(3)	(4)

〔2〕

(1)	(2)	(3)	(4)
人	個	年前	

〔3〕

(1) (式や考え方)	(2) (式や考え方)	(3) (式や考え方)
答	答	答　個

〔4〕

(1) (式や考え方)	(2) (式や考え方)	(3) (式や考え方)
答　cm	答　cm^2	答　cm^2

〔5〕

(1) (式や考え方)	(2) (式や考え方)	(3) (式や考え方)
答　m	答　m	答　分　秒後

〔6〕

(1) 答　号室

(2) 答

3号室		4号室			5号室	

学習院中等科　2024年度　◇理科◇

※ 147％に拡大していただくと，解答欄は実物大になります。

〔1〕

①	②	③	④

〔2〕

（問１）	（問２）	（問３）	（問４）
	と	と	
（問５）			

〔3〕

（問１）①	②	③	（問２）①	②

（問３）										
	1				5					10
	11				15					

〔4〕

（問１）	（問２）	（問３）
（問４）	（問５）	
（問６）記号	理由	

〔5〕

（問１）発光ダイオード	プロペラ	方位磁針	（問２）発光ダイオード	プロペラ	方位磁針
（問３）	（問４）①		②		

学習院中等科　2024年度 ◇社会◇

※ 152%に拡大していただくと，解答欄は実物大になります。

〔1〕

問1	①		②		③		④		⑤	
	⑥		⑦		⑧		⑨		⑩	
問2	①		②		③		④			
問3	①		②		③					
	④		⑤							
	⑥	10	15							

〔2〕

問1	1		2		3		4		5	
	6									
問2		問3		問4		問5		問6		
問7		問8								
問9	10	20								
	30	40								
問10	月　日	問11		問12						

〔3〕

問1	A		B		C		D		E	
	F		G		H		I		J	
	K									
問2	(1)	【X】		【Y】		(2)		問3		
問4	【X】		【Y】							
問5	(1)	10	20							
		25								
	(2)									

学習院中等科　2024年度

◇国語◇

※ 154％に拡大していただくと，解答欄は実物大になります。

一

① う
②
③ える
④
⑤
⑥
⑦
⑧
⑨
⑩

二

問一
問二
問三
問四
問五
問六
問七
問八　ぼく（ユウ）が　物語。

三

問一
問二
問三
問四
問五
問六
問七
問八

学習院中等科　2023年度

◇算数◇

※ 169％に拡大していただくと，解答欄は実物大になります。

〔注意〕（式）と書いてあるところは、式や考え方を必ず書きなさい。（式）と書いていないところは答えだけを書きなさい。

〔1〕

(1)	(2)	(3)	(4)

〔2〕

(1)	(2)	(3)	(4)
円	毎時　km	円	

〔3〕

(1)（式）	(2)（式）	(3)（式）
答	答	答

〔4〕

(1)（式）	(2)（式）	(3)（式）
答　cm	答　回転	答　cm^2

〔5〕

(1)（式）	(2)（式）	(3)（式）
答　㋐	答　㋑	答　㋒

〔6〕

(1) 答えだけを書きなさい。

F

(2) 答えだけを書きなさい。

A	B	C	D	E

◇理科◇

※ 147%に拡大していただくと，解答欄は実物大になります。

〔1〕

①	②	③	④

〔2〕

(問1) ①	②

(問2)	(問3)

(問4)

(問5)

〔3〕

(問1)	(問2)	(問3)	(問4)	(問5)

(問6)
と

〔4〕

(問1)	(問2)	(問3)
		→ → →

(問4)	(問5)	(問6)

〔5〕

(問1) ①	②	③

(問2)

(問3) 記号	③	(問4)	

(問5)
①
②

学習院中等科　2023年度

◇社会◇

※ 152%に拡大していただくと，解答欄は実物大になります。

〔1〕

問1	①		②		③		④		⑤			
	⑥		⑦		⑧		⑨		⑩			
問2	A		B		C		D		E		F	
問3	①		②		③	現象						
	④		⑤	条約								

〔2〕

問1	1		2		3		4		5	
	6									
問2		問3		問4		問5		問6		
問8		問9		問10		問11		問12		

問7 （25字の解答欄：5, 10, 15, 20, 25）

〔3〕

問1	A		B		C		D		E	
	F		G		H		I		J	
問2		問3	【X】		【Y】					
問4	【X】		【Y】		問5	【X】		【Y】		
問6	という原則。									

学習院中等科　2023年度

◇国語◇

※ 159％に拡大していただくと，解答欄は実物大になります。

一

①　む
②
③　いる
④
⑤
⑥　れる
⑦
⑧
⑨
⑩

二

問一

問二

問三

問四

問五

問六　気持ち。

問七

問八

問九　岳が　物語。

三

問一

問二

問三

問四　・　・

問五

問六

問七　C　D

問八

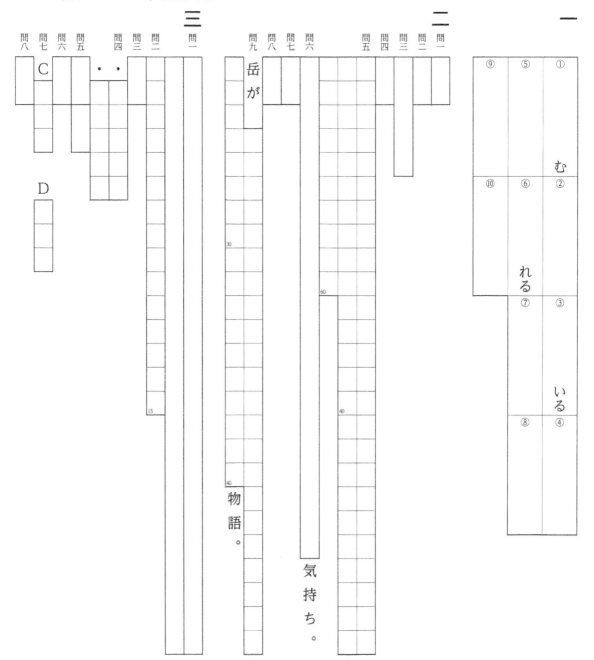

学習院中等科　2022年度

◇算数◇

※ 172％に拡大していただくと，解答欄は実物大になります。

〔注意〕（式）と書いてあるところは、式や考え方を必ず書きなさい。（式）と書いていないところは答えだけを書きなさい。

〔1〕

(1)	(2)	(3)	(4)

〔2〕

(1)	(2)	(3)	(4)
m	人	m	個

〔3〕

(1)（式）

答　cm

(2)（式）

答　cm

(3)（式）

答　cm^2

〔4〕

(1)（式）

答

(2)（式）

答

(3)（式）

答　番目

〔5〕

(1)（式）

答　毎分　m

(2)（式）

答　毎分　m

(3)（式）

答

〔6〕

(1) 答えだけを書きなさい。

誰《だれ》の	組
君	組

(2) 答えだけを書きなさい。

2位	3位	4位	5位
組	組	組	組

学習院中等科　2022年度

◇理科◇

※ 152%に拡大していただくと，解答欄は実物大になります。

〔1〕

①	②	③	④

〔2〕

（問 1）	（問 2）	（問 3）

（問 4）

（問 5）

（問 6）

〔3〕

（問 1）

（問 2）

①	②	③	④

（問 3）

〔4〕

（問 1）	（問 2）	（問 3）	（問 4）

（問 5）

①	②

〔5〕

（問 1）

（問 2）

記号	理由

（問 3）

平地	砂浜

（問 4）

学習院中等科　2022年度

◇社会◇

※ 154％に拡大していただくと，解答欄は実物大になります。

〔1〕

問1	A	B	C	D	
問2	A	B	C	D	
問3	A	B	C	D	E

〔2〕

問1	1	2	3	4	5
	6				

問2		問3		問4		問5	
問6		問7		問8		問9	

問10	5	10	15	20	25

問11		問12	

〔3〕

問1	A	B	C	D	E
	F	G　月　日			

問2	【X】	【Y】	

問3	(1)	5	10	15	20
		25	30		
	(2)	【X】	【Y】		

問4		問5	【X】	【Y】
問6		問7		

学習院中等科　　2022年度

◇国語◇

※ 169%に拡大していただくと，解答欄は実物大になります。

一

①
②
③ か
④
⑤
⑥ める
⑦
⑧
⑨
⑩

二

問一

問二 A　B

問三

問四

問五

問六

問七

問八 ぼく（トール）が　　　　物語。

三

問一

問二

問三

問四

問五

問六

問七　　　　ができなくなってしまう。

問八

学習院中等科　2021年度

◇算数◇

※ 172％に拡大していただくと，解答欄は実物大になります。

〔注意〕（式）と書いてあるところは、式や考え方を必ず書きなさい。（式）と書いていないところは答えだけを書きなさい。

〔1〕

(1)	(2)	(3)	(4)

〔2〕

(1)	(2)	(3)	(4)
個	歳	人	日

〔3〕

(1)（式）	(2)（式）	(3)（式）
答	答	答

〔4〕

(1)（式）	(2)（式）	(3)（式）
答　cm	答　cm^2	答　cm^2

〔5〕

(1)（式）	(2)（式）	(3)（式）
答　m	答　毎時　km	答　倍

〔6〕

(1)　答えだけを書きなさい。

A	B	C	D

(2)　答えだけを書きなさい。

本当のことを言っている人

A	B	C	D

学習院中等科　2021年度

◇理科◇

※ 152％に拡大していただくと，解答欄は実物大になります。

〔1〕

①	②	③	④

〔2〕

(問 1)			
(問 2)			
(問 3)	(問 4)	(問 5)	(問 6)

〔3〕

(問 1)	(問 2)	(問 3) A	B	C
(問 4) ①				
②				
③				

〔4〕

(問 1) ①	②
(問 2)	
(問 3)	
(問 4)	
(問 5) 名前	記号

〔5〕

(問 1) ①	②	③	④	⑤	⑥
(問 2) ①	②	③	④	⑤	⑥
(問 3)		(問 4)			

学習院中等科　2021年度

◇社会◇

※ 156%に拡大していただくと，解答欄は実物大になります。

〔1〕

問1	A	B	C	D	E	F	G
問2	A	B	C	D	E	F	

〔2〕

問1	1	2	3	4					
問2		問3		問4		問5		問6	
問7		問8		問9					
問10	5	10	15	20	25				
	30								
問11		問12		問13					

〔3〕

問1	1	2	3	問2	Ⅰ	Ⅱ	Ⅲ		
問3	(1)		(2)						
	(3)	5	10	15	20				
問4	の義務	問5		問6	(1)		(2)		
問7	(1)		(2)		問8	(1)		(2)	

◇国語◇

※ 175％に拡大していただくと，解答欄は実物大になります。

一

①　く

②

③　せる

④

⑤

⑥　しい

⑦

⑧

⑨

⑩

二

問一　こと。

問二

問三

問四

問五

問六　行人は

問七

問八　満希が　物語。

三

問一

問二

問三　A　B

問四

問五

問六

問七

問八

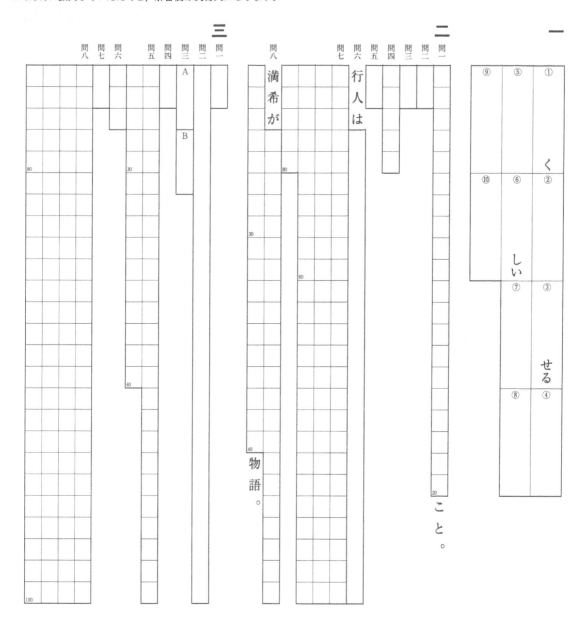

東京学参の

中学校別入試過去問題シリーズ

＊出版校は一部変更することがあります。一覧にない学校はお問い合わせください。

東京ラインナップ

あ　青山学院中等部(L04)
麻布中学(K01)
桜蔭中学(K02)
お茶の水女子大附属中学(K07)
か　海城中学(K09)
開成中学(M01)
学習院中等科(M03)
慶應義塾中等部(K04)
啓明学園中学(N29)
晃華学園中学(N13)
攻玉社中学(L11)
国学院大久我山中学
（一般・CC）(N22)
（ＳＴ）(N23)
駒場東邦中学(L01)
さ　芝中学(K16)
芝浦工業大附属中学(M06)
城北中学(M05)
女子学院中学(K03)
巣鴨中学(M02)
成蹊中学(N06)
成城中学(K28)
成城学園中学(L05)
青稜中学(K23)
創価中学(N14)★
た　玉川学園中学部(N17)
中央大附属中学(N08)
筑波大附属中学(K06)
筑波大附属駒場中学(L02)
帝京大中学(N16)
東海大菅生高中等部(N27)
東京学芸大附属竹早中学(K08)
東京都市大付属中学(L13)
桐朋中学(N03)
東洋英和女学院中学部(K15)
豊島岡女子学園中学(M12)
な　日本大第一中学(M14)
日本大第三中学(N19)
日本大第二中学(N10)
は　雙葉中学(K05)
法政大学中学(N11)
本郷中学(M08)
ま　武蔵中学(N01)
明治大付属中野中学(N05)
明治大付属八王子中学(N07)
明治大付属明治中学(K13)
ら　立教池袋中学(M04)
わ　和光中学(N21)
早稲田中学(K10)
早稲田実業学校中等部(K11)
早稲田大高等学院中学部(N12)

神奈川ラインナップ

あ　浅野中学(O04)
栄光学園中学(O06)
か　神奈川大附属中学(O08)
鎌倉女学院中学(O27)
関東学院六浦中学(O31)
慶應義塾湘南藤沢中等部(O07)
慶應義塾普通部(O01)
さ　相模女子大中学部(O32)
サレジオ学院中学(O17)
逗子開成中学(O22)
聖光学院中学(O11)
清泉女学院中学(O20)
洗足学園中学(O18)
捜真女学校中学部(O29)
た　桐蔭学園中等教育学校(O02)
東海大付属相模高中等部(O24)
桐光学園中学(O16)
な　日本大中学(O09)
は　フェリス女学院中学(O03)
法政大第二中学(O19)
や　山手学院中学(O15)
横浜隼人中学(O26)

千・埼・茨・他ラインナップ

あ　市川中学(P01)
浦和明の星女子中学(Q06)
か　海陽中等教育学校
（入試Ⅰ・Ⅱ）(T01)
（特別給費生選抜）(T02)
久留米大附設中学(Y04)
さ　栄東中学（東大・難関大）(Q09)
栄東中学（東大特待）(Q10)
狭山ヶ丘高校付属中学(Q01)
芝浦工業大柏中学(P14)
渋谷教育学園幕張中学(P09)
城北埼玉中学(Q07)
昭和学院秀英中学(P05)
清真学園中学(S01)
西南学院中学(Y02)
西武学園文理中学(Q03)
西武台新座中学(Q02)
専修大松戸中学(P13)
た　筑紫女学園中学(Y03)
千葉日本大第一中学(P07)
千葉明徳中学(P12)
東海大付属浦安高中等部(P06)
東邦大付属東邦中学(P08)
東洋大附属牛久中学(S02)
獨協埼玉中学(Q08)
な　長崎日本大中学(Y01)
成田高校付属中学(P15)
は　函館ラ・サール中学(X01)
日出学園中学(P03)
福岡大附属大濠中学(Y05)
北嶺中学(X03)
細田学園中学(Q04)
や　八千代松陰中学(P10)
ら　ラ・サール中学(Y07)
立命館慶祥中学(X02)
立教新座中学(Q05)
わ　早稲田佐賀中学(Y06)

公立中高一貫校ラインナップ

北海道　市立札幌開成中等教育学校(J22)
宮　城　宮城県仙台二華・古川黎明中学校(J17)
市立仙台青陵中等教育学校(J33)
山　形　県立東桜学館・致道館中学校(J27)
茨　城　茨城県立中学・中等教育学校(J09)
栃　木　県立宇都宮東・佐野・矢板東高校附属中学校(J11)
群　馬　県立中央・市立四ツ葉学園中等教育学校・
市立太田中学校(J10)
埼　玉　市立浦和中学校(J06)
県立伊奈学園中学校(J31)
さいたま市立大宮国際中等教育学校(J32)
川口市立高等学校附属中学校(J35)
千　葉　県立千葉・東葛飾中学校(J07)
市立稲毛国際中等教育学校(J25)
東　京　区立九段中等教育学校(J21)
都立大泉高等学校附属中学校(J28)
都立両国高等学校附属中学校(J01)
都立白鷗高等学校附属中学校(J02)
都立富士高等学校附属中学校(J03)
都立三鷹中等教育学校(J29)
都立南多摩中等教育学校(J30)
都立武蔵高等学校附属中学校(J04)
都立立川国際中等教育学校(J05)
都立小石川中等教育学校(J23)
都立桜修館中等教育学校(J24)
神奈川　川崎市立川崎高等学校附属中学校(J26)
県立平塚・相模原中等教育学校(J08)
横浜市立南高等学校附属中学校(J20)
横浜サイエンスフロンティア高校附属中学校(J34)
広　島　県立広島中学校(J16)
県立三次中学校(J37)
徳　島　県立城ノ内中等教育学校・富岡東・川島中学校(J18)
愛　媛　県立今治東・松山西中等教育学校(J19)
福　岡　福岡県立中学校・中等教育学校(J12)
佐　賀　県立香楠・致遠館・唐津東・武雄青陵中学校(J13)
宮　崎　県立五ヶ瀬中等教育学校・宮崎西・都城泉ヶ丘高校附属中学校(J15)
長　崎　県立長崎東・佐世保北・諫早高校附属中学校(J14)

公立中高一貫校
「適性検査対策」
問題集シリーズ

総合編　作文問題編　資料問題編　数と図形編　生活と科学編　実力確認テスト編

私立中・高スクールガイド
THE《ザ》 私立
私立中学＆高校の学校生活がわかる！

東京学参の

高校別入試過去問題シリーズ

＊出版校は一部変更することがあります。一覧にない学校はお問い合わせください。

東京ラインナップ

あ 愛国高校(A59)
青山学院高等部(A16)★
桜美林高校(A37)
お茶の水女子大附属高校(A04)
か 開成高校(A05)★
共立女子第二高校(A40)★
慶應義塾女子高校(A13)
啓明学園高校(A68)★
国学院高校(A30)
国学院大久我山高校(A31)
国際基督教大高校(A06)
小平錦城高校(A61)★
駒澤大高校(A32)
さ 芝浦工業大附属高校(A35)
修徳高校(A52)
城北高校(A21)
専修大附属高校(A28)
創価高校(A66)★
た 拓殖大第一高校(A53)
立川女子高校(A41)
玉川学園高等部(A56)
中央大高校(A19)
中央大杉並高校(A18)★
中央大附属高校(A17)
筑波大附属高校(A01)
筑波大附属駒場高校(A02)
帝京大高校(A60)
東海大菅生高校(A42)
東京学芸大附属高校(A03)
東京農業大第一高校(A39)
桐朋高校(A15)
都立青山高校(A73)★
都立国立高校(A76)★
都立国際高校(A80)★
都立国分寺高校(A78)★
都立新宿高校(A77)★
都立墨田川高校(A81)★
都立立川高校(A75)★
都立戸山高校(A72)★
都立西高校(A71)★
都立八王子東高校(A74)★
都立日比谷高校(A70)★
な 日本大櫻丘高校(A25)
日本大第一高校(A50)
日本大第三高校(A48)
日本大第二高校(A27)
日本大鶴ヶ丘高校(A26)
日本大豊山高校(A23)
は 八王子学園八王子高校(A64)
法政大高校(A29)
ま 明治学院高校(A38)
明治学院東村山高校(A49)
明治大付属中野高校(A33)
明治大付属八王子高校(A67)
明治大付属明治高校(A34)★
明法高校(A63)
わ 早稲田実業学校高等部(A09)
早稲田大高等学院(A07)

神奈川ラインナップ

あ 麻布大附属高校(B04)
アレセイア湘南高校(B24)
か 慶應義塾高校(A11)
神奈川県公立高校特色検査(B00)
さ 相洋高校(B18)
た 立花学園高校(B23)
桐蔭学園高校(B01)
東海大付属相模高校(B03)★
桐光学園高校(B11)
な 日本大高校(B06)
日本大藤沢高校(B07)
は 平塚学園高校(B22)
藤沢翔陵高校(B08)
法政大国際高校(B17)
法政大第二高校(B02)★
や 山手学院高校(B09)
横須賀学院高校(B20)
横浜商科大高校(B05)
横浜市立横浜サイエンスフロンティア高校(B70)
横浜翠陵高校(B14)
横浜清風高校(B10)
横浜創英高校(B21)
横浜隼人高校(B16)
横浜富士見丘学園高校(B25)

千葉ラインナップ

あ 愛国学園大附属四街道高校(C26)
我孫子二階堂高校(C17)
市川高校(C01)★
か 敬愛学園高校(C15)
さ 芝浦工業大柏高校(C09)
渋谷教育学園幕張高校(C16)★
翔凜高校(C34)
昭和学院秀英高校(C23)
専修大松戸高校(C02)
た 千葉英和高校(C18)
千葉敬愛高校(C05)
千葉経済大附属高校(C27)
千葉日本大第一高校(C06)★
千葉明徳高校(C20)
千葉黎明高校(C24)
東海大付属浦安高校(C03)
東京学館高校(C14)
東京学館浦安高校(C31)
な 日本体育大柏高校(C30)
日本大習志野高校(C07)
は 日出学園高校(C08)
や 八千代松陰高校(C12)
ら 流通経済大付属柏高校(C19)★

埼玉ラインナップ

あ 浦和学院高校(D21)
大妻嵐山高校(D04)★
か 開智高校(D08)
開智未来高校(D13)★
春日部共栄高校(D07)
川越東高校(D12)
慶應義塾志木高校(A12)
さ 埼玉栄高校(D09)
栄東高校(D14)
狭山ヶ丘高校(D24)
昌平高校(D23)
西武学園文理高校(D10)
西武台高校(D06)
た 東京農業大第三高校(D18)
は 武南高校(D05)
本庄東高校(D20)
や 山村国際高校(D19)
ら 立教新座高校(A14)
わ 早稲田大本庄高等学院(A10)

北関東・甲信越ラインナップ

あ 愛国学園大附属龍ヶ崎高校(E07)
宇都宮短大附属高校(E24)
か 鹿島学園高校(E08)
霞ヶ浦高校(E03)
共愛学園高校(E31)
甲陵高校(E43)
国立高等専門学校(A00)
さ 作新学院高校
(トップ英進・英進部)(E21)
(情報科学・総合進学部)(E22)
常総学院高校(E04)
た 中越高校(R03)＊
土浦日本大高校(E01)
東洋大附属牛久高校(E02)
な 新潟青陵高校(R02)
新潟明訓高校(R04)
日本文理高校(R01)
は 白鷗大足利高校(E25)
ま 前橋育英高校(E32)
や 山梨学院高校(E41)

中京圏ラインナップ

あ 愛知高校(F02)
愛知啓成高校(F09)
愛知工業大名電高校(F06)
愛知みずほ大瑞穂高校(F25)
暁高校(3年制)(F50)
鶯谷高校(F60)
栄徳高校(F29)
桜花学園高校(F14)
岡崎城西高校(F34)
か 岐阜聖徳学園高校(F62)
岐阜東高校(F61)
享栄高校(F18)
さ 桜丘高校(F36)
至学館高校(F19)
椙山女学園高校(F10)
鈴鹿高校(F53)
星城高校(F27)★
誠信高校(F33)
清林館高校(F16)★
た 大成高校(F28)
大同大大同高校(F30)
高田高校(F51)
滝高校(F03)★
中京高校(F63)
中京大附属中京高校(F11)★
中部大春日丘高校(F26)★
中部大第一高校(F32)
津田学園高校(F54)
東海高校(F04)★
東海学園高校(F20)
東邦高校(F12)
同朋高校(F22)
豊田大谷高校(F35)
な 名古屋高校(F13)
名古屋大谷高校(F23)
名古屋経済大市邨高校(F08)
名古屋経済大高蔵高校(F05)
名古屋女子大高校(F24)
名古屋たちばな高校(F21)
日本福祉大付属高校(F17)
人間環境大附属岡崎高校(F37)
は 光ヶ丘女子高校(F38)
誉高校(F31)
ま 三重高校(F52)
名城大附属高校(F15)

宮城ラインナップ

さ 尚絅学院高校(G02)
聖ウルスラ学院英智高校(G01)★
聖和学園高校(G05)
仙台育英学園高校(G04)
仙台城南高校(G06)
仙台白百合学園高校(G12)
た 東北学院高校(G03)★
東北学院榴ヶ岡高校(G08)
東北高校(G11)
東北生活文化大高校(G10)
常盤木学園高校(G07)
は 古川学園高校(G13)
ま 宮城学院高校(G09)★

北海道ラインナップ

さ 札幌光星高校(H06)
札幌静修高校(H09)
札幌第一高校(H01)
札幌北斗高校(H04)
札幌龍谷学園高校(H08)
は 北海高校(H03)
北海学園札幌高校(H07)
北海道科学大高校(H05)
ら 立命館慶祥高校(H02)

★はリスニング音声データのダウンロード付き。

都道府県別 公立高校入試過去問 シリーズ

- 全国47都道府県別に出版
- 最近数年間の検査問題収録
- リスニングテスト音声対応

公立高校入試対策 問題集シリーズ

- 目標得点別・公立入試の数学(基礎編)
- 実戦問題演習・公立入試の数学(実力錬成編)
- 実戦問題演習・公立入試の英語(基礎編・実力錬成編)
- 形式別演習・公立入試の国語
- 実戦問題演習・公立入試の理科
- 実戦問題演習・公立入試の社会

高校入試特訓問題集 シリーズ

- 英語長文難関攻略33選(改訂版)
- 英語長文テーマ別難関攻略30選
- 英文法難関攻略20選
- 英語難関徹底攻略33選
- 古文完全攻略63選(改訂版)
- 国語融合問題完全攻略30選
- 国語長文難関徹底攻略30選
- 国語知識問題完全攻略13選
- 数学の図形と関数・グラフの融合問題完全攻略272選
- 数学難関徹底攻略700選
- 数学の難問80選
- 数学　思考力―規則性とデータの分析と活用―

2404A

〈ダウンロードコンテンツについて〉

本問題集のダウンロードコンテンツ、弊社ホームページで配信しております。現在ご利用いただけるのは「2025年度受験用」に対応したもので、**2025年3月末日**までダウンロード可能です。弊社ホームページにアクセスの上、ご利用ください。

※配信期間が終了いたしますと、ご利用いただけませんのでご了承ください。

中学別入試過去問題シリーズ

学習院中等科　2025年度

ISBN978-4-8141-3163-1

[発行所] 東京学参株式会社

〒153-0043　東京都目黒区東山2-6-4

書籍の内容についてのお問い合わせは右のQRコードから　⇒

※書籍の内容についてのお電話でのお問い合わせ、本書の内容を超えたご質問には対応できませんのでご了承ください。

2024年6月6日　初版